Uwe Lang

Investieren in stürmischen Zeiten

Anlagestrategien für Vorsichtige

Campus Verlag
Frankfurt/New York

Bibliografische Information der Deutschen Nationalbibliothek:
Die Deutsche Nationalbibliothek verzeichnet diese Publikation in der Deutschen Nationalbibliografie. Detaillierte bibliografische Daten sind im Internet über http://dnb.d-nb.de abrufbar.
ISBN 978-3-593-38952-3

Umschlaggestaltung: R.M.E, Roland Eschlbeck und Rosemarie Kreuzer
Umschlagmotiv: Getty Images, Peter Dazeley
Satz: Fotosatz L. Huhn, Linsengericht
Druck und Bindung: Druck Partner Rübelmann, Hemsbach
Gedruckt auf säurefreiem und chlorfrei gebleichtem Papier.
Printed in Germany

Besuchen Sie uns im Internet: www.campus.de

Investieren in stürmischen Zeiten

■ *Uwe Lang*, geb. 1943 in Augsburg, studierte Theologie und Pädagogik. Seit 1970 befasst er sich intensiv mit dem Börsengeschehen; seit 1988 gibt er die »Börsensignale« heraus, einen der erfolgreichsten deutschsprachigen Börsenbriefe. Er ist Autor mehrerer Bücher zum Thema Börse und Geldanlage. Bei Campus erschienen von ihm unter anderem *Der neue Aktienberater. Kritische Empfehlungen für Anfänger und Fortgeschrittene*, *Die gefährlichsten Börsenfallen – und wie man sie umgeht* und *Börsenwissen kurz und bündig*.

Inhalt

Einleitung

»Die Weltwirtschaft vor dem Kollaps – Die Lage auf dem Arbeitsmarkt wird immer düsterer – Entlassungen, Betriebsstilllegungen und Konkurse!«

Wirtschaftswoche

»Angst an den Weltbörsen – Wie tief fallen die Kurse noch? – Wiederholt sich der Crash von 1929? – Rutscht jetzt der Dollar ab?«

Börse Online

»Börsenkrach, Finanzchaos, Deflationsgefahr – Wohin treibt die Weltwirtschaft?«

Wirtschaftswoche

Sollten Sie glauben, das seien aktuelle Schlagzeilen aus den Jahren 2008 oder 2009, so täuschen Sie sich. Die erste Gruppe stammt vom Freitag, dem 13. August 1982, die zweite vom 3. September 1998 und die dritte vom 8. Oktober 1998.

Sowohl im August 1982 als auch im Herbst 1998 hatte man einmalige Chancen, zu Niedrigkursen am Aktienmarkt einzusteigen. Haben Sie sie genutzt?

Wenn wir den Umfragen trauen dürfen, dann stehen die Bundesbürger Aktien im Grunde genommen aufgeschlossen gegenüber. Aber die Kursstürze des Jahres 2008 haben wieder für große Verunsicherung gesorgt. Während ich diese Zeilen zu Beginn des Jahres 2009 schreibe, höre und lese ich immer wieder Warnungen: Wir stünden vor wirtschaftlich außerordentlich schwierigen Zeiten, man müsse sein Geld zusammenhalten und ja nichts mehr riskieren.

Auch in der Weltwirtschaft und an den Börsen wechseln sich Regenwolken, Stürme und Sonnenschein ab. Und in stürmischen

Zeiten ist es wichtig zu wissen, wie man sein Geld ohne großes Risiko so anlegen kann, dass es trotzdem eine Rendite abwirft. Doch nicht nur das: Auch in sonnigen Zeiten gilt es, auf der Hut zu sein.

Ich selbst bin in Gelddingen nicht sehr risikofreudig, sondern begnüge mich lieber mit sicheren Kapitalanlagen. Aber was ist sicher? Ein Sparbuch? Im Jahr 1948 waren Sparbücher, die auf Reichsmark lauteten, plötzlich wertlos.

Das Meinungsforschungsinstitut Infratest führte im März 2008 im Auftrag der DZ BANK eine Umfrage durch. Man wollte wissen, ob bei der Geldanlage steuerliche Gesichtspunkte eine wichtige Rolle spielten oder was sonst ein wichtiger Maßstab sei. Das Ergebnis war überraschend. Weniger als ein Drittel der Befragten erklärten, steuerliche Aspekte wie die Abgeltungsteuer seien für sie bei der Geldanlage »sehr wichtig«. Diejenigen mit einer höheren Bildung maßen dem steuerlichen Aspekt eine besonders geringe Bedeutung bei. So erklärten lediglich 23 Prozent der Befragten mit Abitur oder Universitätsabschluss, steuerliche Gesichtspunkte seien für sie bei der Geldanlage sehr wichtig. Sehr viel mehr Wert legen die Deutschen dagegen auf die Sicherheit und die Rendite des Geldanlageprodukts und darauf, dass es einfach und verständlich ausgestaltet ist. So erklärten insgesamt 82 Prozent, die Sicherheit des Investmentprodukts sei für sie »wichtig« oder sogar »sehr wichtig«. Für 77 Prozent der Anleger steht zusätzlich die Rendite der Anlage im Zentrum der Investmententscheidung. Ein gleich hoher Prozentsatz votierte in der Befragung zudem dafür, dass die Produkte einfach und verständlich sein müssen.

Es gibt immer noch Leute, die der Meinung sind, der Mann am Bankschalter wisse alles und gebe einen objektiven Rat. In einem Interview mit der *Süddeutschen Zeitung* vom 2. Januar 2009 sagte der Börsenhändler Dirk Müller genau das Richtige dazu: »Sie dürfen vom Mann am Bankschalter nicht erwarten, dass er dein Freund ist und das Beste für dich will. Er hat klare Vorgaben, welches Produkt verkauft werden muss.«

Dieses Buch habe ich mit dem Ziel geschrieben, Sie objektiv zu informieren. Es beschäftigt sich schwerpunktmäßig, aber nicht ausschließlich mit Aktien. Aktien sind oft, aber nicht immer geeignet, um Geld sicher anzulegen. Noch scheint es, als herrsche die Meinung vor, dass die Anlage in Aktien ein großes Fachwissen voraussetze. Deshalb werden häufig Aktienfonds bevorzugt. Ich halte dies für einen schweren Fehler. Eigentlich benötigen Sie nur einiges grundlegendes Wissen über Aktien und andere Geldanlagen. Dieses Wissen können Sie sich mithilfe dieses Buches aneignen. Außerdem erfahren Sie Wichtiges über Lebensversicherungen, Geldmarktfonds, Tagesgelder, Zertifikate, festverzinsliche Wertpapiere, Gold und Immobilienanlagen.

Sollten Sie ein Buch erwartet haben, das sich vor allem mit Einlagensicherungen bei Zertifikaten oder Anleihen befasst, so möchte ich darauf hinweisen, dass darauf nicht der Schwerpunkt liegt. Vielmehr geht mein Rat dahin, dass Sie anstreben sollten, sowohl von einer Bankberatung als auch von der Bonität eines Kreditinstituts unabhängig zu werden. Es gibt nicht *die* richtige Vermögensanlage. Vermögen muss über verschiedene Anlageformen gestreut werden. Es gibt Zeiten, in denen die Aktienanlage überwiegen sollte, und andere Zeiten, in denen Aktien gefährdet sind, sodass Sie Ihr Vermögen sicher »parken« müssen. In selbstgenutztes Wohneigentum zu investieren, ist fast immer richtig. Aber hier benötigen Sie noch mehr Fachwissen, um einen überteuerten Kauf zu vermeiden. Und Sie dürfen sich dabei auch nicht verschätzen, was Ihren wirklichen Bedarf betrifft. Auch selbstgenutzte Immobilien verschlingen regelmäßig viel Geld; das müssen Sie einkalkulieren.

Kleinanleger machen oft alles falsch, was ihre Geldanlage betrifft. Zunächst lassen sie sich zum Erwerb einer Kapitallebensversicherung überreden. Diese Anlageform garantiert aber nur eine schwache Rendite und gehört zu den schlechtesten, die es gibt. Zusätzliche Erträge jenseits der vertraglich festgelegten Mindestverzinsung werden von den meisten Versicherungen nicht zu einem angemessenen Teil an den Versicherten ausbezahlt, sondern verbleiben im Unternehmen. Diese Praxis hat dazu geführt, dass die Gewinne der Lebensversicherungsgesellschaften in den vergangenen Jahrzehnten kräftig angeschwollen sind und die Versicherungsvertreter mittlerweile stattliche Provisionen kassieren. Und zu allem Übel wurden die verbleibenden Gelder der Versicherten dermaßen schlecht angelegt, dass von den erwarteten Zusatzprämien seit 2003 so gut wie nichts übrig blieb. Große Versicherungsgesellschaften stiegen damals zu Tiefstkursen aus Aktien aus und schichteten in Anleihen um – eine Katastrophe für die Inhaber von Kapitallebensversicherungen! In den meisten Fällen wären sie nachweislich besser gefahren, wenn sie ihre Spargroschen selbst in Aktien oder Anleihen gesteckt hätten, anstatt sie einer Versicherungsgesellschaft anzuvertrauen. Wären Lebensversicherungen nicht über Gebühr steuerlich gefördert worden, hätten sie mit einer Direktanlage in Aktien oder Anleihen niemals konkurrieren können.

Welche sonstigen Fehler werden gemacht? Rund 6000 Publikumsfonds und 350000 Zertifikate hat die deutsche Finanzindustrie im Angebot. Im Vorfeld der Einführung der Abgeltungsteuer zum Jahreswechsel 2008/09 lebte die Fantasie der Produktentwickler wieder auf. Der Sparer musste angeblich nur zugreifen. Doch statt sich gründlich zu informieren, um abschätzen zu können, ob die angebotenen Produkte den eigenen Bedürfnissen entsprechen und überdies nicht mit zu hohen Nebenkosten verbunden sein würden, vertrauten viele dem erstbesten Berater. Ich lege Ihnen ans Herz, in der Regel sowohl Zertifikate als auch Fonds zu meiden! An späterer Stelle werde ich auf diesen Rat zurückkommen.

Wie steht es mit Anleihen, also festverzinslichen Wertpapieren? Im Prinzip sind sie eine gute Wahl. Aber unerfahrene Kleinanleger achten nicht auf den Zeitpunkt des Erwerbs und die Art des Papiers. Beispielsweise legen sie ihr Geld in langfristigen Anleihen an, wenn die Zinsen extrem gering sind, anstatt Aktien zu kaufen, das heißt, die Gunst der Stunde in Gestalt der Kursstürze bei Aktien zu nutzen, die den gesunkenen Zinsen vorausgingen. Oder sie lassen sich zum Kauf hochriskanter türkischer oder argentinischer Hochzinsanleihen überreden.

Wer in der Industrie oder bei einer Bank oder Versicherung arbeitet, kauft oft nur Aktien aus der Branche, in der er selbst arbeitet. Und ist alle Welt euphorisch gestimmt und vertraut auf Aktien, so fasst endlich auch der Zurückhaltende Mut und beschließt, hier mehr zu investieren. Doch nur, um erneut hereinzufallen: Die Kurse waren übertrieben hoch, und nun setzt eine scharfe Korrektur ein. Viele hören auf Bankberater, die ihnen Fonds und Zertifikate verkaufen, die gerade in Mode sind, obwohl sie als Anleger die Produkte und ihre Risiken gar nicht verstehen. Der »Bankbeamte« sei ja so freundlich gewesen und kenne sich sicher gut aus, lautet dann die Begründung für das leichtfertige Handeln.

Kaufen Sie nichts, was Sie nicht verstehen! Aber versuchen Sie, sich über die Aktienmärkte, die Anleihenmärkte und die kurzfristigen Anlagen, die die Banken anbieten, ein solides Grundwissen anzueignen. Dieses Buch soll Ihnen eine Hilfe sein, wenn es darum geht, Fehlentscheidungen zu vermeiden, die bedrohliche Folgen haben könnten, etwa für Ihre finanzielle Situation im Alter.

Sie müssen nicht mehrere Finanzberater haben; wichtig ist vielmehr, dass Sie mit Ihrem Bankberater oder Ihrer Bankberaterin auf Augenhöhe reden können. Bei allen Produkten sollten Sie klären: Wie hoch sind die Gebühren, und wie hält es der Berater mit der Streuung des Kapitals über mehrere Anlagealternativen? Risiko und Rendite müssen in einem angemessenen Verhältnis zueinander stehen.

Sollten nach der Lektüre dieses Buches noch Fragen offen sein, können Sie mir gern eine E-Mail an u.lang@boersensignale.de schicken. Oder Sie machen sich im Internet unter www.boersensignale.de kundig.

1

Was ist eigentlich noch sicher?

Im Jahr 2008 konnten wir miterleben, wie hoch bezahlte Manager angesehener Banken weltweit Märkte völlig falsch einschätzten und Gelder in Milliardenhöhe vernichteten. In solchen Situationen überlegt sich der arme Sparer, wo es denn überhaupt noch Sicherheit geben kann:

Das eigene Häuschen? Die eigene Wohnung? Horten von Nahrungskonzentraten oder Konserven? Oder Gold? Galt das nicht schon immer als Krisenwährung? Aber kann man sich in Notzeiten vom Gold etwas abbeißen? Und der Goldpreis schwankt ja auch heftig, im Jahr 2008 beispielsweise stieg er von 650 US-Dollar auf 1000 US-Dollar je Unze und fiel dann wieder auf unter 800 US-Dollar zurück. In den 1980er und -90er Jahren war Gold die einzige Kapitalanlage, die verlor, während sich der Wert von Aktien vervielfachte.

Oder sollte man US-Anleihen kaufen? Aber bitte schön: Der Wert des US-Dollar hat sich in der Regierungszeit von George W. Bush gegenüber dem Euro fast halbiert!

Schweizer Franken? Vielleicht lebte die Attraktivität dieser Währung sehr lange nur von dem Vertrauen darauf, dass man in der Schweiz sein Geld so gut vor dem Zugriff des Finanzamts würde verstecken können. Auf die Dauer wird das aber auch nicht mehr der Fall sein; die Schweizer Banken werden jetzt vor allem vonseiten der USA mächtig unter Druck gesetzt, die Namen von Kontoinhabern, die als Steuersünder verdächtig sind, preiszugeben, und teilweise haben sie bereits nachgegeben.

Soll man in Öl oder Rohstoffe investieren? Mithilfe von Zertifikaten ist das ja jederzeit möglich. Viel Vergnügen dabei! Wer im Juli 2008 der Meinung war, hier könnten die Preise nur noch steigen, und deshalb voll einstieg, verlor binnen drei Monaten die Hälfte seines Geldes.

Oder in den japanischen Yen gehen? Japan steckt seit mittlerweile fast zwei Jahrzehnten in seiner Wirtschaftskrise und bietet zudem für Anlagen in seiner Währung fast keine Zinsen an.

Es wirkt manchmal schon erheiternd, wie die Marktakteure ständig von einer zur nächsten – angeblich so sicheren – Geldanlage wechseln. Die Herde rennt dahin und dorthin. Heute erscheint es unglaublich, dass erfahrene Banker so dumm sein konnten anzunehmen, dass US-Hypothekenpapiere »sicher« seien – und zwar allein deshalb, weil man sie jederzeit weiterverkaufen könne. So wie die Herde in diese Falle getappt ist, steuert sie auch den nächsten, angeblich sicheren Hafen an – um dann auch diesen früher oder später desillusioniert wieder zu verlassen.

Tatsache ist, dass die Kurse an den Märkten heutzutage wesentlich heftiger schwanken als etwa vor 30 Jahren. Und eine verlässliche Vorhersage dieser Schwankungen ist unmöglich geworden; allenfalls lassen sich Übertreibungen feststellen. Aber niemand weiß, wann diese Übertreibungen wieder bereinigt werden. Was hilft? Auf jeden Fall Risiken vermeiden. Nicht jedem Trend hinterherrennen. Und nur so viel investieren, dass die Anlage auch gegen Schwankungen durchgehalten werden kann, ohne dabei das eigene Nervenkostüm zu verschleißen.

Sogar Barton Biggs, ein ehemaliger Investmentbanker, empfahl in seinem Buch *Wealth, War and Wisdom* (John Wiley & Sons, New York 2008), die Börsen und Märkte gar nicht mehr zu beachten. »Suche Schutz gegen das Desaster, indem du eine entlegene Farm oder Ranch kaufst, wo du Samen, Dünger, Lebensmittel in Dosen, Medizin, Kleider und Wein lagerst«, schreibt er. Schön und gut. Was fehlt, ist dann nur noch der sichere Stacheldraht um das Anwesen herum.

Inflation und Deflation als Auslöser von Vertrauenskrisen

Lassen Sie mich zwei Faktoren von Vertrauenskrisen unterscheiden, die das weltwirtschaftliche Wachstum, den Wohlstand und die Aktienmärkte gefährden können: Inflation und Deflation.

In der *Inflation* geht das Vertrauen in den Geldwert verloren, die Geldmenge steigt kräftig, Unternehmen verlieren ihre Kalkulationsbasis, Sachwerte erhalten den Vorrang vor Finanzwerten, der freie Handel wird stark behindert. Im Allgemeinen ist die Inflation durch eine aufwärtsgerichtete Lohn-Preis-Spirale gekennzeichnet.

Deflation ist demgegenüber ein Ausdruck von Nachfrageschwäche, es wächst die Furcht, dass die Wirtschaft zum Erliegen kommen könnte, und auch diese Entwicklung kann sich spiralförmig verschärfen – dieses Mal allerdings in der umgekehrten Richtung: Die Geldmenge und der Geldumlauf schrumpfen. Unternehmen fürchten um den Absatz ihrer Waren und Dienstleistungen, unterlassen Investitionen, senken die Preise und entlassen Arbeitskräfte. Arbeitnehmer halten sich mit Käufen zurück und sparen aus Angst vor Einkommenseinbußen und Entlassung. Banken fürchten um ihre Kredite und fordern geliehenes Kapital zurück, der Staat nimmt weniger Steuern ein und muss zusätzliche Sparmaßnahmen einleiten. Immer mehr Firmen werden zahlungsunfähig. Die Angst bei Unternehmen, Arbeitnehmern und Banken nimmt weiter zu, sie sparen immer mehr und verstärken auf diese Weise die Krise. Waren, Dienstleistungen und Immobilien werden immer billiger angeboten; nur Geldbesitz zählt noch.

Heute gibt es Crashpropheten, die davon überzeugt sind, dass eine weltweite Deflation nicht nur droht, sondern unvermeidlich ist. Sie empfehlen als Rettung einen bescheidenen Lebensstil, Sparen und die Haltung von Vermögen in Form von Bargeld, verteilt auf möglichst viele Bankschließfächer. Doch ehe die Regierungen dazu übergingen, Bargeld zu verbieten und einen Währungsschnitt zu machen, müsse man rechtzeitig zu Tiefstpreisen Immobilien, krisenfeste Unternehmen und Aktien kaufen.

Wie könnte es zu einer Deflation kommen?

In der Tat kann infolge einer großen Liquiditätskrise aufgrund des Platzens einer »Preisblase« eine Deflation entstehen, zum Beispiel im Fall eines gleichzeitigen Preissturzes bei Immobilien und Aktien. Eine solche Entwicklung setzte Anfang der 1990er Jahre in Japan ein und weltweit Mitte des Jahres 2008. Wenn das gesamte Immobilien- und Aktienkapital eines Landes oder gar einer Weltregion plötzlich nur noch die Hälfte wert ist (1929, 1987, 2002, 2008), dann ist dies gleichbedeutend mit der Vernichtung von Geld und einer geschrumpften Geldmenge. Zur Vernichtung von Geld kann es beispielsweise auch dann kommen, wenn ein großes Industrieland zahlungsunfähig wird, seine Auslandsschulden in Fremdwährung nicht mehr begleichen kann und daraufhin eine Kettenreaktion im Unternehmenssektor droht, in dem Zahlungen verspätet erfolgen oder auch gänzlich ausbleiben. Dieses Muster lag beispielsweise der Asien- und Russlandkrise von 1998 zugrunde.

Von einer Zwangsläufigkeit oder Unvermeidlichkeit kann jedoch keine Rede sein. Hauptargumente der Crashpropheten sind die weltweit hohe Verschuldung, die zu Riesenpleiten und Geldvernichtung führen müsse, sowie die gesättigten Märkte, die zu einem Nachfrageausfall führen müssten, der angeblich nur durch Krieg und Vernichtung von Sachwerten beseitigt werden könne. An diesem Punkt verliert ihre Gedankenkette an Klarheit. Einerseits prangern sie die Verschuldung an, andererseits weisen sie mit Recht darauf hin, dass Sparen oder gar die Einführung einer Goldwährung die Deflationskrise nur verschärfen würde.

Gesättigte Märkte?

Was die gesättigten Märkte betrifft, so unterschätzen die Crashpropheten den Ersatzbedarf bei allen Wirtschaftsgütern, die ständig wechselnden Modetrends sowie neue Wirtschaftszyklen, die von neuen Erfindungen und Techniken bestimmt sind und neue Nachfrage bewirken, wie im 19. und 20. Jahrhundert Dampfmaschine, Eisenbahn, Elektrizität, Automobil, Computer, Kommunikation und Bildung.

Hätten sie Recht, dann hätten beispielsweise die USA oder die Schweiz im 20. Jahrhundert in einer permanenten Deflationskrise gesteckt, da sie es nicht mit einer Vernichtung der Güter im eigenen Land zu tun hatten. Selbst Japan findet langsam nach etlichen Irrwegen aus seiner Deflationskrise heraus, ohne dass es dort zu einem Krieg oder zu einer Wirtschaftskatastrophe wie in den 1930er Jahren gekommen wäre. Auch durch das hohe Wirtschaftswachstum in China, Indien, Lateinamerika und Osteuropa im Zuge der Globalisierung wird in scheinbar gesättigten Märkten immer wieder neue Nachfrage wirksam.

Zu hohe Staatsverschuldung?

Eine andere Behauptung lautet, ein steigendes US-Haushaltsdefizit führe zu einer Aktienbaisse, während ein ausgeglichener US-Haushalt von der Börse positiv registriert werde. Das Gegenteil ist richtig. Der Publizist und US-Vermögensverwalter Ken Fisher wies nach, dass in den USA seit 1947 auf Zeiten extremer Haushaltsdefizite überdurchschnittliche Gewinne am Aktienmarkt folgten, während nach Überschussjahren (wie dem Jahr 2000) die Kurse häufig fielen. Hohe Haushaltsdefizite führen also zu Kursgewinnen am Aktienmarkt, und das sollten wir im Auge behalten.

Welches könnten die Gründe für den geschilderten Zusammenhang sein? Erstens sind die Haushaltsdaten bereits in den Kursen enthalten. Ein hohes Haushaltsdefizit kann sich also nicht mehr negativ auf die Börsenkurse auswirken, ebenso wie sich ein Haushaltsüberschuss nicht mehr zusätzlich positiv auf die weitere Entwicklung auswirken kann.

Zweitens dürften die Börsenteilnehmer Schulden und Defizite nicht ständig in einer Haltung der Panik betrachten. Eine Schuldenlast der gesamten US-amerikanischen Volkswirtschaft (das heißt des Staates, der Unternehmen und der privaten Haushalte) von beispielsweise 50 Billionen US-Dollar klingt dramatisch, relativiert sich aber, wenn wir uns klarmachen, dass dem ein Vermögen von 111 Billionen US-Dollar gegenübersteht.

Ken Fisher sagt zu diesem Thema:

»Die meisten Menschen glauben, dass weniger Schulden zu haben gut und gar keine Schulden zu haben am allerbesten ist. Wenn man nur einen kurzen Blick auf das Finanzverhalten von börsennotierten Unternehmen wirft, ist zu sehen, dass dies blanker Unsinn ist. ... Der Nettowert eines Unternehmens wächst im Laufe der Zeit, wenn das Kapital mehr Rendite erwirtschaftet als das Geld kostet, das sich das Unternehmen zu diesem Zweck geliehen hat. ... Geld leihen ist gut, wenn die Kosten nach Steuern geringer sind als die vorsichtig geschätzte Rendite für die Investition.«

Ken Fisher, Das zählt an der Börse, München 2007, Seite 222

Wenn die von Fisher formulierte Bedingung erfüllt ist, ist die immer wiederkehrende Behauptung, wir lebten auf Kosten unserer Enkel, die alle unsere Schulden zurückzahlen müssten, absoluter Unfug. Dann mag es zwar sein, dass die Schulden wachsen, aber die Einkommen, der Wohlstand und das Gesamtvermögen wachsen ebenfalls, und zwar in stärkerem Maße. Fisher behauptet sogar, die USA seien zu gering verschuldet und müssten sich eigentlich stärker verschulden.

Was die hohe Staatsverschuldung betrifft, so führt diese erst dann zu Deflation, wenn ein Staat tatsächlich seinen Kapitaldienst einzustellen droht, wie es etwa bei Argentinien Anfang dieses Jahrzehnts einmal der Fall war. Zwar wird vorgerechnet, die Verschuldung liege in Deutschland heute bei 60 Prozent des Bruttosozialprodukts und werde im Jahr 2050 bei 400 Prozent liegen. Doch selbst wenn dies der Fall wäre, würde dies keine Panik auslösen. Jeder Anleihekäufer würde auch dann pünktlich sein Geld zurückerhalten, und dank der Zentralbank, die jederzeit Geld in den Markt schleusen kann, werden neue Anleihen ausgegeben, die ebenfalls garantiert zurückbezahlt werden. Zwar ist dies wegen der Euro-Währung und der Souveränität der Europäischen Zentralbank (zum Glück!) nicht mehr ganz so einfach, aber im Notfall, wie etwa 2008, ist es kein Problem, wenn sich die Staatschefs und Zentralbanker in Europa einig sind, dass nur so die Wirtschaft wieder abgekurbelt werden kann. Und im Falle einer gemeinsamen Krise sind sie sich in der Regel sehr schnell einig.

John Maynard Keynes zeigte bereits 1936, wie eine Deflation erfolgreich bekämpft werden kann, nämlich durch massive Investitionen der öffentlichen Hand. Schließlich muss es bei Deflationsgefahr »nur« gelingen, wieder Vertrauen in einen normalen Ablauf des wirtschaftlichen Austauschs zu schaffen und so die Abwärtsspirale zu durchbrechen. Dies gelang auch in den 1930er Jahren, und zwar schon vor dem Zweiten Weltkrieg (siehe dazu Diagramm 1). Keynes lieferte die Erklärung dafür. Die Weichen waren bereits vor Hitlers Machtergreifung wieder richtig gestellt.

Keynes' Theorie besagt, dass eine Wirtschaft, die mithilfe staatlicher Impulse wieder in normales Fahrwasser gelenkt wird, auch wieder höhere Staatseinnahmen bewirken wird. In den USA wurde in den 1980er und -90er Jahren gezeigt, wie das funktioniert. Unter Präsident Ronald Reagan, der von 1981 bis Anfang 1989 amtierte, hatte sich ein riesiges US-Haushaltsdefizit aufgetürmt; unter Bill Clinton (dem Amtsinhaber der Jahre 1993 bis 2001) ergab sich am Ende sogar wieder ein kleiner Haushaltsüberschuss, ehe die Regierung Bush wieder gewaltige Schulden zur Finanzierung des Irakkriegs einging.

Die Crashpropheten lägen nur dann mit ihren Vorhersagen richtig, wenn die verantwortlichen Politiker und Volkswirtschafts-

Diagramm 1: Die Entwicklung des Dow-Jones-Index, 1924 bis 1939

Börsencrash, Deflation und Erholung in den USA in den 1930er Jahren

experten extreme Sparkonzepte oder gar die Rückkehr zur Goldwährung verfolgen und auf diese Weise in die Deflationsfalle tappen würden. Da Gold ein begrenzter Rohstoff ist, wäre, wenn alles staatliche Papiergeld goldgedeckt sein müsste, ein sofortiger Währungscrash in den meisten Staaten dieser Welt unvermeidlich. Meiner Auffassung nach hat jedoch die Politik aus der Deflation der 1930er Jahre und den Theorien von Keynes genug gelernt. Im Prinzip ist eine Deflation viel leichter zu bekämpfen als die Inflation, mit der man sich nach dem Zweiten Weltkrieg 30 Jahre lang herumschlug; vielleicht sind auch deshalb unsere Politiker und Zentralbanker gegenüber der Inflation sehr viel ängstlicher als gegenüber der Gefahr einer Deflation.

Dass übrigens die milliardenschweren Programme zur Konjunkturstützung der Jahre 2008 und 2009 zwangsläufig Inflation erzeugen, stimmt ebenso wenig. Inflation entsteht durch eine Ausweitung der Geldmenge. Wenn aber dem durch Kreditschöpfung neu geschaffenen Geld zuvor die Vernichtung von Geld in dreistelligem Milliardenumfang gegenüberstand (bedingt durch die Abschreibungen der Banken infolge der Finanzkrise), wird die Geldmenge gar nicht ungebührlich ausgeweitet.

Investieren Frauen anders als Männer?

Sicherheit und Risikobereitschaft müssen sich nicht gegenseitig ausschließen, sofern man das Risiko kennt und entsprechend disponiert. Jeder Anleger, jede Anlegerin muss hier selbst seine/ihre Erfahrungen machen, um sich entsprechend einschätzen zu können.

Nun behaupten einige Publizist(inn)en, dass Männer und Frauen in puncto Risiko unterschiedliche Voraussetzungen mitbrächten und sich dementsprechend unterschiedlich verhielten. Frauen seien emotionaler und weniger risikobereit als Männer, gingen weniger mit dem Kopf durch die Wand, nähmen eher Hilfe in Anspruch.

Meiner Erfahrung nach sind dies bloße Gerüchte. Männer und Frauen unterscheiden sich sowohl in ihrer Geldanlage als auch sonst sehr viel weniger voneinander, als in den Medien behauptet wird. Dass man seine Zukunft und seine Geldgeschäfte selbst in die Hand nehmen muss, davon sind Männer wie Frauen inzwischen gleichermaßen überzeugt. Gut, es gibt Untersuchungen, nach denen Männer eher bereit seien, mit Zertifikaten zu experimentieren, also ein wenig zu spielen, während Frauen dies weniger reize. Sie strebten, so heißt es, nach genauen und umfassenden Informationen, setzten diese dann aber auch konsequenter um und blieben bei ihren Entscheidungen. Vermutlich denken Frauen vor einer Anlageentscheidung auch länger nach. Männer probierten eher verschiedene Ansätze aus; dies gehe auf Kosten der Rendite.

Manche Bankberater klagen darüber, dass Frauen sich angeblich lieber auf Tagesgeldkonten und andere leicht verständliche Produkte verlegen, anstatt in Fonds oder Zertifikate zu investieren. In meinen Augen ist dies kein Wunder. Frauen werden möglicherweise eher misstrauisch als Männer, wenn man ihnen ein Produkt vor allem deshalb einreden will, weil es der Bank eine Provision einbringt. Sie wissen eben, dass zwischen dem, was die Bank anbietet, und dem, was für die Kundin notwendig wäre, in vielen Fällen ein Unterschied besteht.

Doch es gibt nicht »die« Frauen und »die« Männer. Petra Joerg von der Universität Bern hat in einer wissenschaftlichen Studie geprüft, ob es tatsächlich geschlechts- und bildungsspezifische Unterschiede im Anlageverhalten gibt oder ob eine derartige Annahme auf einem Trugschluss beruht. Das Ergebnis ist eindeutig: Die Frauen und Männer, die eine vergleichbare Ausbildung durchlaufen hatten und deren Interessen gleich gelagert waren, wiesen auch hinsichtlich ihres Anlageverhaltens so gut wie keine Unterschiede auf.

Viele Banken haben in den 1990er Jahren spezielle Programme für die Zielgruppe der Frauen aufgelegt, diese aber inzwischen wieder eingestellt. »Das hat nicht funktioniert, das war zu klischeehaft«, sagt eine Insiderin. Richtigerweise hat man erkannt, dass die Situation des Anlegers oder der Anlegerin immer im Einzelfall genau betrachtet werden muss. Karsten John, Leiter der Finanzmarktforschung bei der Gesellschaft für Konsumforschung in Nürnberg, berichtet, dass jede zweite Frau sich nach ihrer eigenen Aussage ungern mit Finanzthemen befasst. Doch auch er bezweifelt, dass die Einstellung der Männer zu dieser Frage prinzipiell anders sei.

Ob Mann oder Frau ist nicht entscheidend. Hier gibt es für beide Geschlechter großen Nachholbedarf. Und das gilt in außergewöhnlichen Krisenzeiten in besonderem Maße. Frauen sind vermutlich im Durchschnitt achtsamer und prüfen Anlageangebote intensiver nach, bevor sie sich entscheiden. Die folgenden Abschnitte betreffen dennoch männliche und weibliche Anleger mehr oder weniger in gleicher Weise.

Mit Risiken umgehen lernen

Was Kapitalanlagen betrifft, so gibt es einen wichtigen Grundsatz, der oft vergessen wird, aber durchaus logisch einsehbar ist: Je höher die Renditechance, umso größer ist auch das Verlustrisiko. Anleger scheitern oft daran, dass sie momentanen Impulsen nachgeben und sich dazu hinreißen lassen, größere Risiken einzugehen, als sie dann tatsächlich verkraften können.

Viele Menschen sind zwar risikobereit, aber aufgrund ihrer finanziellen Lage nicht fähig, Risiken zu tragen. Wer Risiken eingeht, muss darauf achten, dass er sie auch vertreten, das heißt mit den möglichen Folgen leben kann. Wer schon in frühen Lebensjahren beginnt, in Aktien zu investieren, ist risikofähiger als ein Pensionär, denn ein junger Mensch kann es sich eher leisten, in eine tiefe Aktienbaisse hineinzugeraten, weil er eher warten kann, bis sie ausgestanden ist.

Sind Sie verheiratet? Haben Sie außerdem Kinder? Wer allein lebt und ein eigenes Einkommen hat, muss nur für sich selbst planen. In einer Familie müssen auch die Bedürfnisse der Kinder in die eigene Anlagestrategie eingebracht werden. Denken Sie an all die Ausgaben für Schule, Studium, Lehre und Führerschein. Dafür benötigen Sie Rücklagen.

Ist Ihnen klar, dass nicht nur die Höhe Ihres Einkommens wichtig ist, sondern auch die Frage, wie konstant und sicher es ist? Arbeiten Sie als Beamter oder in einer beamtenähnlichen Funktion, so ist Ihr Einkommensrisiko geringer als das eines Selbstständigen. Und wie groß ist Ihr Vermögen bereits? Je größer es ist, desto eher können Sie bei der Anlage am Kapitalmarkt oder Aktienmarkt etwas riskieren. Doch wie der tragische Fall des württembergischen Unternehmers Adolf Merkle gezeigt hat, hat auch da das Risiko seine Grenzen. Merkle stand auf Platz 5 der Liste der reichsten Deutschen, verspekulierte sich mit kostspieligen Übernahmen. Im Jahr 2008 setzte er mit sehr hohen Beträgen auf fallende Kurse von VW-Stammaktien. Dabei übersah er, dass durch den Aufkauf von VW durch Porsche die Zahl der VW-Aktien, die noch im freien Handel verbleiben würde, drastisch fallen würde. Das wiederum trieb deren Kurs in schwindelnde Höhen. Nach Milliardenverlusten beging Merkle Selbstmord.

Besitzen Sie eine selbstgenutzte Immobilie oder wohnen Sie zur Miete? Auch das muss berücksichtigt werden. Ist Ihre Immobilie bereits schuldenfrei oder müssen Sie noch Schuldzinsen und Tilgungsraten zahlen, die Ihr Vermögen schmälern? Ist Ihnen klar, dass die Tilgung von Schulden die sicherste Form überhaupt ist, Ihr Geld »anzulegen«?

Wie steht es mit Ihrer Planung für die kommenden Jahre? Wollen Sie Erspartes anlegen, wissen aber schon jetzt, dass Sie es in den nächsten drei bis fünf Jahren dringend benötigen werden, beispielsweise um eine Anschaffung, die Ausbildung Ihrer Kinder oder eine Traumreise zu finanzieren? Oder sparen Sie einfach nur für eine spätere Altersversorgung, die noch in weiter Ferne liegt? Im ersteren Fall würde ich von Aktien tendenziell abraten, im letzteren Fall sind neben Aktien auch Bundesanleihen und Bundesschatzbriefe gute Alternativen.

Schon oft habe ich erlebt, dass Anleger sich selbst als risikobereit bezeichnen – und dann bitter enttäuscht sind, wenn sie unversehens in eine schärfere Aktienbaisse hineingeraten. Als Pfarrer bin ich zwar gewohnt, Seelsorge-Gespräche zu führen. Aber es ist schlimm, wenn das Jammern dann kein Ende nimmt und sich das Gespräch immer im Kreise dreht. Deshalb sollten Sie vor jeder Geldanlage überlegen, was Sie im Fall des Falles tun werden: Verluste aussitzen oder sehr zeitig die Reißleine ziehen und aussteigen, wenn der Trend nicht mehr stimmt? Fast immer ist die zweite Lösung die bessere. Aber sie wird selten praktiziert. Meistens kommt es ganz anders. Bleiben wir einmal beim Aktienmarkt. Viele Anleger, die hier in einen überraschenden Kurseinbruch hineingerieten, versuchten zunächst, in der Hoffnung auf bessere Zeiten die Verluste auszusitzen. Das ist meistens ein Fehler. Anfänglich sind die Verluste noch gering, doch irgendwann kommt der Moment, in dem sie als unerträglich empfunden werden, die Hoffnung auf eine Trendwende erlischt und der Drang übermächtig wird, doch noch auszusteigen (»Es wird ja immer schlimmer! Aber später, im nächsten Anlauf, wird bestimmt alles besser.«) Interessanterweise ist das dann oft der Zeitpunkt, in dem es an der Börse wieder aufwärts geht. Die schwachen Hände haben ihre Aktien abgegeben, die starken Hände haben sie gesammelt, niemand ist mehr da, der noch verkaufen will – und dann geht es aufwärts.

Der Psychologe Christoph von Quast vom Münchener Peutinger-Institut für angewandte Wissenschaften hat mit tausend Versuchspersonen ein interessantes Experiment durchgeführt und dabei nachgewiesen, dass die Bereitschaft zu riskanter Spekulation, verbunden mit freudiger Erregung und wenig Erfahrung, sehr oft zum finanziellen Ruin führt. Wesentlich bessere Renditen erzielten in dem Versuch diejenigen, die ihr Risiko systematisch begrenzten und in kritischen Situationen nach einem vorher ausgeklügelten System handelten. Prickelnde Gefühle haben bei der Geldanlage jedenfalls nichts zu suchen.

Inzwischen setzen auch Banken gern Fragebögen bei ihrer Beratung ein, um sich Klarheit darüber zu verschaffen, ob ihr Kunde nicht nur bereit, sondern auch fähig ist, Risiken einzugehen. Das müssen sie auch tun, denn sie wurden in den vergangenen Jahren häufig mit Prozessen wegen »Falschberatung« überzogen. In den meisten Fällen entschieden jedoch die Gerichte, dass es unfair wäre, wenn im Fall einer geglückten Spekulation der Anleger der Gewinner wäre, aber bei einer Schieflage die beratende Hausbank für seine Verluste haften müsste. Die Banken versuchen jedenfalls, sich juristisch immer besser gegen Schadenersatzforderungen zu wappnen.

Inzwischen ist übrigens die Risikobereitschaft der Anleger sehr stark gesunken. Sie haben im Jahr 2008 miterlebt, wie sich viele Kurse allmählich halbiert haben, und wollen nun jedes Risiko ausschließen. Dann lassen sie sich möglicherweise »Garantiezertifikate« verkaufen, die nicht viel bringen, und wenn sie Pech haben, geht auch noch die garantierende Bank in Konkurs und das Geld ist weg, wie es im September 2008 im Fall von Lehman Brothers geschah.

Sie können bei Geldanlagen nicht jedes Risiko ausschließen, es sei denn, Sie legen Ihr Geld zu Minizinsen von 2,5 Prozent an oder verstauen es im Sparstrumpf. Aber dann zehrt die Inflation an Ihrem Ersparten.

Mit Risiken umzugehen lernen, heißt zunächst einmal, klar zwischen einer kurzfristigen und einer mittelfristigen Anlage zu unterscheiden. Brauchen Sie das fragliche Geld in ein bis zwei Jahren, dann kommt praktisch nur Tagesgeld oder Festgeld infrage. Haben Sie fünf oder zehn Jahre Zeit, dann können Sie es ohne weiteres am Aktienmarkt einsetzen, wenn dieser gerade einen Kurseinbruch hinter sich hat. Aber dann sollten Sie natürlich das Risiko streuen, indem Sie auf mehrere Aktien setzen. Und schon gar nicht sollten Sie irgendeinem heißen Tipp folgen, der über das Börsenfernsehen oder ein reißerisch aufgemachtes Börsenblatt auf den Markt gebracht wird. Denn Sie können sich darauf verlassen, dass einige Leute nur darauf lauern, bis Sie und viele andere gekauft haben, um dann schnell ihr Schäfchen ins Trockene zu bringen.

Doch gute Standardwerte wie Siemens, RWE, EON, Bayer, BASF, Linde, Novartis, Nestlé oder Royal Dutch Shell sind keine Risikopapiere. Die können Sie jederzeit kaufen, wenn die Aktienkurse »unten« sind. Noch niemals seit 1945 wäre der Deutsche Aktienindex (DAX), würde man ihn seit seiner Einführung 1987 zurückrechnen, nach einem Jahr mit Kursverlusten von 30 Prozent und mehr im darauffolgenden Jahr nochmals gefallen! Man sollte also nach einem Verlustjahr nicht unnötig ängstlich sein – wobei natürlich auch die umgekehrte Regel gilt, dass man nach mehreren Gewinnjahren am Aktienmarkt immer vorsichtiger werden sollte.

Hände weg vom grauen Kapitalmarkt!

In unsicheren Börsenzeiten haben Geldabzocker und Anlagebetrüger oft Hochkonjunktur. Sie profitieren von der Leichtgläubigkeit vieler Anleger, die den Versprechungen trauen, die »hervorragenden Experten« dieser oder jener Firma könnten auch in schweren Zeiten ordentliche Renditen erwirtschaften.

Nur so ist es erklärbar, wie viele sonst so vorsichtige Sparer vor einigen Jahren in das Netz der sogenannten Göttinger Gruppe gerieten und sich auf eine »stille Beteiligung« mit Leuten einließen, die sich durch gemeinsame Fotos mit Politikern und Trikotwerbung beim VfB Stuttgart den Anschein großer Seriosität gaben. Die

Gruppe war Mitte 2007 zahlungsunfähig; über eine Milliarde Euro waren einfach weg, mehr als 100000 Anleger geprellt. Und diese Geprellten müssen sogar noch froh sein, wenn sie nicht noch Geld nachschießen müssen. Denn sie sind rechtlich »Mitunternehmer«, haften also für die Verluste der Gruppe mit. Bereits seit dem Jahr 2000 ermittelte die Staatsanwaltschaft wegen des Verdachts, die Göttinger Gruppe habe Kapital beiseitegeschafft. Der Mitbegründer Erwin Zacharias kam im August 2002 wegen Steuerhinterziehung in Millionenhöhe in Untersuchungshaft und wurde Anfang 2006 zu einer Bewährungsstrafe verurteilt. Doch die Gruppe konnte unverdrossen weiter Geld einsammeln. Denn die Finanzaufsicht kann nur prüfen, ob der Verkaufsprospekt formal korrekt, nicht aber, ob das dahinterstehende System überhaupt funktionsfähig ist.

Man darf nur hoffen, dass wieder möglichst viele gutgläubige Menschen gelernt haben, was es bedeutet, Geld am grauen Kapitalmarkt anzulegen und im Zuge dessen irgendwelchen Leuten anzuvertrauen, die sich in großen Versprechungen als kompetente Partner anpreisen. Zum Grundwissen des Anlegers gehört, dass selbst bei Vermögensverwaltungen stets der Anleger selbst die volle Kontrolle über sein Geld behält. Kein Verwalter kann persönlich über die Kundengelder verfügen. Und das ist auch gut so.

2

Wenn Sie Ihr Geld vorübergehend »parken« möchten

Nehmen wir an, Sie benötigen Geld für eine bestimmte künftige Anschaffung. Oder Sie möchten es in Aktien anlegen, trauen aber derzeit der Börse nicht, weil die Kurse fallen. Oder Sie wollen gern Anleihen kaufen, aber die Zinsen sind Ihnen zu niedrig und Sie erwarten, dass sie wieder steigen.

Früher war es fast selbstverständlich, Geld auf ein Sparbuch zu legen, das nicht unmittelbar zur Finanzierung anderer Ausgaben bestimmt war. Aber Sparbücher warfen in der Vergangenheit meist nur geringe Zinsen ab. Die Dresdner Bank spottete in den 1990er Jahren sogar einmal in einem Werbespot: »Warum heißt das Sparbuch denn eigentlich Sparbuch? Weil man es sich sparen kann!« Wer sich damals noch über eine solche Äußerung vonseiten einer Großbank wunderte, merkte bald, dass die Banken entdeckt hatten, dass sie mit der Ausgabe von Fonds und Zertifikaten sehr viel mehr verdienen konnten als mit der Verwaltung von niedrigverzinsten Sparbüchern.

Seit einigen Jahren allerdings bieten manche Banken Sparbücher mit attraktiveren Zinsen an. Im Grunde genommen handelt es sich dabei um »Festgeldkonten«.

Tagesgeld und Festgeld

Wer Geld vorübergehend »parken« will, für den bietet sich vor allem ein Tagesgeldkonto an. Über Ihr Guthaben auf einem Tagesgeldkonto können Sie täglich verfügen. Die Bank kann aber auch jederzeit die Bedingungen ändern. Sie kann zum Beispiel die Zinsen senken, und oftmals tut sie das sogar, ohne Sie vorher zu informieren. Einige Banken gewähren allerdings Zinsgarantien. Wer diese Sparform wählt, sollte sich regelmäßig bei der Bank erkundigen, ob sich die Konditionen geändert haben.

Ihr erster Ansprechpartner sollte immer Ihre Hausbank sein. Das mag altmodisch klingen in einer Zeit, in der auch das Bankgeschäft immer unpersönlicher wird, weil das dortige Personal wechselt oder Filialen zusammengelegt werden mit der Folge, dass der persönliche Kundenbezug verloren geht. Dennoch empfehle ich, stets engen Kontakt zu Ihrem Wertpapierberater oder Ihrer -beraterin zu halten. Es ist nützlich, besonders wenn Sie mit Ihrer Bank auch in anderen Angelegenheiten zusammenarbeiten, etwa als Selbstständiger. Solange diese Zusammenarbeit gut funktioniert, werden Sie nicht sofort Ihre Hausbank wechseln, nur weil eine andere Bank zur gegebenen Zeit geringfügig günstigere Konditionen für Provisionen beim Wertpapierkauf, für Tagesgeldkonten oder für Festgelder vorsieht. Freilich sollten Sie sich selbst auch gut auskennen und immer auf Augenhöhe mit Ihrer Bank verhandeln können.

Sind Sie bei Ihrer Hausbank gut bekannt und benötigen etwa einen kurzfristigen Kredit, so werden Sie diesen dort viel leichter erhalten als bei einem fernen Institut. Der Begriff Kredit kommt vom lateinischen »credere«, was so viel bedeutet wie »vertrauen«. Eine Kreditbeziehung erfordert eine Vertrauensbasis. Diese wächst mit der Dauer der Zusammenarbeit und durch einen stetigen Austausch von Informationen. Es ist also sowohl für die Bank als auch für den Kunden nützlich, wenn eine gute und enge Zusammenarbeit besteht, die auf wechselseitiger Vertrautheit basiert.

Besonders wichtig wird das in Krisensituationen. Sowohl Unternehmen als auch Privatleute erwarten mit Recht, dass ihre Bank gerade in schwierigen Zeiten zu ihnen steht. Kennt die Bank ihren Kunden nicht, dann kommt es oft vor, dass sie ihm Geld anbietet, wenn er es gar nicht braucht, aber in Zeiten von Geldknappheit sofort den Hahn zudreht, gemäß dem Ausspruch von Mark Twain: »Ein Banker ist ein Kerl, der Ihnen bei schönstem Sonnenschein einen Regenschirm anbietet, ihn aber zurückhaben will, sobald sich der Himmel verdunkelt.« Wichtig ist stattdessen eine stabile Partnerschaft mit der Hausbank, damit auch in kritischen Zeiten gegenseitiges Vertrauen sichergestellt ist.

Statistiken belegen, dass Hausbanken in Krisenzeiten loyaler zu ihren Kunden stehen als Institute, mit denen Sie nur wegen der momentan höheren Tagesgeldzinsen in Verbindung stehen. In einer Zeit, in der ihr Eigenkapital aufgrund von Finanzkrisen knapper wird, werden die Banken sorgfältig diejenigen auswählen, denen sie noch etwas leihen, und vermutlich bevorzugt ihre Stammkunden bedienen. Dies sollten Sie bedenken, wenn Sie mit Ihrer Bank wegen der Höhe des Tagesgeldzinses verhandeln und dabei auch über Angebote anderer Institute verfügen.

Aber zurück zum Tagesgeldkonto. Es kann nicht passieren, dass man mit seinem Konto plötzlich in eine Verlustzone gerät. Das Guthaben ist sogar meistens dann sicher, wenn die Bank in Konkurs geht, denn die gesetzliche Einlagensicherung garantiert jedem Kunden, dass 90 Prozent seiner Einlagen bis zu einem Höchstbetrag von 20 000 Euro geschützt sind. Zudem gehören die meisten Institute einem freiwilligen Sicherungssystem an, sodass die Einlagen in den meisten Fällen zusätzlich über den Einlagensicherungsfonds des Bundesverbandes deutscher Banken (BdB) abgesichert sind, der für jeden Kunden eine Entschädigung von bis zu 30 Prozent des haftenden Eigenkapitals der jeweiligen Bank vorsieht. Geschützt sind sowohl die Einlagen als auch die damit verbundenen Ansprüche auf Guthabenzinsen. Das sind Millionenbeträge, und das dürfte für fast alle Anleger reichen. Als im Frühjahr 2008 die Weserbank (Bremerhaven) die Einlagen ihrer Kunden nicht mehr zurückzahlen konnte, half der Sicherungsfonds mit bis zu 1,83 Millionen Euro pro Anleger aus. Es ist wichtig, dass Sie sich vor einer Anlage in Millionenhöhe bei einer Bank vergewissern, dass im Insolvenzfall nicht nur die gesetzliche Einlagensicherung greift, sondern darüber hinaus auch ein freiwilliges Sicherungssystem.

Bezüglich der Höhe der Tagesgeldzinsen ist es wichtig, die Bedingungen mehrerer Banken zu vergleichen. Wer bietet höhere Zinssätze? Sie können sich zu diesem Zweck an der im Jahr 2008 eingeführten Tagesanleihe des Bundes orientieren. Informationen zu deren Funktionsweise und zu den jeweils geltenden Zinssätzen finden Sie auf der Website der Bundesrepublik Deutschland Finanzagentur GmbH www.tagesanleihe.de. Der Zinssatz der Tagesanleihe richtet sich nach dem Satz, zu dem sich Banken untereinander über Nacht Geld leihen, dem sogenannten Euro Overnight Index Average (kurz: Eonia). Für die Verwaltung kassiert die Finanzagentur einen Abschlag. Betrüge der Eonia-Zins beispielsweise 4 Prozent, so läge der Satz der Tagesanleihe bei 3,7 Prozent. In den vergangenen Jahren hätte die Rendite der Bundes-Tagesanleihe im Schnitt bei 2,5 Prozent pro Jahr gelegen. Anleger sollten berücksichtigen, dass der Eonia-Zins zwar deutlich höher liegt, dafür jedoch stark schwankt.

Misstrauisch werden sollten Sie bei Lockvogelangeboten, die ausdrücklich befristet sind. Schon die Bezeichnungen sind oft verräterisch. Passen Sie auf bei Schlagworten wie »Hochzinskonto« oder »Superzins«. Besonders unverschämt war ein Angebot der DAB-Bank im Jahr 2008. Der Tagesgeldzins sollte bis März 2009 mehr als 8 Prozent betragen. Der Haken: Dieser Zinssatz galt nur für den, der bis Mitte Dezember 2008 Wertpapiere im Wert von mindestens 100 000 Euro auf ein DAB-Depot übertrug oder mindestens 500 Wertpapiertransaktionen mittels der DAB durchführte.

Manche Banken gewähren ihre attraktiven Sätze eben nur, wenn Sie dort ein Depot eröffnen oder Fondsanteile kaufen. Oder sie garantieren die Zinsen nur ab einer bestimmten Mindestanlage oder bis zu einem relativ niedrigen Höchstbetrag. Ratsam ist jedenfalls, das Kleingedruckte genau zu lesen, nicht zuletzt um zu erfahren, ob und gegebenenfalls in welcher Höhe Kontoführungsgebühren berechnet werden. Bevorzugen Sie Banken, die gute Bedingungen über längere Zeit anbieten. Vorteilhaft für Sie ist es auch, wenn die Zinsen nicht nur vierteljährlich oder jährlich gutgeschrieben werden, sondern monatlich. In diesem Fall erhöht sich aufgrund des Zinseszinseffekts Ihre jährlicher Zinsertrag.

Mit hohen Zinsen locken auch viele Töchter ausländischer Banken. Im Konkursfall sind die Kundengelder dort meistens aber nur zu 90 Prozent und höchstens 20000 Euro abgesichert. Dagegen gehören fast alle heimischen Banken dem deutschen Sicherungsfonds an. Bei ihnen sind auch deutlich höhere Summen hundertprozentig geschützt.

Eine andere Möglichkeit, Geld zu parken, besteht in der Anlage auf einem Festgeld- oder Termingeldkonto. Hierbei vereinbaren Sie mit Ihrer Bank, dass Sie über das angelegte Geld erst nach Ablauf einer bestimmten Frist von beispielsweise drei, sechs oder zwölf Monaten verfügen. Die Anlagedauer sollte sechs oder zwölf Monate betragen, denn Anlagen mit Fristen von einem Monat bis zu drei Monaten sind nicht empfehlenswert, da sie meistens weniger einbringen als gute Tagesgeldanlagen. Überlegen Sie es sich allerdings gut, ob Sie wirklich Ihr Geld für sechs oder zwölf Monate festlegen wollen, wenn die Zinsen dafür nicht sehr viel attraktiver sind als bei Tagesgeld.

Geldmarktfonds: teuer und nicht ohne Risiko

Als im Jahr 2008 deutlich wurde, wie eilfertig US-amerikanische Hypothekenkreditinstitute ihre Risiken in Form von »verbrieften Anleihen« an arglose Anleger weitergegeben hatten, weitete sich die zunächst scheinbar auf die USA begrenzte Kreditkrise sehr schnell weltweit aus. Die Frage, ob die Banken mit ihrer Praxis gegen Gesetze verstoßen haben, ist noch offen. Die New Yorker Staatsanwaltschaft prüft derzeit, ob der Weiterverkauf von äußerst riskanten Schuldtiteln an Investoren in aller Welt ohne Information über die Risiken statthaft war.

Manche Banken scheinen wirklich der Meinung gewesen zu sein, besonders clever zu handeln. Man kombinierte offenbar die riskanten US-Papiere mit anderen, neu herausgegebenen Anleihen und verkaufte sodann die resultierenden Pakete an arglose Privatanleger. Diese freuten sich darüber, ein Prozentpünktchen mehr zu bekommen als etwa bei Bundesanleihen üblich. Wir können vermuten, dass einige Banken sehr dreist vorgingen, indem sie solche fragwürdigen Zinspapiere sogar in ihre Geldmarktfonds aufnahmen.

Geldmarktfonds, für die keine An- und Verkaufsspesen bezahlt werden müssen, gelten für viele Anleger noch immer als ideale Kurzfristanlage für Gelder, die sie zur Risikovermeidung vorübergehend nicht in Aktien investieren wollen. Auch ich habe Geldmarktfonds lange Zeit zu diesem Zweck empfohlen, bis ich darauf aufmerksam wurde, dass sie wesentlich schlechter abschneiden als Festgelder oder Tagesgelder. Der schlichte Grund für Letzteres lautet, dass auch hier das Fondsvermögen für Managergehälter, Prämien und Werbungskosten einstehen muss.

Geldmarktfonds sind bei Anlegern außerordentlich beliebt. Jede Bank bietet sie an, und die Angebote klingen sehr verlockend. In der Regel zahlt der Anleger keine Spesen und kann sein Geld jederzeit durch Verkauf an der Börse wieder abrufen. Zwar kann es sein, dass der Kurs zwischenzeitlich nachgegeben hat, aber die Schwankungen der Anteilswerte gelten als gering. Angeblich gehen die Manager von Geldmarktfonds größeren Risiken aus dem Weg. Sie investieren das ihnen anvertraute Geld in kurzfristige Anleihen, Bankguthaben, Tages- und Festgeldkonten sowie Pfandbriefe mit kurzen Restlaufzeiten. Zwar wird keine bestimmte Rendite garantiert. Aber so hoch wie bei Fest- oder Tagesgeldern sei die Rendite doch allemal, wird allgemein vermutet. Und es droht auch kein Totalverlust, selbst wenn die Bank, bei der Sie den Geldmarktfonds deponiert haben, in Konkurs geht. Das Fondsvermögen ist ein Sondervermögen, das im gegebenen Fall nicht in die Insolvenzmasse eingeht.

Doch was den meisten Anlegern nicht mitgeteilt wird: Das Management lebt von den Einlagen mit! Es werden Verwaltungsgebühren erhoben, und die Bank verdient an den erhöhten Depotgebühren. Das alles wird dem Fonds entnommen. Und wenn das

Management das Geld schlecht anlegt, können auch Verluste entstehen.

Genau dies passierte in den Jahren 2007 und 2008. Manche Banken steckten offenbar riskante Hypothekenkreditpapiere in die von ihnen ausgegebenen Geldmarktfonds. So schrieb mir ein Leser: »Für meine Tante, die in einem Pflegeheim untergebracht ist, habe ich Generalvollmacht und habe bei ihrer Bank 100 000,00 Euro in einem Geldmarktfonds angelegt. Inzwischen sind aus dem Anlagebetrag 95 000,00 Euro geworden. Was würden Sie mir raten, wie ich es anlegen soll, ich könnte es für zwei Jahre fest anlegen?«

Wenn es stimme, dass in einem Geldmarktfonds ein Verlust von 5 Prozent eingetreten sei, dann sei das ja schon fast eine Angelegenheit für den Staatsanwalt, antwortete ich dem Leser erstaunt. Denn jeder Anleger verlässt sich doch darauf, dass die Manager von Geldmarktfonds ausschließlich bombensichere Anlagen wählen und nicht faule Papiere von Banken! Aber Verluste wie der von dem besagten Leser erwähnte waren gar nicht so selten, weil die Fondsmanager teilweise ihren Fonds auch US-Hypothekenpapiere beigemischt hatten, nur wegen ein paar Prozentpunkten mehr. Und plötzlich rutschten die Kurse dieser Papiere kräftig ab.

Die *Süddeutsche Zeitung* berichtete im Oktober 2008, dass ein Fünftel aller Geldmarktfonds in Deutschland seit Anfang 2008 Verluste statt Gewinne eingebracht hätten. Der höchste Verlust bei einem Geldmarktfonds lag bei 17 Prozent. Etwas Derartiges hat es noch nie gegeben.

In den USA breitete sich Panik aus. Anleger schichteten massiv in kurzfristige Anleihen um, weil sie den Geldmarktfonds nicht mehr trauten. Die US-Regierung musste zur Stützung eingreifen und den Geldmarktfonds für 540 Milliarden US-Dollar Papiere abkaufen, die als unzuverlässig galten und die die Geldmarktfonds daher nicht mehr loswurden. In Deutschland erklärte die Bundesregierung, ebenfalls einzugreifen, wenn dies nötig sei.

Wer grundsätzlich kein Geld mehr in Geldmarktfonds anlegt, muss sich auch nicht erkundigen, in welche Papiere der Geldmarktfonds investiert. Ende 2008 wurde Anlegern, die ein Investment in Geldmarktfonds erwogen, oft geraten, entsprechende Kandidaten genau zu prüfen. Vergessen Sie es! Denn nicht erst im Jahr 2008, sondern schon vorher brachten die Geldmarktfonds meist weniger Rendite als Tages- oder Festgeldkonten.

Fazit: Wenn Sie Ihr Geld aus Aktien abgezogen haben, es später wieder in Aktien anlegen und in der Zwischenzeit nur kurz parken wollen, dann legen Sie es keinesfalls in einem Geldmarktfonds an. Grundsätzlich sind Festgelder oder Tagesgeldkonten, notfalls auch Sparbücher, interessanter.

3

Festverzinsliche Wertpapiere oder »Renten«

Anleihen werden auch als festverzinsliche Wertpapiere bezeichnet. Früher sprach man oft auch von »Rentenpapieren«, weil die jährliche Zinsausschüttung sich als eine zusätzliche »Rente« betrachten lässt. Wenn ich beispielsweise zum Preis von 10 000 Euro eine Bundesanleihe kaufe, dann bin ich Gläubiger des Staats, der umgekehrt mein Schuldner ist. Der Bund ist verpflichtet, mir bis zum Ende der Laufzeit der Anleihe Zinsen nach Maßgabe eines festen Zinssatzes zu zahlen. Am Ende der Laufzeit erhalte ich dann auch mein Geld zurück.

Gut als Alternative zu Aktien

Nehmen wir als Beispiel eine Bundesanleihe. Sie wird stets zu einem Ausgabepreis von 100 Euro (= Nennwert) auf den Markt gebracht, ist mit einem festen Zinssatz ausgestattet und läuft zehn Jahre. Nach Ablauf von zehn Jahren wird sie automatisch zurückgezahlt. Da sie aber an der Börse gehandelt wird, kann sie täglich zum Kurswert oder Marktwert gekauft oder verkauft werden.

Der Kurs richtet sich nach dem allgemeinen Zinsniveau. Steigen die Anleihezinsen, dann sinkt der Kurs der Anleihe, die ich zu einem früheren Zeitpunkt erworben habe, denn andernfalls wären neue Anleihen attraktiver. Der Kurs meines Papiers geht so weit zurück, dass das Papier stets dieselbe Rendite abwirft wie eine andere Anleihe mit derselben Laufzeit. Wenn Sie vorhaben, die Anleihe bis zum Ende der Laufzeit zu behalten, dann müssen Sie sich um deren Börsenkurs nicht kümmern. Wichtig ist er nur dann, wenn Sie sie während ihrer Laufzeit verkaufen wollen. Diagramm 2 illustriert ein Beispiel dafür, wie Kurse schwanken können.

Die Bundesanleihe, deren Kursentwicklung in Diagramm 2 dargestellt ist, wurde im Jahr 2005 zum Kurs von 100 Euro ausgegeben, wird jährlich mit 3,25 Prozent Zins bedient und im Jahr 2015 zurückgezahlt. Der Kurs schwankt, je nachdem, ob neue Anleihen zu attraktiveren Zinssätzen ausgegeben werden oder ob das allgemeine Zinsniveau sinkt. Letzteres würde die Anleihe wertvoller machen. Bei höheren Zinsen hingegen fällt der Kurs.

Da der Kurswert selten genau bei 100 Euro liegt, muss zwischen Nominalzins und Rendite unterschieden werden. Der Nominalzins ist der Zinssatz, mit dem die Anleihe ausgestattet ist, in unserem Beispiel 3,25 Prozent. Die Rendite ergibt sich täglich neu aufgrund des Kurswerts der Anleihe. Nur dann, wenn der Kurs zufällig genau 100 Euro beträgt, ist die Rendite mit dem Zinssatz identisch, beträgt also genau wie dieser 3,25 Prozent. Die Formel zur Berechnung der Rendite lautet:

$$\text{Rendite} = \frac{100 \times (\text{Zinssatz} \times \text{Restlaufzeit in Jahren} + 100\,\% - \text{Kurs in }\%)}{\text{Kurs} \times \text{Restlaufzeit in Jahren}}$$

Betrachten wir den Gang der Rechnung an einem Beispiel. Die Restlaufzeit betrage acht Jahre, der Zinssatz 4 Prozent, der Kurs 103,125 Euro.

$$\text{Rendite} = \frac{100 \times (4\,\% \times 8 + 100\,\% - 103{,}125\,\%)}{103{,}125\,\% \times 8} = 3{,}50\,\%$$

Die Rendite in diesem Rechenbeispiel liegt bei 3,50 Prozent.

Das Verfahren der Zinsausschüttung an den Gläubiger unterscheidet sich von dem der Dividendenzahlung an den Aktionär. Auf der Hauptversammlung einer Aktiengesellschaft wird über die Dividende entschieden. Aufgrund dessen fällt der Kurs der Aktie etwa um die Höhe des beschlossenen Betrags der Dividende. Da nur die

Diagramm 2: Kursentwicklung einer zehnjährigen Bundesanleihe

Die Kursschwankungen bei Anleihen spiegeln Veränderungen des Zinsniveaus wider.

Altaktionäre die Dividende erhalten, neue Käufer hingegen nicht, wird der Wert der Aktie um die entgangene Dividendenzahlung bereinigt. Die Aktie wird fortan »ex Dividende« notiert.

Beim Kauf einer Aktie bezahlen Sie also deren um die Jahresausschüttung bereinigten Kurs. Beim Kauf einer Anleihe verhält es sich umgekehrt. Hier bezahlen Sie zunächst die Zinsen für die Zeit mit, die seit der letzten Ausschüttung vergangen ist. Diese Zinsen nennt man Stückzinsen. Dafür erhalten Sie aber am Tag der Ausschüttung Zinsen entsprechend dem vollen Zinssatz für zwölf Monate. Die Ausschüttung verändert den Kurswert der Anleihe also nicht. Wenn Sie die Anleihe vor dem Ende ihrer Laufzeit verkaufen, bekommen Sie auch die Stückzinsen gutgeschrieben, die seit der letzten Ausschüttung angefallen sind.

Wenn Sie Anleihen kaufen, sollten Sie auf das sogenannte Emittentenrisiko achten. Der Emittent ist der Herausgeber der Anleihe. Das kann ein Staat sein oder ein Bundesland, eine Bank oder ein Industrieunternehmen. Alle brauchen sie Geld und wenden sich an Sie als Anleger. Wie können Sie sich ein Urteil darüber bilden, ob der Emittent, also der Schuldner, zuverlässig und zahlungsfähig ist? Was Ihr eigenes Land, also zum Beispiel die Bundesrepublik Deutschland angeht, so dürfte die Sache klar sein. Der Staat garantiert Ihnen, dass Sie Ihr Geld zurückerhalten. Aber schon nicht mehr so eindeutig ist das Urteil im Fall anderer Staaten oder ausländischer Unternehmen. Und auch hier gilt es zu unterscheiden zwischen Anleihen in der eigenen Währung, also zum Beispiel in Euro, und solchen in Fremdwährung. Die Zahlungsfähigkeit des Emittenten mag außer Frage stehen. Aber ist auch die Währung seines Landes sicher?

Ratings: mit Vorsicht zu genießen

Ob ein Staat oder ein Unternehmen zuverlässig Rechnungen begleichen und seine Schulden zurückzahlen kann, wird regelmäßig von den großen Rating-Agenturen Standard & Poor's (S&P) Moody's und Fitch überwacht. So dachte man zumindest bis zum Jahr 2007. Dann aber stellte sich plötzlich heraus, dass verschiedene Anleihen, die die Höchstnote (AAA) erhalten hatten, dennoch nicht hielten, was die Rating-Agenturen versprochen hatten.

Die US-Börsenaufsicht SEC hat einen 37-seitigen Bericht veröffentlicht, in dem zum Teil auch anonymisierte interne E-Mails zitiert werden. Darin wird aufgedeckt, wie raffiniert die US-Hypothekenbanken zum Teil vorgingen, um zu verschleiern, wie viele nicht gedeckte Hypothekenschulden in Wertpapieren enthalten waren, die die beste Bewertung erhalten hatten. Sogenannte strukturierte Anleihen waren immer wieder mit guten Anleihen kombiniert worden. Aufgrund dessen bildeten die Bewertungen nicht einmal die Hälfte der tatsächlichen Risiken ab. Außerdem ließ sich nie genau ausmachen, nach welchen Richtlinien die Rating-Agenturen vorgegangen waren.

Seit 2007 werden die Rating-Agenturen weltweit von Aufsehern und Politikern verschärft kritisiert, weil sie die Investoren erst sehr spät vor den Risiken von mit Hypotheken unterlegten komplexen Wertpapieren gewarnt haben. Erst in den vergangenen zwölf Monaten sind sie dazu übergegangen, solche Papiere, die in dreistelliger Milliardenhöhe ausgegeben worden waren, herunterzustufen. Das war nötig, auch wenn dadurch allein bei Banken Wertberichtigungen um rund 400 Milliarden US-Dollar erforderlich wurden.

Woran lag es, dass die Rating-Agenturen erst so spät reagiert haben? Waren nicht die Machenschaften bei US-Hypothekenkrediten schon seit Ende der 1990er Jahre bekannt? Es sei einfach nicht gründlich recherchiert worden, vermutlich aus Mangel an Mitarbeitern, so der Vorsitzende der US-Aufsichtsbehörde SEC, Christopher Cox.

Ein Problem ist auch, dass die Rating-Agenturen Bewertungen von Anleihen abgeben, aber gleichzeitig von den Banken bezahlt werden, die diese Anleihen herausgeben. Daraus resultieren klassische Interessenkonflikte, auch wenn die Banken und Rating-Agenturen immer wieder betonen, da seien unterschiedliche Abteilungen am Werk; die Analysten seien in ihrer Beurteilung völlig frei. Das glaube, wer will. Analysten beteiligten sich durchaus an den Diskussionen über die Gebühren, die die Banken zahlen würden.

Nun sollen ab 2009 Reformen in Gang gesetzt werden, und die Banken und Rating-Agenturen haben zugesagt, die kritisierten Tatsachen auszuwerten und schnellstens neu zu organisieren. Zudem müssen die Rating-Agenturen künftig Rechenschaft über die Regeln ablegen, nach denen sie die Wertpapiere, denen Hypothekenkredite beigemischt wurden, bewerten wollen. Auch die SEC wird sich an der Formulierung der entsprechenden Richtlinien beteiligen.

Daher mein Rat: Verlassen Sie sich nicht blind auf Ratings, wenn Sie Anleihen kaufen. Halten Sie sich an die sicheren Bundesanleihen, und meiden Sie Unternehmens-, Bank- oder Fremdwährungsanleihen.

Bedenken Sie Folgendes: Wenn Sie mit Standardaktien einmal Kursverluste erleiden, sehen Sie Ihren Einsatz wahrscheinlich spätestens in zwei bis drei Jahren wieder. Wenn Sie aber mit Fremdwährungen oder in Euro-Anleihen mit zahlungsunfähigen Partnern eine Pleite erleben, dann ist Ihr Geld für immer weg. Nehmen Sie also kein Währungsrisiko auf sich, akzeptieren Sie auch keinen Schuldner als Partner, der möglicherweise seine Pflicht zur Zahlung von Zinsen und zur Tilgung seiner Schulden nicht erfüllen kann. Bedenken Sie, dass Anlagen in festverzinslichen Wertpapieren nicht wie Tagesgeldkonten oder Spareinlagen durch die Einlagensicherung geschützt sind. Wenn Sie eine Bankanleihe gekauft haben und die Bank in Konkurs geht, dann ist Ihr Geld weg!

Was für Bundesanleihen spricht

Festverzinsliche Wertpapiere des Bundes mit zehnjähriger Laufzeit heißen Bundesanleihen, für fünfjährige Papiere hat sich die Bezeichnung Bundesobligationen eingebürgert. Papiere des Bundes werden wie alle festverzinslichen Papiere während ihrer gesamten Laufzeit an der Börse gehandelt, können also täglich wieder verkauft werden. Somit müssen Sie auch als Käufer nicht warten, bis der Staat wieder Geld benötigt und Anleihen verkauft. Stattdessen können Sie jederzeit eine beliebige laufende Anleihe erwerben, auch von anderen Schuldnern wie Banken, Industrieunternehmen oder anderen Staaten, in eigener Währung oder in Fremdwährung.

Es gibt es mehrere Gesichtspunkte, die für Bundesanleihen sprechen. Unter dem Aspekt der Sicherheit sind sie gegenüber Aktien eine gute Alternative, weil ihre Kurse weniger stark schwanken. Daher gelten sie als die traditionelle »mündelsichere Anlage«, die sich auch zur finanziellen Sicherung der Zukunft der Kinder anbietet. Zwar werden Anleihen ebenso wie Aktien an der Börse gehandelt, aber Wertschwankungen sind ohne Bedeutung, sofern Sie die Absicht haben, einmal erworbene Papiere bis zu ihrer Fälligkeit zu halten. Besonders attraktiv sind Bundesanleihen, wenn die Aktienmärkte gefährdet sind. Dieser Fall kann eintreten, wenn die Kurse der Aktien – wie etwa in den Jahren 2005 bis 2007 – zu schnell gestiegen sind oder wenn die Zinsen fortgesetzt steigen. Nach einer Phase stark fallender Aktienkurse steigen die Anleger meist auch wieder in Anleihen ein, woraufhin die Zinsen sinken und dementsprechend die Kurse der Anleihen anziehen. Das bedeutet, dass man nach einer Aktienbaisse in der Regel sehr schnell in Anleihen investieren sollte; dann sind sogar zehnjährige Papiere wieder attraktiv, weil jedermann befürchtet, am Aktienmarkt Kursverluste zu erleiden.

Freilich sollten die Renditen, die man für Bundesanleihen erhält, nicht zu niedrig sein. Mitte Januar 2009 betrug die Rendite zehnjähriger Anleihen weniger als 3 Prozent. Dieses Niveau ist im langjährigen Vergleich derart gering, dass es sinnvoll ist, sich zu überlegen, ob man sein Geld nicht lieber kurzfristig parken und dann wieder in Aktien stecken sollte.

Anleihenbesitzer sollten vor allem darauf achten, bei steigenden Zinsen nur sogenannte Kurzläufer zu halten, das heißt Papiere mit einer Restlaufzeit von ein bis drei Jahren. Andernfalls ist das Kursrisiko zu groß. Solche Kurzläufer bekommt man an der Börse; es sind einfach Bundesanleihen oder Bundesobligationen, die schon seit geraumer Zeit gehandelt werden und demgemäß nur noch eine kurze Restlaufzeit haben.

Manche Börsenberater lehnen Anleihen als Alternative zu Aktien grundsätzlich ab. Als Grund wird zunächst angegeben, Aktien seien in der Vergangenheit die bessere Anlage gewesen. Diese Behauptung ist unsinnig. Richtig ist vielmehr, dass Anleihen in den vergangenen 100 Jahren im Durchschnitt eine ähnliche Rendite erbracht haben wie Aktien. Die Annahme, dass Aktien stets einträglicher sind als Anleihen, beruht auf Statistiken für die Jahre 2003 bis 2007. Dieser Zeitraum ist aber zu kurz, um ein zuverlässiges Urteil zu erlauben. Da die Aktienkurse in dieser Zeit gestiegen sind, ergibt sich eine im längerfristigen Vergleich viel zu hohe Rendite. Betrachten wir hingegen die Entwicklung im Jahr 2008, so stellen wir fest, dass das Niveau der Aktienkurse fast um die Hälfte gesunken ist; die Anleihekurse haben hingegen um rund 8 Prozent zugelegt.

Für die Rendite einer Anlage ist es immer maßgeblich, wann man das Papier gekauft und verkauft hat, und der Vergleich von Aktien- und Anleihenrendite kann jeweils völlig unterschiedlich ausfallen. Nur wenn es wirklich gelingt, Aktien zu niedrigen Kursen zu kaufen und zu hohen Kursen zu verkaufen, kann man Traumrenditen von 15 Prozent und mehr erzielen. Es kommt also darauf an, wann Sie kaufen, und darauf, ob die Aktien gerade preiswert sind oder nicht und was demgegenüber Anleihen bieten. Die Börsenlage, das Zinsniveau und die Inflationsrate sind entscheidend dafür, ob zu einer gegebenen Zeit Anleihen oder Aktien rentabler sind.

Außerdem wird behauptet, bei Anleihen müsse man sich mit einer geringeren Verzinsung als bei einer Investition in Aktien zufriedengeben. Das stimmt zweifellos in einem Umfeld niedriger Aktienkurse wie im Jahr 2008, gilt aber nicht immer. In der Mehrzahl sind die Dividenden, also die Ausschüttungen an die Aktienbesitzer, geringer. Aber es sollte hinzugefügt werden: Ein Aktienbesitzer legt mehr Wert auf Kursgewinne als auf Dividenden.

Auch wird auf die Zinssteuer hingewiesen. Zinserträge unterliegen stets der Steuerpflicht und sind demgemäß dem Finanzamt anzugeben. Aber auch Dividendenerträge aufgrund des Besitzes von Aktien müssen versteuert werden. Und da ab 2009 auch Kursgewinne mit 25 Prozent besteuert werden, macht dies Anleihen sogar noch attraktiver.

Besonders interessant sind Anleihen vor einer erwarteten Konjunkturschwäche. Je schlechter die wirtschaftliche Lage, desto tiefer sinken die Zinsen, und dadurch gewinnt Ihre Anleihe an Wert.

Oft hörte ich im Jahr 2008 das folgende Argument: »Wenn ich eine Tagesgeldanlage zu 3 Prozent habe, kaufe ich doch keine Anleihe, die nur wenig mehr Rendite bringt, mich Spesen kostet und derzeit auch noch ein Kursrisiko beinhaltet.« Das stimmt freilich; Anleihezinsen von 3 bis 4 Prozent sind wirklich nicht interessant. In solchen Zeiten würde ich auch keine Anleihen kaufen; vermutlich ist der Aktienmarkt dann viel attraktiver.

Auch zum ganz kurzfristigen »Parken« von Geldern, die eigentlich für den Aktienmarkt bestimmt sind, eignen sich Anleihen nicht. Normalerweise zahlen Sie beim Kauf und Verkauf einer Anleihe jeweils 0,5 Prozent Provision an die Bank. Die Kauf- und Verkaufsspesen summieren sich mithin auf rund 1 Prozent. Wer fest entschlossen ist, sein Geld in einigen Monaten möglichst wieder am Aktienmarkt einzusetzen, sollte es in der kurzen Zwischenzeit nicht in Anleihen investieren, sondern in Form von Tagesgeld oder Festgeld. Die Zinsen sind zwar meist geringer als bei Anleihen, aber andererseits fallen keine Bankprovisionen an.

Nullprozenter oder Zerobonds

Sie wollen eine Anleihe kaufen und eine Besteuerung der Erträge in den kommenden zehn Jahren vermeiden? Dann kommt eine Null-Prozent-Anleihe infrage, auch Zerobond oder Nullkuponanleihe genannt.

Ein Beispiel für einen Nullprozenter finden Sie unter der Wertpapier-Kennnummer 326540 (ISIN: DE0003265401). Es handelt sich um einen Titel der DZ-Bank, also der Dachgesellschaft der Raiffeisen- und Volksbanken. Die Anleihe läuft bis zum 5. Juni 2018.

»Null Prozent? Weshalb sollte ich so etwas kaufen?«, wird der Leser vielleicht einwenden. Nun, aus steuerlichen Gründen! Wo keine Einnahmen sind, muss nichts versteuert werden. Aber die Anleihe, die am 11. Februar 2009 nur 68,00 Euro kostete, wird am 5. Juni 2018 mit 100 Euro (das heißt zu 100 Prozent ihres Nennwerts) zurückgezahlt – so sieht es ihre Ausgestaltung vor.

Auch bei Nullprozentern sollten Sie das bereits erwähnte Emittentenrisiko nicht vernachlässigen. Sie sollten also nur einen kleineren Teil Ihrer Anlagen in einen solchen Wertpapiertyp stecken. Unter normalen Umständen wird der Kurswert von Jahr zu Jahr kontinuierlich steigen, bis er bei 100 Prozent des Rückzahlungsbetrags angelangt ist. Und wer nicht so lange warten will oder kann, hat die Möglichkeit, den Nullprozenter täglich zu verkaufen, wobei allerdings hinzuzufügen ist, dass der tägliche Börsenumsatz keineswegs so hoch ist wie bei Bundesanleihen. Möglicherweise benötigen Sie also etwas Geduld, sowohl beim Kauf als auch beim Verkauf.

Freilich muss der Kursgewinn dann auch versteuert werden. Spätestens beim Verkauf oder bei der Rückzahlung ist eine Steuer fällig. Aber dann wird es sich vermutlich um eine Pauschalsteuer von 25 Prozent handeln, oder die Steuerpflicht fällt in ein Jahr, in dem Ihr Gesamteinkommen relativ niedrig ist und demgemäß der effektive Steuersatz sogar noch geringer ausfällt.

Während ich diese Zeilen schreibe, ist die Rendite allerdings gerade für festverzinsliche Wertpapiere allgemein sehr gering; auch beim genannten DZ-Papier betrug die umgerechnete jährliche Rendite für einen Käufer im Januar 2009 nur 4,45 Prozent. Sie ist zwar etwas höher als bei Bundesanleihen, aber angesichts des geringen Börsenhandelsvolumens und des Emittentenrisikos ist das zu wenig. Warten Sie mit dem Kauf auch von Nullprozentern auf etwas höhere Zinsen!

4 Immobilien

Immobilien eignen sich zur Geldanlage, wenn Sie hohe Inflationsraten erwarten. Sie sind aber keinesfalls in jeder Krise das Instrument der Wahl. Im Oktober 2008 herrschte beispielsweise große Angst vor Zahlungsunfähigkeit von Privatleuten, Banken oder sogar ganzen Staaten wie Island. Unter solchen Umständen sind Immobilien nicht gefragt, denn deren Marktwerte sinken ebenfalls.

Immobilien schützen zwar vor Inflation, nicht aber vor Deflation. Inflation ist Geldentwertung: Wenn das Preisniveau steigt, sinkt die Kaufkraft eines bestimmten Geldbetrags. Deflation dagegen tritt auf, wenn Geldmangel herrscht; dessen Folgen sind verminderte Zahlungsfähigkeit, Pleiten, Kürzungen der Produktion und Arbeitslosigkeit. Es ist notwendig, diese Unterscheidung zu treffen, denn oft werde ich gefragt, ob ich erwarte, »dass jetzt alles zusammenbricht«. Dann muss ich immer zurückfragen: Haben Sie Angst vor Geldentwertung oder vor Bankpleiten oder gar vor Staatsbankrott?

Kapitalanlage mit Haken und Ösen

Was wir im Jahr 2008 erlebt haben, hat deflationäre Züge. Deshalb fielen auch die Immobilienpreise in den USA, Großbritannien und Spanien. Aber wie geht es weiter? Nachdem in den USA und teilweise auch in Europa die Preise an den Immobilienmärkten gefallen sind, setzen viele Anleger wieder auf Häuser und Wohnungen.

Freilich ist eine Eigentumswohnung oder ein Haus, das Sie selbst bewohnen, immer eine sehr gute Kapitalanlage. Für die Finanzierung von Mietwohnungen gilt dieses Urteil nur bedingt. Hierzu benötigt man großes Fachwissen. Denn zu erkennen, wo überhaupt rentable Objekte vorhanden sind, ist inzwischen schon sehr schwierig geworden. In Deutschland ist der Immobilienmarkt im Unterschied zu den USA noch stabil. Die Preise für Einfamilienhäuser steigen, sofern die Lage gut ist. Bei schwächerer Wirtschaftslage rechnet man auch damit, dass die Zahl der Neubauten zurückgeht. Daher entsteht kein Preisdruck nach unten. Mit großen Gewinnen dürfte aber auch nicht zu rechnen sein. Denn in Deutschland schrumpft die Bevölkerungszahl. Bei einer schrumpfenden und im Durchschnitt älteren Bevölkerung sind nur noch ganz bestimmte Immobilien profitabel, nämlich diejenigen, die »altersgerecht«, also für ältere Menschen eingerichtet sind. Es ist daher sehr fragwürdig, mit seiner Kapitalanlage auf Immobilienmärkte auszuweichen, selbst wenn man sich noch so sehr vor der Inflation fürchtet.

Immobilienfonds

Von Immobilienfonds, die in Büro- und Gewerbeflächen investieren, rate ich ab. Zum einen sind Fonds immer wieder mit hohen Kosten verbunden. Außerdem können Sie nie sicher sein, ob Sie jederzeit über Ihr Geld verfügen können. Erinnern Sie sich noch an das Jahr 2006, als einige offene Immobilienfonds, darunter der Grundbesitz Invest der Deutschen Bank, die Bestimmung der Rücknahmekurse der Anteile aussetzte? Zuletzt waren die Rücknahmekurse nicht mehr glaubhaft gewesen, und daher hatten zu viele Anleger verkauft, zum Teil sogar auf Anraten ihrer Bank. Wer die letzte Gelegenheit zum Verkauf versäumt hatte, kam zunächst nicht mehr an sein Geld und musste warten, bis die Kurse abgewertet und den neuen Verhältnissen am Markt angepasst wurden.

Auch im Oktober 2008 wurden wegen der US-Immobilienkrise nacheinander mehrere offene Immobilienfonds vorläufig geschlossen, das heißt vorübergehend vom Handel ausgesetzt. Man war dem Ansturm der Anleger, die unbedingt ihr Geld zurückhaben wollten, nicht mehr gewachsen. Monate zuvor waren die Verhältnisse noch umgekehrt gewesen: Die offenen Immobilienfonds hatten von Januar bis August 2008, 5,7 Milliarden Euro eingesammelt, weil die Investoren das Bedürfnis hatten, sich gegen die Inflation zu schützen. Dann war plötzlich keine Rede mehr von Inflation. Bargeld war Trumpf. Die Rohstoffpreise fielen, der Ölpreis drittelte sich.

Bisher hatten Aktienkursstürze offenen Immobilienfonds stets Auftrieb gegeben. Diese Tendenz galt auch im Krisenjahr 2002 noch. Doch im September/Oktober 2008 änderten sich die Verhältnisse blitzschnell.

Die Immobilienfonds gerieten dadurch, dass jeder plötzlich sein Geld zurückhaben wollte, in eine schwierige Lage. Die Mittel waren in Sachwerten gebunden. Gebäude und Grundstücke lassen sich nicht schnell verkaufen. Die Aussetzung des Fondsgeschäfts war die einzige Möglichkeit; wer dennoch unbedingt Geld brauchte, musste versuchen, seine Anteile mit hohen Abschlägen an der Börse zu verkaufen. Man versuchte also, die Anleger zu beruhigen; es müsse wieder Vernunft einkehren, hieß es. Doch sagen Sie das einmal einem Anleger in Panik!

Wenn die Aussetzung vom Handel auch nur von begrenzter Dauer war, so bedeutete sie doch, dass Anleger, die sich bisher darauf verlassen hatten, ihre Anteile jederzeit zum offiziellen Gegenwert zurückgeben zu können, monatelang kein Geld sahen. Angesichts fallender Immobilienpreise in den USA, Großbritannien und Spanien gerieten sie in Panik. Ihre Losung hieß: »Raus, nichts wie raus!« Aber die Gesellschaften verfügten nicht über hinreichend große Geldsummen, um ihre Anteilseigner auszuzahlen. Und sie konnten die erworbenen Immobilienanteile auch nicht um jeden Preis verkaufen.

Inzwischen sind Gesetzesänderungen im Gespräch, die dafür sorgen sollen, dass Anleger wenigstens Anspruch auf Teilauszahlungen haben, solange ein Fonds geschlossen ist.

Kaufen Sie statt offener Immobilienfonds lieber entsprechende Immobilien-Aktien – die Anteile sogenannter REITs –, wenn die Zeit wieder günstig ist für solche Anlagen. Diese werden einfach nach Angebot und Nachfrage an der Börse gehandelt.

Neue Möglichkeiten mit Real Estate Investment Trusts

Sie haben bestimmt in Ihrer Zeitung schon öfter gelesen, dass es nun auch in Deutschland rückwirkend seit dem 1. Januar 2007 eine neue Möglichkeit gibt, um in Immobilien zu investieren, und zwar in Gestalt von REITs. REIT ist ein Kunstwort (Aussprache: Riet), im Grunde aber eine Abkürzung für Real Estate Investment Trust. Es bezeichnet eine Immobilien-Aktiengesellschaft, deren Anteile an der Börse notiert werden. In den anderen großen Industrieländern gibt es REITs schon länger; in Deutschland wurden sie erst 2007 eingeführt.

Das Ziel der Einführung von REITs besteht darin, eine bequeme Möglichkeit des Handels mit den entsprechenden Anteilen an der Börse nach Angebot und Nachfrage zu schaffen. Der Preis bildet sich also genauso wie im Fall börsennotierter Aktien und nicht nach dem durch Gutachter festgestellten »inneren Wert« (der nach Kriterien wie Lage, Qualität der Mietobjekte und zu erwartenden Mieterträgen ermittelt wird), wie das bei Immobilienfonds der Fall ist.

Bei den REITs passt sich der Kurswert an der Börse automatisch der Realität an. Eine Aussetzung des Handels wie bei den offenen Immobilienfonds dürfte nur selten vorkommen. Nur die Börsenleitung selbst kann den Handel aussetzen, wenn eine besondere Situation dies erfordert. Fallende Kurse allein sind kein hinreichender Grund für eine solche Maßnahme. Es ist zu erwarten, dass die Kurse der REITs sehr viel stärker schwanken als die Anteilspreise der traditionellen offenen Immobilienfonds. Nicht nur die Lage, die Qualität der Objekte, die Mieterträge, sondern auch Zukunftserwartungen über den Wert sind in der Regel bereits in den Kursen der REITs enthalten.

Werden die Anleger unsicher, etwa weil die Konjunktur schwächer wird, dann kann der Börsenwert der REITs auch einmal deutlich unter den Buchwert des Immobilienvermögens sinken. Umgekehrt kann eine optimistische Grundstimmung an der Börse auch Kurse bewirken, die dem eigentlichen Wert nicht entsprechen.

Übrigens haben REITs auch Steuervorteile. Dies gilt sowohl für die Unternehmen, die ihren Immobilienbesitz an einen REIT verkaufen, als auch für den REIT selbst. Wer eine Immobilie, die er seit mindestens fünf Jahren besitzt, an einen REIT verkauft, muss die Differenz zwischen dem Marktwert und dem niedrigeren Bilanzbuchwert – die stille Reserve – nur zur Hälfte versteuern. Die Bundesregierung erhofft sich durch die Auflösung stiller Reserven Steuermehreinnahmen.

REITs müssen ihre Gewinne zu mindestens 90 Prozent ausschütten und sind dadurch von der Körperschaft- und Gewerbesteuer befreit. Die Besteuerung der Ausschüttungen erfolgt beim Anleger. Man kann also hier mit einer verhältnismäßig guten Dividendenrendite von 3 bis 4 Prozent rechnen und eventuell auf Kursgewinne spekulieren. Die Dividenden dürften verhältnismäßig sicher sein, wenn im REIT langfristige Mietverträge abgeschlossen wurden.

Wenn alle von der Zulassung von REITs profitieren, warum hat man dann so lange gewartet? Der Grund war der Schutz von Wohnungsmietern. Man befürchtete höhere Mieten und Nachlässigkeiten bei der Instandhaltung. Daher ist auch der Bestand an Wohnimmobilien in Deutschland derzeit noch ausgeklammert. Für manche Immobilienkonzerne ist das schon hinderlich. Zum Beispiel kann die Gagfah, immerhin ein MDAX-Wert, kein REIT werden, weil sie eine Wohnimmobiliengesellschaft ist. Auch die zweite Immobilien-AG im MDAX, die IVG, kann kein REIT werden. Ihre Geschäfte gehen über das hinaus, was REITs gestattet ist. Eine mögliche Lösung wäre die Ausgliederung von Immobilienbesitz in einen neu gegründeten REIT. Übrigens dürfen REITs mit Sitz im Ausland auch Wohnungen in Deutschland halten, und Neubauten dürfen ohnehin in REITs übernommen werden.

Entscheidend ist das Inflationsniveau

Seit 2005 tummeln sich ausländische Finanzgesellschaften im deutschen Immobilienmarkt. Zunächst waren die Kurse kräftig gestiegen, einschließlich der Aktienkurse einiger Unternehmen wie Deutsche Wohnen, IVG, Deutsche Euroshop und DIC Asset, deren Hauptgeschäft auf dem Besitz von Immobilien beruht. Nicht umsonst suchten gerade viele Immobiliengesellschaften in den Jahren 2006 und 2007 den Gang an die Börse. Ein Beispiel ist die Alstria Office (WKN: A0LD2U). Die Gesellschaft ging am 3. April 2007 an die Börse. Seither jedoch hat die Aktie bis zum Januar 2009 nur Kursverluste erlitten (siehe Diagramm 3).

Ein für den 14. Juni 2007 geplanter Börsengang der Firma Boetzelen Real Estate wurde im letzten Moment verschoben. Die Bewertung des Unternehmens übertraf allerdings seinen Netto-Vermögenswert deutlich. Während der Wert aller Immobilien Boetzelens rund 224 Millionen Euro betrug, wurde der Börsenwert auf 300 Millionen Euro geschätzt. Eine Höherbewertung in diesem Umfang ist nur dann angebracht, wenn die Lage der Immobilien überdurchschnittlich gut ist und das Management über besonders gute Kontakte zu Immobilienverkäufern verfügt. Offenbar führten die Kursverluste der britischen REITs zu der Absage.

Schließlich verkaufte auch die spanische Bank Santander im Jahr 2007 ihre Immobilienbeteiligungen und sogar eigene Gebäude. Sie hatte augenscheinlich mit künftig fallenden Immobilienpreisen gerechnet und somit den kommenden Trend richtig eingeschätzt.

Diagramm 3: Der Kurs der Aktie von Alstria Office, April 2007 bis Januar 2009

Die Alstria Office ist eine REIT-AG, spezalisiert auf Bürogebäude. Die Aktie hat im Betrachtungszeitraum dramatisch an Wert verloren.

Und auch offene Immobilienfonds stießen in Europa und den USA große Pakete ab und wollen sich in Japan, Singapur und Korea stärker mit Immobilien eindecken.

Fonds werden sich hüten, in allzu kleine deutsche Werte mit engen Märkten einzusteigen. Sie werden allenfalls mit Sonderkonditionen günstig einsteigen und dann mit Aufschlag wieder verkaufen. Daher ist bei Neuemissionen von Immobilien-Aktien Vorsicht geboten und zu prüfen, ob ein Einstieg wirklich preiswert ist.

Fast alle 2007 neu gebildeten REITs verloren in den Jahren 2007 und 2008 an der Börse deutlich an Wert, zuerst jene in Großbritannien. Interessant könnten sie wieder werden, wenn sich die Inflation in den Industrieländern, ähnlich wie in den 1970er Jahren, erneut deutlich beschleunigt. Das ist angesichts der ausufernden Staatsdefizite in den kommenden Jahren durchaus möglich.

5

Von Genussschein bis Genossenschaftsanteil: weitere Anlagealternativen

Nicht so bekannt wie Aktien oder Anleihen sind einige Geldanlagen, die zwar weniger verbreitet sind, aber in Zeiten von Krisen durchaus eine Überlegung wert sind. Sie sollen daher in diesem Buch nicht fehlen.

Genussscheine

Im Internet finden Sie eine Seite namens www.bondboard.de, in der Sie nicht nur eine Aufstellung über alle möglichen Anleihen finden, die Sie kaufen können, sondern auch über sogenannte Genussscheine, die immer, nicht nur in Baissezeiten, interessante Depotbeimischungen darstellen.

Genussscheine basieren auf einer Kombination von Eigenschaften, die einerseits für Anleihen und andererseits für Aktien typisch sind. Der Genussscheininhaber ist im Unterschied zum Aktionär nicht Mitbesitzer, sondern Gläubiger des Unternehmens. Er hat bestimmte Rechte, etwa auf eine Ausschüttung, die allerdings gewinnabhängig ist. Diese Ausschüttung ist meistens deutlich höher als der Zinsertrag einer durchschnittlichen Anleihe. Dafür ist auch das Risiko etwas größer: Wenn das Unternehmen in Konkurs geht oder dauerhaft keinen Gewinn macht, entfällt die Ausschüttung und der Kurs des Papiers sinkt. Ist das Unternehmen aber solide finanziert und macht es in der Regel Gewinn, dann sind in der Baisse die Kursverluste nicht so heftig wie im Fall von Aktien. In der Hausse würde man allerdings von Aktienkäufen wohl stärker profitieren als von Genussscheinen. Nichtsdestotrotz bieten die Scheine einen gewissen Schutz vor Wertverlusten.

Bei der Auswahl der Genussscheine, die bei Bondboard aufgeführt sind, würde ich darauf achten, ob die Aktie des jeweiligen Unternehmens momentan gut im Trend liegt. Dann nämlich ist die Ausschüttung vermutlich nicht gefährdet. Notiert die Aktie unterdurchschnittlich oder meldet sie sogar neue 9-Monats-Tiefs, könnten unliebsame Unternehmensnachrichten im Hintergrund rumoren, die auch den Genussschein beträfen. Wählen Sie also aus der Genussschein-Liste diejenigen Titel aus, die relativ stark sind.

Allerdings gibt es Unternehmen, die zwar Genussscheine ausgegeben haben, deren Aktien jedoch nicht an der Börse gehandelt werden. Das trifft beispielsweise auf Bertelsmann zu (siehe dazu Diagramm 4). In solchen Fällen sollten Sie sich am Kurstrend des Scheins orientieren.

Im Jahr 2008 stellte sich freilich heraus, dass in einer Vertrauenskrise, in der die Zahlungsfähigkeit von Banken und Unternehmen bezweifelt wird, Genussscheine ebenso anfällig für Kursverluste sind wie Aktien. Einen bedeutenden Vorteil oder ein Mehr an Sicherheit sehe ich daher bei Genussscheinen im Verhältnis zu Aktien nicht.

Gold, Silber und andere Edelmetalle

Gold, Silber, Platin und Palladium sind keine »sicheren« Anlagen. Sie sind die Lieblinge der Crashpropheten, die seit Jahrzehnten predigen, Papiergeld sei im Grunde wertlos. Die großen Industriestaaten seien hoffnungslos verschuldet und könnten ihre hohen Schulden nie wieder zurückzahlen. Daher müsse irgendwann einmal wieder ein großer Währungsschnitt erfolgen und neues Geld ausgegeben werden. Sparbücher, Anleihen, Geldkonten und Bargeld seien dann

Diagramm 4: Die Kursentwicklung des Bertelsmann-Genussscheins (WKN: 522994), 2007 bis 2008

Auch Genussscheine, wie hier ein Titel von Bertelsmann, verloren im Jahr 2008 kräftig an Wert.

schlicht und einfach wertlos. Hingegen behielten Gold und die anderen Edelmetalle immer ihren Wert, so wie schon seit Jahrtausenden. Und eine neue Währung würde wieder mit Gold gedeckt werden, so wie es bis Ende der 1960er Jahre der Fall war, solange das Gold zum US-Dollar in einem festen Wechselkursverhältnis von rund 35 US-Dollar je Unze stand, der dann aber nicht mehr glaubhaft war und schließlich aufgegeben wurde.

In einem Werbeprospekt, der mir kürzlich in die Hände fiel, wird ein Buch empfohlen, in dem offenbar ein künftiges Horrorszenario geschildert wird. In dem Prospekt heißt es: »Stellen Sie sich vor, das Radioprogramm wird unterbrochen und man eröffnet Ihnen, dass Börsen und Bankschalter geschlossen bleiben. Ihr gesamtes, mühsam erspartes Vermögen ist auf einen Schlag weg! Die Aktien stürzen ins Bodenlose, Ihre Bank ist pleite, Ihr Geld auf Girokonto und Sparbuch einfach nicht mehr da ... Es gibt kein Bargeld, Lebensmittel und Wasser werden rationiert, Treibstoff und Strom werden knapp. Unruhen, Chaos und Plünderungen greifen um sich ... Wer bekommt das letzte Brot im Laden? Wie komme ich an sauberes Wasser? Wo finde ich Benzin für mein Auto? ... Wenn Sie dieses Buch gelesen haben, sind Sie auf alles vorbereitet. Sie haben Ihre Finanzen unter Kontrolle, ein Vermögen in Gold und Silber, einen Keller voll mit den richtigen Vorräten und einen Notfallrucksack im Schrank ... und haben gelernt, sich und Ihre Familie zu verteidigen.«

Machen Ihnen solche Prognosen Angst? Möchten Sie gern solche Bücher lesen? Es gibt sie seit Jahrzehnten, und es sind immer dieselben Argumente, die hier vorgebracht werden. Ein solches Szenario könnte nur eintreten, wenn sich die politisch Verantwortlichen und Zentralbanker so dumm wie nur möglich verhielten, wenn der Wirtschaftskreislauf und die Produktion, die derzeit unsere Versorgung sicherstellen, durch totales Misstrauen in die Zahlungsfähigkeit von Banken, Firmen und Privatpersonen völlig zum Erliegen käme.

Sicher, die Zentralbanken und Regierungen haben in den Jahren 2008 und 2009 viel frisches Geld in den Wirtschaftskreislauf gepumpt. Das war auch völlig richtig, um eben Angst und Misstrauen erst gar nicht aufkommen zu lassen. In einer Wirtschaftsflaute wirken diese Geldspritzen in keiner Weise inflationär. Sobald jedoch die Konjunktur wieder normal läuft, muss selbstverständlich wieder ein Stabilitätskurs eingeschlagen werden, ähnlich wie in den 1980er Jahren. Dann schwindet auch die Angst vor Geldentwertung, und die Preise der Edelmetalle fallen.

Es ist ein Irrtum, zu glauben, die Regierungen müssten ihre Schulden »zurückzahlen«, wenn damit gemeint ist, die Staaten müssten ihre Schulden restlos abbauen. Das wird nicht passieren; nicht zuletzt würde es zu einer gigantischen Wirtschaftskrise in Form einer Deflation führen. Freilich wird jede Anleihe des Staates zurückgezahlt, jeder Käufer eines Bundesschatzbriefs erhält sein Geld mit Zinsen zurück. Auf der anderen Seite werden neue Schulden eingegangen, wobei die Neuverschuldung nicht schneller wachsen darf als das Bruttosozialprodukt. Und das ist machbar.

Lässt man hingegen der Inflation freien Lauf, wie es in den vergangenen Jahrzehnten verschiedene Länder in Lateinamerika und Afrika immer wieder vorgeführt haben, dann ist in der Tat irgendwann eine Währungsreform fällig, und dann steigen sowohl die Immobilienpreise als auch die Edelmetallpreise ins Uferlose. Doch es ist unwahrscheinlich, dass es so weit kommt. Für eine gewisse Disziplin sorgt bereits die europäische Gemeinschaftswährung. Die Europäische Zentralbank würde notfalls kräftig die Zinsen erhöhen, wenn sie befürchten müsste, dass das Vertrauen in den Euro verlorenginge.

Indes ist Gold nicht nur für Crashpropheten immer dann eine interessante Anlageform, wenn die Inflationsraten in der ganzen Welt zu steigen beginnen. Das war so in den 1970er Jahren des vorigen Jahrhunderts, und das könnte durchaus in den kommenden Jahren wieder auf uns zukommen, wenn die Konjunktur wieder anspringt und dann nicht wieder Ausgabendisziplin einkehrt.

Die Kurse der Edelmetalle waren in den vergangenen Jahrzehnten heftigen Schwankungen unterworfen. In den Jahren 1988 bis 2000 war der Goldpreis eine Anlage, die nur verlor, während die Aktienmärkte immer wieder neue Höchststände erzielten.

Seither ist der Goldpreis wieder kräftig gestiegen. Aber seine Zukunft hängt in der Regel von zwei Faktoren ab, erstens von der Geldentwertung weltweit und zweitens insbesondere von der Entwertung des US-Dollars. Goldpreis und Dollarkurs entwickeln sich in der Regel gegenläufig (siehe Diagramme 5 und 6).

Wenn Sie in Gold investieren wollen, um sich gegen Inflation abzusichern, dann ist es am einfachsten, Sie kaufen Zertifikate. Die Betonung liegt auf den beiden Wörtern »am einfachsten«. Ob Zertifi-

Diagramm 5: Die Entwicklung des Goldpreises (in US-Dollar pro Unze), 1987 bis 2008

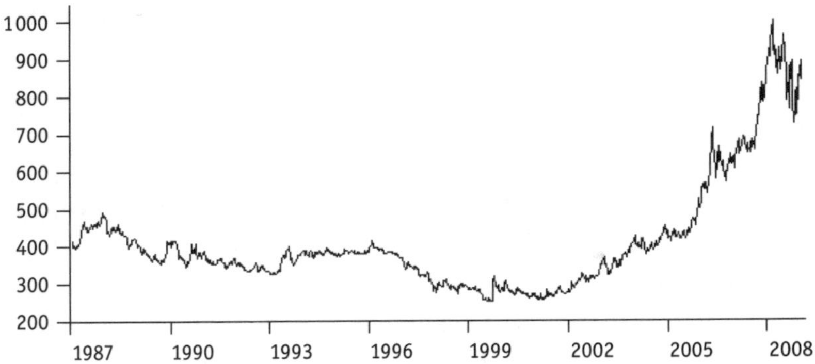

Diagramm 6: Die Entwicklung des Dollarkurses (100 US-Dollar in Euro), 1987 bis 2008

Der Goldpreis und der Kurs des US-Dollars haben sich meist gegenläufig entwickelt.

kate zugleich auch die beste Lösung darstellen, ist nicht sicher. Wenn wir weiter unten in diesem Buch Aktien behandeln, werden wir uns dort auch mit Zertifikaten beschäftigen. Sie werden erfahren, dass jedes Zertifikat, wie auch jede Anleihe, mit einem Emittentenrisiko behaftet ist. Konkret gesprochen heißt das, dass die Bank die das Zertifikat ausgestellt hat, zahlungsfähig bleiben muss; andernfalls wird das Zertifikat wertlos.

Im Internet finden Sie eine ganze Reihe von Anbietern, bei denen Sie Zertifikate auf den Goldpreis kaufen können, und zwar auch solche, die in US-Dollar abgerechnet werden. Das ist wichtig. Denn Sie haben nichts davon, wenn zwar der in US-Dollar gemessene Goldpreis steigt, Sie aber dennoch keinen Gewinn machen, weil parallel dazu der Dollarkurs fällt.

Das Zertifikat, dessen Kursentwicklung in Diagramm 7 abgebildet ist, wird von der Royal Bank of Scotland garantiert, seit diese dessen Emittentin, die ABN Amro-Bank, übernommen hat. Da das Zertifikat währungsgesichert ist, bildet es mit seinem Euro-Kurs die Entwicklung des Goldpreises in US-Dollar im Verhältnis 1:1 ab. Es wird täglich an der Börse gehandelt und kann jederzeit verkauft werden. Ich nehme an, die Royal Bank of Scotland ist einigermaßen sicher, auch wenn sie in der Kreditkrise in Schwierigkeiten geriet und vom britischen Staat gestützt werden musste. Aber das ist nur ein Beispiel. Sie finden im Internet mehrere Großbanken als Anbieter und können sich dann das passende Zertifikat wählen.

Wem Zertifikate zu unsicher sind, der kann auch Gold- und Silber-ETFs (Exchange Traded Funds) kaufen, wofür es inzwischen einen breiten Markt gibt. Näheres zu ETFs finden Sie ebenfalls weiter unten in diesem Buch in dem Kapitel zum Thema Aktien.

Wollen Sie beim Golderwerb ganz auf Nummer Sicher gehen, weil Sie mit einer Finanzkrise unvorstellbaren Ausmaßes rechnen und keiner Bank mehr trauen, dann müssen Sie Gold »zum Anfassen« in Gestalt von Barren oder Münzen kaufen, und dann am besten als Daueranlage. Denn Sie setzen ja auf Gold als Tauschmittel für Notzeiten, in denen man für Geld nichts mehr bekommt.

Diagramm 7: Der Kurs des Gold-Quanto-Zertifikats (WKN: A0AB84), 2006 bis 2009

Das Gold-Quanto-Zertifikat der ABN Bank (heute: Royal Bank of Scotland) hat sich in Euro ebenso entwickelt wie der Goldpreis in US-Dollar, da es währungsangepasst ist.

Achten Sie dann aber darauf, dass es bei Gold- und Silbermünzen zeitweilig zu Lieferschwierigkeiten kommen kann. Im Jahr 2008 waren die Vorräte von Gold- und Silver-Eagles in den USA erst einmal erschöpft, sodass der Verkauf durch die Prägestätte US Mint vorübergehend eingestellt werden musste. »Auch der südafrikanische Krügerrand ist uns bereits ausgegangen«, hieß es im August 2008 bei der Landesbank Baden-Württemberg. Ein Krügerrand umfasst genau eine Feinunze Gold und ist die beliebteste Anlagemünze in Deutschland. Auch Produkte wie der kanadische Maple Leaf oder die australische Kangaroo-Münze wurden knapp. Schuld war die Finanzkrise: Man traute den Banken und ihren Gold- und Silberzertifikaten nicht mehr. Gefragt waren Gold und Silber nur noch »zum Anfassen«.

Wenn Sie also Gold- oder Silbermünzen kaufen wollen, dann warten Sie eine Zeit ab, in der sich die stürmische Nachfrage etwas gelegt hat. Sie müssen keine Aufgelder über den physischen Wert des Goldes, der täglich in London, Zürich und New York festgestellt wird, hinaus akzeptieren; diese Aufgelder erreichten im Jahr 2008 teilweise fast 40 Prozent. Im Januar 2009 betrug das Aufgeld beim Krügerrand gegenüber dem tatsächlichen Gold-Unzenpreis immer noch 10 Prozent. Kehrt das Vertrauen in die Zahlungsfähigkeit der Banken zurück, dann verschwinden auch die Aufgelder für Goldbarren, Goldmünzen und Silbermünzen.

Überlegen Sie sich aber auch, wo Sie das Edelmetall deponieren wollen. Denn der Staat könnte auch auf die Idee kommen, Goldbesitz zu verbieten, wie es in den USA ja schon einmal der Fall war. Große Mengen von Goldmünzen zu Hause aufzubewahren, ist ohnehin gefährlich. Außerdem haben Sie von Gold nichts, wenn wirklich Hungersnöte ausbrechen sollten. Dann ist zu fragen, ob nicht der Kauf von Lebensmittelkonzentraten und Konserven die bessere Geldanlage ist, dazu Stacheldraht und Panzertüren um Ihr Haus. Und was ist dann, wenn sich in dem Land, in dem Sie leben, ein politischer Umsturz ereignet und Enteignung droht?

Nehmen Sie mir meinen Scherz nicht übel. Er soll Ihnen nur

sagen, dass restlose Absicherung nie möglich ist. Im Leben gibt es immer irgendein Risiko.

Rohstoffe

Ebenso wie in Gold kann man natürlich auch in andere metallische Rohstoffe investieren. Oder man kann auf den Ölpreis, auf Weizen, Soja oder Kautschuk setzen. Solche Anlagen kommen je nach der Ausgestaltung des entsprechenden Terminkontrakts für Investoren infrage, die steigende oder fallende Preise erwarten. Früher, in den 1970er Jahren, konnte man nur dann Termingeschäfte auf diese Rohstoffe abschließen, wenn man ein Konto bei einem amerikanischen Brokerhaus hatte.

Bei den Termingeschäften geht es um sehr hohe Summen, und das Ganze ist im Grund eine Art »Wette« auf steigende oder fallende Preise. Kleinanleger sollten sich davor hüten, auf solchen Märkten gegen die Profis mitspielen zu wollen; ich kenne einige, die dabei Haus und Hof verloren haben. Aber da die Banken gerne Provisionen einnehmen wollen, war es nur eine Frage der Zeit, bis sie auch Kleinanlegern die Möglichkeit eröffneten, wenigstens in bescheidenem Rahmen über Zertifikate an diesen Märkten teilzunehmen.

Nun gut, wer sich hier auszukennen meint und auch das Emittentenrisiko der Zertifikate nicht scheut – beim Thema Edelmetalle war davon schon die Rede –, der könnte mit einem kleinen Teil seines Depots, sozusagen als »Risikobeimischung«, zum Beispiel auf einen steigenden Ölpreis setzen.

Das in Diagramm 8 abgebildete Zertifikat folgt dem Ölpreis der Sorte Brent und wird täglich an der Börse gehandelt. Es ist ebenfalls währungsgesichert. Es gibt sehr viele solcher Zertifikate unterschiedlicher Anbieter, unter denen Sie wählen können. Die ausgebende Bank garantiert dafür, dass das Zertifikat dem Stand des Ölpreises entsprechend jederzeit gekauft und verkauft werden kann.

Diagramm 8: Der Kurs des Ölpreis-Zertifikats der Commerzbank (WKN: CZ0251), 2006 bis 2009

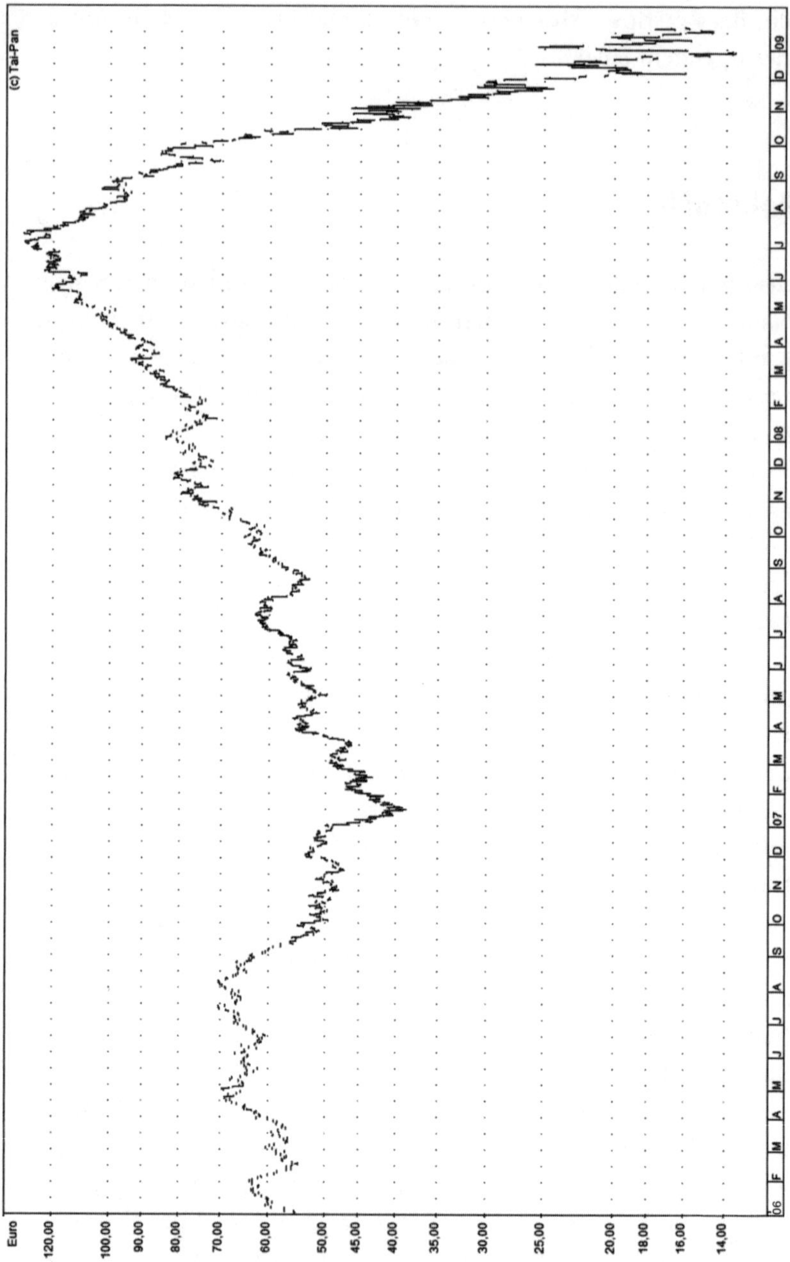

Das Brent-Ölpreis-Zertifikat der Commerzbank hat sich in Euro parallel zum Ölpreis in US-Dollar entwickelt.

Ich könnte mir vorstellen, dass diejenigen Anleger auf einen steigenden Ölpreis setzen, die sich am Aktienmarkt engagiert haben, beispielsweise Auto- und Luftfahrtaktien halten und nun befürchten, ein steigender Ölpreis könne den Titeln in ihrem Depot schaden. Denn so könnten sie in ihrem Depot ein gewisses Gegengewicht schaffen.

Weiter unten in diesem Buch im Kapitel »Börsensignale, die funktionieren« finden Sie auch einen Abschnitt über Signale, die der Ölpreis für Aktien sendet. Dort erfahren Sie, weshalb ein steigender Ölpreis ein negativer Indikator für den Aktienmarkt ist. Die auf den Ölpreis bezogenen Signale könnten Sie auch verwenden, um direkt auf den Ölpreis zu setzen. Sie würden dann etwa bei einem 6-Wochen-Hoch des Ölpreises auf steigendes Öl setzen, bei einem 5-Wochen-Tief aber wieder aus dem Kontrakt aussteigen.

Es gibt aber auch die Möglichkeit, über den Kauf von Aktien in Rohstoffe zu investieren. Am Ölmarkt wären Sie zum Beispiel beim Kauf der niederländisch-britischen Aktie Royal Dutch Shell beteiligt. Diagramm 9 illustriert die Entwicklung des Kurses der Aktie von Royal Dutch Shell in Euro, so wie sie an der Frankfurter Börse notiert wurde.

Wenn Sie gleichzeitig in Edelmetallen, Diamanten und überhaupt im Bergbau engagiert sein wollen, dann bietet sich der britisch-südafrikanische Konzern Anglo American an, der an zahlreichen Gold- und Silberminen und über die Tochtergesellschaft De Beers auch am Diamantenmarkt beteiligt ist. Diese Aktie ist preiswerter und wegen der Unternehmensgröße (100 000 Mitarbeiter) sicherer als viele Goldminenwerte, die von Börsenbriefen als heiße Tipps empfohlen werden (siehe zur Kursentwicklung Diagramm 10).

Warten Sie immer einen Zeitpunkt ab, in dem Sie diese Aktie – wie etwa im Januar 2009 – günstig bekommen. Kaufen Sie nicht dann, wenn alle Welt schreit, man müsse in Goldaktien investieren.

Diagramm 9: Der Aktienkurs von Royal Dutch Shell, 2004 bis 2009

Der Kurs der Shell-Aktie ist einerseits vom Ölpreis, andererseits vom Aktienmarkt allgemein abhängig.

Diagramm 10: Der Aktienkurs der Anglo American, 2004 bis 2009

Ende 2008 waren die Aktien des britisch-südafrikanischen Gold- und Bergbaukonzerns AAC sehr preiswert.

Sparpläne und vermögenswirksame Leistungen

Wer in den Jahren 1998 bis 2000 auf Aktien setzte und bis März 2003 dann viel verlor, ist sicher kein begeisterter Anhänger von Aktien. Auch im Jahr 2008 verbrannten sich zahlreiche Anleger mit Aktien die Finger. »Warum denn nicht einfach Ratensparen, so wie es in den Siebziger Jahren meist üblich war?«, wird heute immer wieder gefragt. In der Tat kommen viele Bundesbürger heute wieder darauf zurück, wenn sie für Anschaffungen oder auch ihre Rente vorsorgen wollen. Dieses Sparen ist relativ sicher, aber eine hohe Rendite erwirtschaftet man damit heutzutage nicht mehr. Geeignet sind Sparpläne für Anschaffungen wie Möbel, Jahresurlaub oder einen Pkw.

Nach wie vor ist es wichtig, Angebote zu vergleichen. Aber das erfordert einige mathematische Kenntnisse. Da bietet eine Bank zum Beispiel bei achtjähriger Laufzeit und monatlicher Mindestanlage von 25 Euro im ersten Jahr 3 Prozent. Im zweiten Jahr gibt es einen zusätzlichen Prozentpunkt, ab dem dritten Jahr zusätzlich 2 Prozentpunkte und so weiter. Zwölf Monate lang darf auch einmal pausiert werden, außerdem ist es möglich, den Vertrag jederzeit mit einer Frist von drei Monaten zu kündigen. Damit ist es möglich, bei steigenden Zinsen in einen anderen Sparplan mit besseren Bedingungen zu wechseln.

Solche oder ähnliche Angebote gibt es sehr häufig, und sie werden immer wieder neu gefasst. Bei etwas höherer Sparleistung werden sie durch Bonuszahlungen weiter verbessert. Das ist dann alles sehr schwer miteinander vergleichbar. Sehr viel mehr als 4 bis 5 Prozent jährliche Rendite kommen dabei nicht heraus. So viel lässt sich aber auch mit Festgeldern oder Tagesgeldkonten, das heißt ohne komplizierten Schnickschnack erzielen.

Lassen Sie sich keinesfalls auf variable Zinsen ein. Die meisten Banken lassen sich nämlich oft viel Zeit mit der Anpassung von Guthabenzinsen nach oben, wenn die Marktzinsen steigen – wenn sie es überhaupt tun! Verläuft die Entwicklung aber umgekehrt, das heißt sinken die Marktzinsen, so passen sie die variablen Zinsen sehr schnell an.

Wie vorsichtig man bei den Angeboten von Banken sein muss, zeigen verschiedene Fußball-Zins-Produkte, die womöglich nur deshalb ersonnen wurden, weil man Fußballfans nur emotionales Handeln zutraut und annimmt, dass sie nicht rechnen könnten. Da brachte die HypoVereinsbank im Jahr 2007 eine Bayern-München-Sparkarte heraus, deren Konditionen so lauteten, dass man bei einem Erfolg des Vereins mit einer höheren Rendite als bei einem Misserfolg rechnen konnte. Mit deutlichem Vorsprung hatte der Verein 2007/2008 die Meisterschaft und den DFB-Pokal gewonnen. Und was gab es dafür? Wer 2500 Euro angelegt hatte, erhielt einen effektiven Zinssatz von 2,27 Prozent, wie Verbraucherzentralen errechnet haben. Dass sogar Tagesgeldkonten mehr bringen – dies zu wissen, traute die Bank wohl den Fans von Bayern München nicht zu.

Aber wie ist das mit der staatlichen Förderung in Form vermögenswirksamer Leistungen und einer Sparzulage? Wäre es nicht sträflich, sich diese Förderung entgehen zu lassen?

Freilich können Sie das immer machen, wenn es solche Angebote gibt, auch wenn Sie damit keine großen Vermögen anhäufen können. Jeder Arbeitnehmer kann über seinen Arbeitgeber vermögenswirksame Leistungen anlegen. Der Mindestsparbetrag liegt bei monatlich 34 Euro. Leider ist die Palette der hierbei möglichen Anlageformen auf Aktienfonds und Bausparverträge beschränkt. Deshalb werden beispielsweise Rentenfonds oder Immobilienfonds nicht gefördert. Die Arbeitnehmersparzulage beträgt beim Fondssparen 20 Prozent, die Bausparprämie nur 8,8 Prozent. Eine weitere einschränkende Bedingung lautet, dass das Einkommen für Verheiratete beim Investmentsparen nur 40000 Euro im Jahr betragen darf, beim Bausparen 51200 Euro.

Mir ist unerklärlich, warum der Gesetzgeber nur die Anlage in Aktienfonds oder Bausparverträge in seine Förderung einbezogen hat, gerade angesichts dessen, dass hierbei hohe Spesen von anderer Seite anfallen. (Mehr dazu im Abschnitt zum Thema Fonds im

Kapitel »Geldanlage in Aktien«.) Warum es nicht einfach möglich ist, in Rahmen der Förderung Geld auch festverzinslich oder wenigstens in Indexfonds (ETFs) ohne hohe Nebenkosten anzulegen, steht in den Sternen. Die Fondslobby hat hier wieder einmal beim Gesetzgeber glänzende Bedingungen für sich geschaffen und dafür gesorgt, dass die Regelungen zur Förderung der Vermögensbildung ihren Interessen entgegenkommen. Ich würde angesichts dessen das Bausparen bevorzugen, auch wenn die Zulage hier geringer ist. Und letztlich gilt es abzuwägen, ob sich bei der geringen Förderung von maximal 480 Euro in sechs Jahren das Ganze überhaupt lohnt. Eine Förderung für Geringverdiener kann man dies wirklich nicht nennen.

Genossenschaftsanteile

Als solide Geldanlage gilt auch der Erwerb von sogenannten Genossenschaftsanteilen. Eine Genossenschaft ist eine Art Verein; sie führt Jahreshauptversammlungen durch, hat einen Vorstand und muss jährlich Rechenschaft über ihre Geschäftstätigkeit ablegen. Volks- und Raiffeisenbanken, aber auch Wohnungsgesellschaften sind als Genossenschaften organisiert. Der Zweck ist in diesen Fällen, für die Mitglieder Gewinne zu erwirtschaften. Die Gründung der ersten Genossenschaften geht bis ins 19. Jahrhundert zurück. Im Jahre 1847 schuf Friedrich Wilhelm Raiffeisen den ersten Hilfsverein für die ländliche Bevölkerung.

Die Ausschüttung der Genossenschaften ist oft ganz attraktiv; 6 Prozent Rendite oder sogar etwas mehr sind dabei durchaus zu erzielen. Nachdem die Volks- und Raiffeisenbanken an Kapitalgebern derzeit sehr interessiert sind, sind Anleger hier schon willkommen, um Anteile zu zeichnen. Und wer eine Mietwohnung sucht, erhält über eine Beteiligung an einer entsprechenden Wohnungsgenossenschaft möglicherweise auch leichter Zugang zu günstigen

Angeboten. Vor allem in solchen Fällen könnte sich eine diesbezügliche Anlage auszahlen.

Freilich können Sie nicht mehr ohne weiteres über Ihre Anteile verfügen, wenn Sie Bargeld benötigen und aus der Genossenschaft aussteigen wollen. Sie müssen mindestens bis zur Jahreshauptversammlung warten, satzungsgemäße Fristen einhalten und die Abrechnung des laufenden Geschäftsjahres abwarten.

Es gibt auch noch einen anderen Haken: Macht Ihre Genossenschaft Verluste und geht in Konkurs, dann ist nicht nur Ihr Anteil verloren, sondern Sie sind als Mitglied möglicherweise sogar verpflichtet, zur Verlustabdeckung Geld nachzuschießen. Die Nachschusspflicht wurde schon manchen Anlegern zum Verhängnis, die an eine Schwindelfirma geraten waren, deren Manager die Zahlungsunfähigkeit im Grunde schon geplant hatten.

6

Von Floater bis Private Equity: was ich Ihnen *nicht* empfehlen kann

Im Zuge der Finanzkrise erwies sich manche Anlageform, die früher beliebt war und als sicher galt, als fragwürdig. Sehen wir uns hier einmal ein wenig um, was Anlegern noch empfohlen wird und wie es mit den Renditeaussichten steht!

Variable Endlos-Anleihen

Besonders warnen möchte ich Sie vor sogenannten Floatern mit unbegrenzter Laufzeit, die von Banken garantiert werden. Floater sind Anleihen, deren Zinssatz sich je nach der Marktlage verändert.

Wie gefährlich es ist, solche Endlos-Anleihen mit variablem Zins ins Depot zu nehmen, mussten in der zweiten Jahreshälfte 2007 mehrere Kleinanleger erfahren. Jahrelang hatte der Kurs ihrer variablen Anleihe im engen Umfeld des Ausgabepreises geschwankt. Plötzlich aber brachen die Kurse der Floater ein, ohne dass ein offensichtlicher Grund dafür zu erkennen war. Da gab es zum Beispiel einen Floater der DZ Bank mit der WKN A0GMRS. Die Muttergesellschaft aller Volks- und Raiffeisenbanken genießt höchstes Ansehen. Die Anleihe war Anfang 2006 zum Ausgabepreis von 100 Euro emittiert worden. Im Oktober und November 2007 fiel sie unvermittelt auf 94 Euro zurück, was für ein variables Papier höchst ungewöhnlich ist. Wer sich daraufhin rasch von der Anleihe trennte, hatte noch Glück. Ende 2008 notierte sie nur noch 58 Euro.

Was war geschehen? Die DZ Bank, so wurde Ende November 2007 bekannt, hatte ebenfalls 18 Milliarden Euro in gemischte US-Hypotheken-Papiere investiert. Dieser Betrag entsprach 15 Prozent ihres gesamten Wertpapierbestands. Die Anleger bekamen Wind davon und vertrauen offenbar der Adresse nicht mehr. Da das Papier unbegrenzt lang läuft, will sich niemand mehr auf einen Kauf einlassen, zumal der ausbezahlte Zins immer unattraktiver geworden ist. Festzinspapiere, die in einigen Jahren zu 100 Prozent zurückgezahlt werden müssen, bieten eine größere Sicherheit, sowohl auf der Zinsseite als auch bezüglich des Emittentenrisikos. Denn ob die DZ Bank zahlungsfähig ist, stellt sich ja zum Rückzahlungstermin sehr schnell heraus. Aber was fängt man mit einer Anleihe mit »offenem Ende« an?

Pfandbriefe: mit Abstrichen sicher

Auch bei den früher sehr beliebten Pfandbriefen bin ich vorsichtig. Zwar sind sie durch Grund und Boden sowie staatliche Garantien abgesichert. Freilich hatte man das bei den amerikanischen Hypotheken-Anleihen auch angenommen, bis im Jahr 2007 das böse Erwachen kam.

Bei den deutschen Pfandbriefen sei das ganz anders, heißt es. Wenn eine Hypothekenbank in Konkurs geht, stehen nach deutschem Recht zwar staatliche Sicherungen zur Verfügung, die nur für die Besitzer der Pfandbriefe bestimmt sind. Andere Gläubiger der Hypothekenbank haben hier kein Recht auf Zugriff. Es wäre allerdings gut, sich vor dem Kauf der Anleihe einer Hypothekenbank nochmals zu vergewissern, wie es mit der Sicherheit steht. Im Konkursfall wird es wohl zumindest eine Weile dauern, bis die Pfandbriefbesitzer entschädigt sind. Deshalb schwankten auch die Kurse von Pfandbriefen in den turbulenten Monaten des Jahres 2008 kräftig hin und her. Bevorzugen Sie Bundesanleihen oder Bundesobligationen.

Lebensversicherungen als sichere Kapitalanlage?

Als junger Mann war es für mich eine Selbstverständlichkeit, eine Kapitallebensversicherung abzuschließen. Wie unrentabel solche Versicherungen sind, wusste ich damals genauso wenig wie die meisten meiner Altersgenossen. Ich dachte, es könne ja kein Fehler sein, mit einer Anlage gleichzeitig die Familie abzusichern und eine gewisse Ersparnis für den Lebensabend zu bilden, die als zusätzliche Rente dienen würde. Heute weiß ich, dass man seine Familie am besten durch eine Versicherung nur auf den Todesfall absichert. Die ist auch relativ günstig.

Gut, von der Sicherheit her besteht wohl keine Gefahr. Die einbezahlten Gelder sind Sondervermögen, über das eine Aufsichtsbehörde wacht. Sollte die garantierte Auszahlung gefährdet sein, wird die Aufsichtsbehörde darauf dringen, dass riskantere Anlagen wie Aktien gegenüber den sicheren Staatsanleihen zurückgefahren werden, wie es auch am Jahresanfang 2003 geschah. Aber eine Lebensversicherung als Kapitalanlage auf den Erlebensfall abzuschließen, ist trotzdem wohl das Dümmste, was man als Anleger tun kann. Zunächst einmal ist das Geld gebunden. Sie haben keine Möglichkeit, den Vertrag ohne Verlust aufzulösen. Denken Sie außerdem einmal darüber nach, wie viele Leute an Ihrer Versicherung mitverdienen. Es ist ja nicht nur der Versicherungskonzern selbst, sondern meist auch der Außendienstmitarbeiter, der eine ansehnliche Provision für den Abschluss erhält.

Beim Abschluss einer Lebensversicherung werden den Kunden viele Versprechungen gemacht. Eine davon lautet, dass neben der Vertragssumme auch hohe Zusatzprämien aus den Gewinnen zu erwarten seien, die die Versicherung mit ihrem Geld erziele.

Nun könnten Sie einmal selbst die Probe machen und Bekannte oder Verwandte, denen vor kurzem eine Lebensversicherung ausbezahlt wurde, nach dem Betrag fragen, den sie über die Vertragssumme hinaus erhalten haben. Erkundigen Sie sich auch, wie viel sie jahrzehntelang in die Versicherung einbezahlt haben!

Die Anlageexperten der Versicherungsgesellschaft schaffen es ebenso wenig wie die Manager der Aktienfonds, mehr zu erwirtschaften als das, was Sie selbst bei Einzahlung in einen Aktienindexfonds (zum Beispiel nach dem Vorbild des DAX) herausgeholt hätten. Über die Leistungen der Aktienfondsmanager geben jährliche verlässliche Statistiken Aufschluss. Und auch den Lebensversicherern gelingt es in der Regel nicht, mit dem anvertrauten Kapital so gut zu wirtschaften, dass sie über die vereinbarte Mindestertragssumme hinaus noch hohe Gewinnbeteiligungen auszahlen können – zumal die Versicherungsgesellschaften große Teile dieser Gewinne ohnehin lieber einbehalten.

Vor allem in den Jahren 2000 bis 2003 gingen die Spekulationen der Versicherungen kaum einmal auf. Zu Höchstkursen hatten die Gesellschaften Aktien gekauft, im Vertrauen darauf, dass dies langfristig die beste Kapitalanlage sei. Doch bis Anfang 2003 verloren die Aktien im Durchschnitt zwei Drittel ihres Werts, und sie waren gezwungen, die Papiere wieder abzustoßen. Anderenfalls hätten die Aufsichtsbehörden bemängelt, dass im Fall weiter sinkender Kurse nicht einmal die Mindestertragssummen für die Anleger gesichert seien. Verkauft wurde dann vor allem zum Tiefstkurs. Die Versicherungsnehmer, die ihre Auszahlung in den folgenden Jahren erhielten, waren über das magere Ergebnis recht enttäuscht. Dafür hatten sie nun jahrzehntelang monatlich Geld gespart!

Und die Versicherungen wirtschaften heute nicht besser. Wenn eine angesehene Rückversicherung wie die Hannover Rück Ende 2008 erklärt, sie habe jetzt ihre Aktienpositionen auf null gestellt, dann kann ich nur den Kopf schütteln. Offenbar ist es bei Versicherungsgesellschaften nun zur Gewohnheit geworden, Aktien stets in der tiefsten Baisse zu verkaufen. Die kümmerliche Rendite, die die Anleihen Ende 2008 boten, reicht kaum zum Ausgleich der Inflationsrate aus, geschweige denn zur Gewinnerzielung. Wer sollte angesichts dessen sein Geld noch in eine Lebensversicherung investieren?

Natürlich bemühen sich die Versicherungsgesellschaften darum, ihre Kunden zu halten, wenn die Verträge fällig geworden sind.

Doch bezeichnenderweise sieht es so aus, als seien die meisten Versicherungsnehmer derart enttäuscht, dass sie keinen Grund mehr finden, derselben Gesellschaft ein weiteres Mal ihr Geld anzuvertrauen.

Beim Marktführer Allianz etwa, wo im Geschäftsjahr 2007 etwa 270 000 Lebensversicherungsverträge abliefen, war die Hälfte der Verträge wegen zu geringem Kapital ohnehin nicht für eine erneute Anlage geeignet. Doch auch von den übrigen Kunden investierte nur ein Drittel das freigewordene Kapital abermals in ein Produkt der Allianz. Bei der Ergo-Versicherungsgruppe (Victoria und Hamburg-Mannheimer Lebensversicherungen) betragen die Wiederanlagequoten bis zu 18 Prozent, die Alte Leipziger verzeichnet 20 Prozent. Nach einer Studie des Kölner Marktforschungsinstituts Psychonomics wollen nur 11 Prozent der Kunden ihrem Versicherer treu bleiben und weiterhin Geld bei ihm anlegen.

Meistens bieten die Versicherungsfirmen ihren bestehenden Kunden Sofortrentenverträge an. Victoria zum Beispiel sieht für einen sechzigjährigen Kunden, der einmalig 50 000 Euro einzahlt, ab dem Tag der Einzahlung eine lebenslang garantierte Monatsrente von 172 Euro vor. Hinzu kommt eine Überschussrente, deren Höhe davon abhängt, wie gewinnbringend die Versicherungsgesellschaft das Geld anlegt. Wie schon erwähnt, sollte man darauf aber lieber nicht setzen. Die Renten sind steuerlich begünstigt, denn nur der Überschussanteil muss versteuert werden. Von Nachteil ist hingegen, dass das Geld festliegt und die Ansprüche aus dem Vertrag nicht übertragbar sind. Konkret bedeutet das, dass bei einem frühen Tod des Versicherungsnehmers die monatlichen Zahlungen entfallen und das restliche vormals eingezahlte Kapital im Eigentum der Versicherungsgesellschaft verbleibt, etwaige Erben also davon nichts mehr haben. Freilich, wer überzeugt davon ist, dass er weit über 100 Jahre alt werden wird, der mag mit einer Sofortrente gut bedient sein. Er müsste allerdings tatsächlich 100 Jahre alt werden, damit sich das Geschäft für ihn lohnt. Denn bis zu diesem Zeitpunkt hätte er sich aus einem Fonds von 50 000 Euro ohne weiteres selbst eine Rente von monatlich 172 Euro zahlen können. Wenn es einem heute Sechzigjährigen gelänge, das nach Abzug der Rentenauszahlungen sukzessive verbleibende Kapital jährlich mit 4 Prozent zu verzinsen, dann besäße er im Alter von 70 Jahren immer noch rund 48240 Euro, mit 80 Jahren noch 45630 Euro, mit 90 Jahren noch 41780 Euro und selbst mit 100 Jahren noch 36070 Euro, von denen er sich nach dem bisherigen Muster noch weitere gut 28 Jahre lang Monat für Monat 172 Euro auszahlen lassen könnte.

Vertrauen Sie also keinem Lebensversicherer, der Ihnen eine Sofortrente anbietet. Der Gewinner ist immer der andere.

Riester-Rente

Nach Angaben des Bundessozialministeriums hatten im August 2008 knapp 12 Millionen Deutsche eine Riester-Rentenversicherung abgeschlossen. Sie erhalten dafür staatliche Zuschüsse. An Zulagen bekommt jeder Riester-Sparer bis zu 154 Euro pro Jahr. Für jedes Kind gibt es 185 Euro, für Kinder, die im Jahr 2008 oder später geboren wurden, 300 Euro jährlich. Wer noch jünger ist als 25, bekommt bei Vertragsabschluss einen zusätzlichen einmaligen Bonus von 200 Euro. Wer 4 Prozent seines Einkommens, maximal 2100 Euro, im Jahr einzahlt, erhält die volle Förderung und kann die Beiträge auch steuerlich absetzen, falls dies lohnender ist als die Zulage. Zu Rentenbeginn kann man sich 30 Prozent des Kapitals gleich auszahlen lassen, den Rest in monatlichen Raten.

Lohnt es sich, eine derartige Versicherung abzuschließen? Niels Nauhauser von der Verbraucherzentrale Baden-Württemberg äußerte sich im Jahr 2008 in einem Zeitungsinterview skeptisch. Er meint, die staatlichen Zulagen kämen in der Masse nicht der Altersversorgung zugute. Die Vermittler der infrage kommenden Finanzprodukte kassierten einen Großteil der staatlichen Förderung selbst ein.

Das geschieht ganz einfach durch hohe Abschluss- und Verwaltungsgebühren. Allein im ersten Jahr verschlingen diese oft die

Hälfte der Beiträge. Nur mithilfe einer Bonuszahlung für mindestens zwei Kinder von insgesamt 370 Euro ließe sich das ausgleichen.

Auch ist es praktisch nicht möglich, den Anbieter (eine Bank oder Versicherung) zu wechseln, wenn man feststellt, dass das gewählte Riester-Produkt, etwa ein Fonds-Sparplan, ungeeignet ist. Fast die gesamten bisher bezahlten Beiträge gingen dann verloren.

Freilich gibt es ganz unterschiedliche Riester-Produkte. Am durchsichtigsten sind bezüglich der Kosten noch die Sparpläne der Bankanbieter. Hier fallen nur Kontoführungsgebühren an, die mit den Zinsen zu verrechnen sind. Aber Banksparpläne werden kaum angeboten, denn die Anbieter möchten gern mehr verdienen. Bei Versicherungen könnten sehr leicht zusätzliche, versteckte Gebühren wie Provisionen anfallen. Und auch bei Fondsanteilen, die ebenfalls über Riester-Verträge erworben werden können, entstehen hohe Kosten. (Mehr dazu weiter unten in diesem Buch.)

Welche Fehler hier gemacht werden, hat die Verbraucherzentrale Baden-Württemberg an einem Beispiel erklärt: Eine 28-Jährige zahlt den jährlich förderungsfähigen Höchstbetrag von 2100 Euro bis zu ihrem 64. Lebensjahr in eine fondsgebundene Rentenversicherung ein. Unterstellt man eine Rendite von 5 Prozent pro Jahr, so entstehen in dieser Zeit bei dem ausgewählten Produkt Kosten von 40320 Euro – etwa drei Viertel davon für die laufenden Gebühren in den besparten Dach- und Zielfonds. Außerdem entrichtet die Anlegerin Gebühren zum Beispiel für Abschluss, Vertrieb und Verwaltung sowohl in der Spar- als auch in der Auszahlungsphase. Hinzu kommen entgangene Kapitalerträge, denn die Gebühren können ja nicht angelegt werden und Gewinne abwerfen. Bei einer Rendite von 5 Prozent sind das noch einmal etwa 38000 Euro. Dem stehen staatliche Zulagen und Steuervorteile von lediglich etwa 23000 Euro gegenüber. Die Kosten schmälern also das für die Rente zur Verfügung stehende Kapital von etwa 200000 auf 121680 Euro.

Niels Nauhauser empfiehlt: »Auf Sicherheit bedachte Sparer sollten auf eine günstige Rentenversicherung oder einen Banksparplan setzen.« Wenn schon ein Fonds-Sparplan, dann mit hohem Aktienanteil, meint er. Aber dann müsse man bis zum Eintritt in den Ruhestand noch rund 30 Jahre Zeit haben.

Genau das würde ich unterlassen, nach allen Erfahrungen mit Fonds. Interessanter sind womöglich Riester-Bausparverträge für alle, die erwägen, ein Eigenheim zu kaufen. Doch auch hier sollten Sie sich gut informieren, etwa in der Zeitschrift Finanztest, die alljährlich im November unabhängige Tests veröffentlicht.

Fazit: Ich kann von Riester-Sparverträgen nur abraten. Sparen Sie selbst monatliche Beträge, legen Sie bis zu 3000 Euro in einem Sparbuch an, und wenn dann Aktien gerade interessant sind, kaufen Sie welche nach den in diesem Buch genannten Richtlinien. Wenn die Aktienkurse gerade zu hoch sind, »füttern« Sie weiter Ihr Sparbuch und kaufen dann Aktien, wenn die Kurse kräftig gepurzelt und weit unten gelandet sind und niemand mehr Aktien haben will. Vermittler wie Versicherungen, Fonds oder Banken benötigen Sie nicht; Letztere nur zur Führung Ihres Wertpapierdepots, aber ohne Beratung!

Hände weg von Private Equity!

Seit einigen Jahren ist in den Medien viel die Rede von Beteiligungsgesellschaften, die in eine Firma investieren und sie anschließend zu einem höheren Preis an die Börse bringen und auf diese Weise hohe Gewinne erzielen. Oft kaufen solche Gesellschaften im Stile von Hedgefonds auch bereits börsennotierte Firmen, um sie umzukrempeln und im Zuge dessen etwaige verborgene Schätze zu heben. Anschließend verkaufen sie die Firma ganz oder in Teilen und erzielen auch dabei hohe Gewinne. Die Übergänge von Private-Equity-Gesellschaften und Hedgefonds werden übrigens immer fließender.

Man könnte lange diskutieren, ob feindliche Übernahmen wirtschaftlich sinnvoll sind und ob es gut für die Mitarbeiter ist, wenn ihr Unternehmen in solche Turbulenzen gerät. Die Zerschlagung der

ABN Amro Bank, immerhin einer Großbank, bescherte zwar den Aktionären im Jahr 2007 hohe Kursgewinne. Doch die Aufkäufer, die Royal Bank of Scotland und die belgische Fortis, gingen dabei offensichtlich zu hohe Schulden ein; im Jahr 2008 fielen ihre Kurse ins Bodenlose.

Auch ist es besorgniserregend, wenn solche Aufkäufe, angeblich im Interesse der Aktionäre, zu riesigen Turbulenzen führen. Oft endet dies mit der Plünderung des Unternehmenswerts unter Zurücklassung einer hochverschuldeten Firma.

Auch die im SDAX notierte Cewe Color konnte sich im Jahr 2007 nur mit knapper Not in der Jahreshauptversammlung einiger Hedgefonds erwehren, die sich Anteile beschafft und eine Unternehmensneuausrichtung gefordert hatten. Auch hier war der Kurs dank der Aufkäufe kräftig gestiegen. Aber was wäre aus der Firma geworden, wenn die Angreifer in der Hauptversammlung die Mehrheit errungen hätten, so wie es bei der ABN Amro Bank der Fall war?

Betrachten wir das einmal nur vom Standpunkt eines Anlegers, der sich überlegt, ob er sich grundsätzlich an solchen Private-Equity-Gesellschaften beteiligen sollte. Ich möchte sehr davor warnen. Es gibt kaum ein Anlageprodukt, das komplizierter und undurchsichtiger ist als Private Equity.

Die Kapitalsammlung erfolgt meist über Dachfonds: Dass die Zusatzkosten bei Dachfonds für den Anleger besonders hoch sind, ist bekannt. Meist werden Mindesteinlagen von 10000 bis 15000 Euro verlangt. Diejenigen, die Ihnen solche Anteile verkaufen, sind besonders geschult und verdienen in den meisten Fällen vom Verkauf an Sie durch hohe Provisionen mit. Diese Provisionen finanzieren übrigens Sie selbst. Die Einmalgebühr liegt im Mittel bei 5 Prozent, die Verwaltungsgebühr für die Dachfonds beträgt üblicherweise 1,5 Prozent auf das zugesagte Kapital, hinzu kommt eine Erfolgsvergütung für das Management von 10 bis 15 Prozent.

Wenn Sie erst einmal mit dabei sind, ist ein Ausstieg in manchen Fällen auch nicht ohne weiteres möglich.

Selbst die Vermögensverwaltung der Allianz warnte 2007 vor solchen Beteiligungen. Der Markt sei derzeit völlig überhitzt und die Gebühren seien so hoch, dass sich die kleinen Investments von Privatanlegern nur in seltenen Fällen auszahlen könnten.

Zudem gerieten zahlreiche Private-Equity-Gesellschaften im Jahr 2008 in eine schwere Finanzklemme, als das Geld knapp wurde. Anteile zu einem angemessenen Preis zu verkaufen, war unmöglich geworden.

7 Geldanlage in Aktien

Während ich dieses Buch schreibe, spricht kein Mensch mehr von der Überlegenheit der Aktie. Denn Anfang 2009 befinden sich die Aktienmärkte wieder einmal in einer Flaute.

Ende 2001 zählte das Deutsche Aktieninstitut 12,9 Millionen Aktionäre und Fondsbesitzer. Das entsprach einer Verdopplung binnen vier Jahren. Die Enttäuschung über die Pleite des Neuen Marktes im Jahr 2001 und die Finanzkrise, die im Sommer 2008 einsetzte, haben dazu geführt, dass dieser Kreis auf 8,8 Millionen Personen gesunken ist. Die Verantwortlichen dafür sind großenteils die Bankmanager mit ihren Versprechungen und ihrem ungenierten Abzocken unerfahrener Anleger.

Aktien sind keine Daueranlage

Befragt man Fachleute, zum Beispiel Professoren des Fachs Volkswirtschaftslehre, was die beste Geldanlage sei, bekommt man häufig zu hören: Auf lange Sicht seien es Aktien. Aber einen optimalen Zeitpunkt für den Kauf gebe es nicht; die Börse sei unberechenbar. Es helfe nur, einfach anzulegen und sich dann viel Zeit zu lassen.

Die *Süddeutsche Zeitung* schrieb im Sommer 2008: »Mit Aktien ist mehr Geld zu verdienen als mit Zinspapieren. Wer Mitte der Fünfziger Jahre deutsche Aktien kaufte und sie heute noch besitzt, erzielte eine jährliche Rendite von 10,3 Prozent. Mit Bundesanleihen waren nur 6,6 Prozent zu holen. Aktionäre bekommen langfristig drei bis vier Prozentpunkte mehr Rendite als Staatsanleihen bieten. Warum sonst sollten sie bereit sein, die wankelmütigen Aktien zu halten statt der stabileren Anleihen? Ganz einfach: Weil es mehr Geld bringt. Der kleine Renditeunterschied wirkt sich langfristig gewaltig aus. Während aus 100 Euro in DAX-Aktien binnen 53 Jahren 18 203 Euro wurden, waren es bei Anleihen nur 2915 Euro, also gerade mal ein Sechstel des Aktienvermögens.«

Für Börsenneulinge muss an dieser Stelle zunächst etwas erklärt werden. Der DAX, von dem hier die Rede ist, entspricht sozusagen dem Durchschnitt der 30 größten Aktiengesellschaften in Deutschland. Aus deren Kursentwicklungen wird in jeder Minute ein Durchschnittskurs errechnet, eben der DAX, der Deutsche Aktienindex. Er wird seit dem 31. Dezember 1987 notiert, wobei sein Kurs damals mit 1000 Punkten gleichgesetzt wurde. Man kann ihn aber auch beliebig weit zurückrechnen (siehe Diagramm 11). Ausgezahlte Dividenden werden im DAX mitberücksichtigt; das ist bei den übrigen in Tabelle 1 genannten Aktienindizes nicht der Fall.

Diagramm 11: Die Entwicklung des DAX, zurückgerechnet seit 1960

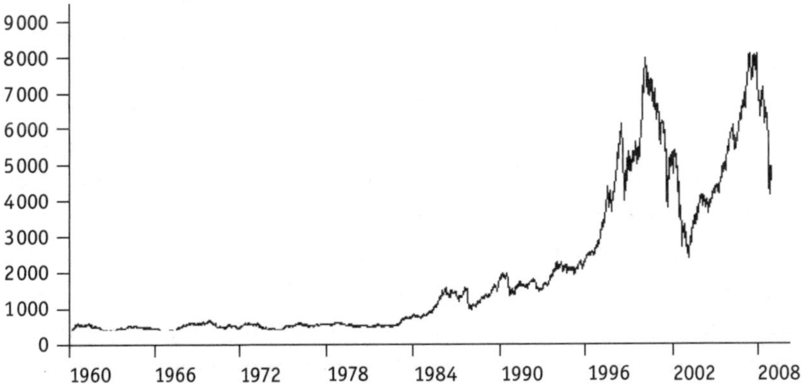

Der DAX nahm 30 Jahre lang kontinuierlich zu; die offensichtlichen Übertreibungen in den 1990er Jahren führten dann aber zu heftigen Rückschlägen.

Tabelle 1: Zehn Aktienindizes, die Sie kennen sollten

Land	Aktienindex	Abkürzung	Zahl der Aktien
Deutschland	Deutscher Aktienindex	DAX	30
USA	Dow Jones Industrial	Dow Jones	30
USA	Dow Jones Utility Index	DowUtility	15
USA	Standard & Poor's 500	S&P500	500
USA	Nasdaq Composite	Nasdaq	über 3000
Europa	Dow Jones EuroSTOXX 50	EuroSTOXX 50	50
Japan	Nikkei 225	Nikkei	225
Großbritannien	Financial Times 100	FT 100	100
Frankreich	Cotation Assistée Continue	CAC 40	40
Schweiz	Swiss Market Index	SMI	20

Es ist immer ganz praktisch, den Aktienindex eines Landes zu zitieren, wenn man darstellen will, ob die Aktienkurse steigen oder fallen. Die Kurse der einzelnen Titel bewegen sich nämlich meist mehr oder weniger vereint in dieselbe Richtung, die einen mehr, die anderen weniger – und der Index gibt den Durchschnitt an.

Wenn in der *Süddeutschen Zeitung* nun behauptet wurde, Aktien seien *immer* die beste Geldanlage, so ist das zweifellos falsch. Meine Gegenthese lautet: Erstens gibt es nicht *die* beste Geldanlage. Manchmal sind Aktien besser, manchmal Immobilien, zuweilen steht Gold ganz vorn, und manchmal machen Anleihen das Rennen. Zweitens kommt es auf den Zeitpunkt an, und für diesen Zeitpunkt gibt es Hinweise – Wahrscheinlichkeiten, die man ermitteln kann und deren Ermittlung sich leicht erlernen lässt.

Auch *gegen* den Besitz von Aktien gibt es grundsätzliche Argumente. Eigentlich sind Sie als Aktionär Mitbesitzer eines Unternehmens. Aber zu sagen haben Sie nichts. Raffgierige Topmanager lassen sich in Gestalt von Gehältern und Sondervergütungen horrende Beträge aus dem Vermögen der Aktiengesellschaft auszahlen, obwohl sie nur Angestellte sind, denen also das Unternehmen nicht gehört. Das ist übrigens nicht nur eine Ungerechtigkeit gegenüber den Kleinaktionären, die gar nicht gefragt werden, ob sie damit einverstanden sind, sondern auch gegenüber den übrigen Beschäftigten, die vielleicht noch mehr als das Topmanagement dazu beitragen, dass es der Firma gutgeht.

Dennoch haben Aktienbesitzer in der Vergangenheit stets dann gut abgeschnitten, wenn sich die Wirtschaft in einer Rezession, also einem Schrumpfungsprozess befand, wenn sie zu Beginn der Rezession eingestiegen waren und dann ihre Anteile vier Jahre lang behielten. Aber Sie sollten niemals zu einem beliebigen Zeitpunkt kaufen, besonders dann nicht, wenn gerade alle Welt meint, Aktien seien die allerbeste Anlageform. Dann sind ihre Kurse nämlich meist zu hoch.

Ehe Sie Aktien kaufen, sollten Sie auch darauf achten, ob sich gerade viele neue Unternehmen an der Börse notieren lassen wollen. Auch dann können Sie sicher sein, dass die Kurse gerade »hoch« sind. Denn der gesunde Menschenverstand sagt: Diese Börsengänge finden statt, weil die bisherigen Inhaber es als gute Chance sehen, sich noch schnell an der Börse zu bedienen, ehe die Kurse wieder sinken und man für neue Aktien nicht mehr so viel Geld bekommt. Wären die Aktien unterbewertet, würde niemand seine Anteile hergeben.

Im Frühjahr 2006 nutzten zum Beispiel die Immobiliengesellschaft Patrizia und die Fluggesellschaft Air Berlin die günstige Gelegenheit hoher Börsenkurse.

Der erste Börsenkurs der Patrizia-Aktie am 5. April 2006 belief sich auf 22,10 Euro. Ende 2008 war die Aktie nur noch etwa einen Euro wert (siehe Diagramm 12). 12,65 Euro lautete der erste Kurs der Air Berlin am 11. Mai 2006. Ende 2008 schwankte die Aktie zwischen 2,50 Euro und 5 Euro. Diejenigen, die diese Unternehmen an die Börse gebracht hatten, waren offensichtlich clevere Kaufleute.

Aber ist es denn nicht ratsam, sich vom Börsengeschehen unabhängig zu machen und einfach mit einem gewissen Anteil seines Vermögens in zukunftsträchtige Unternehmen zu investieren? Was spricht dagegen, sich auf Dauer in Aktien zu engagieren?

Diagramm 12: Der Aktienkurs der Patrizia Immobilien, April 2006 bis Januar 2009

Wer die Aktie der Patrizia Immobilien am 5. April 2006 kaufte, dem Tag ihrer ersten Notierung an der Börse, der sollte später rund 95 Prozent verlieren

Frank Lingohr, ein Verwalter mehrerer deutscher Fonds, hat einmal geschrieben: »Das Wichtigste ist: die Börse ignorieren und sich um die Unternehmen kümmern!« Ja, das klingt zunächst schon sympathisch. Also einfach kaufen und liegen lassen? (Wenn schon, dann natürlich Aktien und nicht Aktienfonds!) Die Börse richtet in ihrer Kursbildung ja immer wieder Unfug an. Es stimmt ja nicht, dass »die Börse immer Recht hat«, wie man immer noch in Lehrbüchern lesen kann. Wenn Anfang 2003 deutsche Lebensversicherer zwangsweise ihre unterbewerteten Aktien bei einem DAX-Stand von 2500 noch zu Niedrigstkursen verkaufen mussten, um die garantierten Prämien der Versicherten noch auszahlen zu können, und damit die Kurse noch stärker unter Druck setzten, dann wurde deutlich, dass die Börsenkurse und das Geschäft der notierten Unternehmen gar nichts miteinander zu tun haben müssen. Ende 2008 lagen die Kurse deutscher, österreichischer, japanischer und französischer Aktien deutlich unter ihrem fairen Wert. Könnte man dann nicht sagen, dass die Kursentwicklung ohne Belang ist?

Ja, man könnte es. Langfristige Investoren wie Warren Buffett denken so. Buffett schrieb: »Ich versuche nie, an der Börse Geld zu machen. Ich gehe beim Kauf davon aus, dass sie am nächsten Tag für fünf Jahre geschlossen werden könnte.«

So schön das auch klingt und so tröstlich das auch für Anleger sein mochte, die im Jahr 2008 auf hohen Kursverlusten saßen: Ich teile diese Auffassung nicht. Schon die Auswahl der Aktien wird sich immer wieder ändern müssen. Was heute als »zukunftsträchtig« gilt, kann morgen als überholt und fantasielos verrufen sein. Ich erinnere nur an die Aufbruchstimmung, die in den Jahren 1997 bis 2000 auf dem Neuen Markt herrschte. Die meisten der Geschäftsideen der dort gehandelten Unternehmen entpuppten sich später als heiße Luft.

Kurz: Es führt kein Weg an der Börse vorbei. Sie als Anleger müssen flexibel bleiben und die Kurse ab und zu beobachten. Ich versuche stets, an der Börse Kursgewinne zu erzielen, auch wenn das nicht immer glückt. Wichtig ist, Käufe in der Nähe von Niedrigstkursen zu platzieren und nicht dann in Aktien einsteigen, wenn gerade Geld zur Verfügung steht. Wenn die Börse fünf Jahre lang steigende Kurse meldet wie 2003 bis 2007, dann ist es wahrscheinlich, dass sich die Entwicklung auch einmal wieder umkehrt, so wie im Jahr 2008. Und wenn die Aktien im Durchschnitt um 50 Prozent gefallen sind, wie 2002/2003 und 2008, dann geht man mit Käufen fast kein Risiko mehr ein. Wer dies beherzigt, hat vielen unbedarften Anlegern schon viel voraus.

Alle fünf Jahre Verdoppelung?

Wie naiv manche angeblich erfahrenen Berater vorgehen, zeigt das Beispiel Joachim Brandmaiers, des Herausgebers der Zeitschrift *Börse aktuell*. Im Herbst 1999 behauptete Brandmaier, der Dow-Jones-Index, ein weltweit viel beachtetes Aktienbarometer, würde binnen weniger als fünf Jahren die Marke von 20000 Punkten überschritten haben. Den staunenden Lesern, die sahen, dass dieser Index im Oktober 1999 bei 10500 Punkten stand, erklärte er auch den Grund dafür. Der Index sei zwischen 1985 und 1999 im Durchschnitt jährlich um 14 Prozent gestiegen, und dieser Trend werde sich natürlich fortsetzen. Also müsse er sich bis zum Jahr 2004 verdoppeln.

Was Brandmaier übersehen hatte oder nicht sehen wollte: Die Jahre 1985 bis 1999 waren Ausnahmejahre und nicht die Regel! Und gerade wenn Aktien jahrelang überdurchschnittlich stark gestiegen sind, ist die Wahrscheinlichkeit groß, dass sie auch einmal wieder kräftig fallen. Ende 2004 stand der Dow Jones bei 10783 Punkten, Ende 2008 sogar nur noch bei etwa 8668 (siehe Diagramm 13).

Es sei hinzugefügt, dass der Dow Jones von Ende 1914 bis Ende 2008 von 56,6 Punkten auf 8668 Punkte hochgeklettert ist. Dieser Verlauf entspricht einer jährlichen Rendite von immerhin 5,5 Prozent. Ausgezahlte Dividenden von jährlich 2 bis 3 Prozent kommen noch hinzu, aber die Inflationsraten, die im vorigen Jahrhundert

Diagramm 13: Die Entwicklung des Dow-Jones-Index, Oktober 1999 bis Dezember 2004

Entgegen der Verdoppelungsvorhersage Brandmaiers kam der Dow-Jones-Index zwischen den Jahren 1999 und 2004 nicht voran.

manchmal über 10 Prozent lagen, müssen wiederum abgezogen werden.

Mit Statistiken lässt sich bekanntlich alles und nichts beweisen. Ein geschickter Bankberater, der Sie zum Kauf eines Fonds oder Zertifikats bewegen möchte, wird seine Statistik am besten im März 2003 beginnen lassen (damals lag der DAX bei 2300 Punkten). Wenn längere Statistiken erwünscht sind, wird er den August 1982 wählen, als der DAX 494 Punkte aufwies. Dann wird er Ihnen »beweisen«, dass der Wert seines DAX-Zertifikats oder eines entsprechenden Fonds in den fünf Jahren von 2003 bis 2007 mit mehr als dem Faktor 3 oder in den 25 Jahren von 1982 bis 2007 mit dem Faktor 16 gewachsen ist.

Doch spielend leicht können Sie eine Gegenrechnung aufmachen: Wer im März 2000 Geld in den DAX steckte, verlor bis Ende 2008 fast die Hälfte seines Einsatzes. Wer Ende 1989 in den japanischen Nikkei-Index investierte – und japanische Aktien waren damals weltweit sehr gefragt – büßte vier Fünftel seines Kapitals ein (siehe Diagramm 14).

Was nützt da die Behauptung, sehr langfristig schneide am Ende

Diagramm 14: Die Entwicklung des Nikkei-Index, 1990 bis 2008

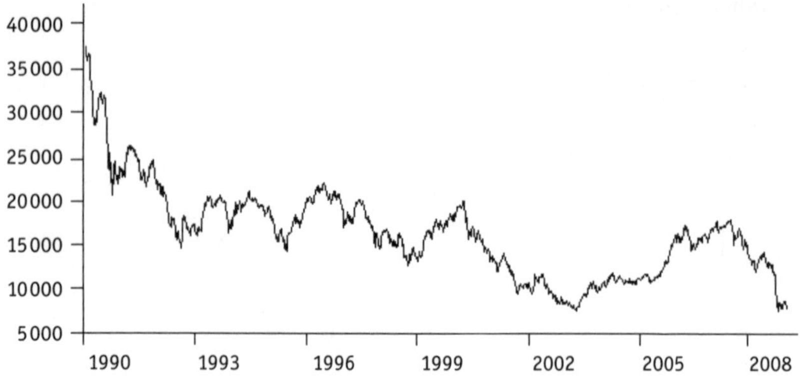

Zwischen 1990 und 2008 verloren Japans Aktien 80 Prozent ihres Kurswerts!

doch die Aktie am besten ab? »In the long run, we are all dead«, meinte schon der britische Ökonom John Maynard Keynes. (»Langfristig sind wir alle tot.«)

Wie stark der DAX tatsächlich gewachsen ist

Rechnen wir doch einmal seit Ende 1958, nach dem Ende der Wirtschaftswunder-Sonderbewegungen, alle möglichen 25-Jahres-Zeiträume durch, um zu ermitteln, wie sich der DAX tatsächlich im Durchschnitt entwickelt hat. Betrachten wir also die Durchschnitte der Jahre 1959 bis 1983, 1960 bis 1984, 1961 bis 1985 und so weiter – und am Ende den der Jahre 1984 bis 2008. Damit ist ausgeschlossen, dass wir die Statistik gerade zu einer besonders günstigen oder ungünstigen Zeit beginnen oder beenden.

Das Ergebnis: Durchschnittlich wurden in 25 Jahren im DAX aus 100 Euro gerundete 495,26 Euro. In eine jährliche Rendite umgerechnet, ergeben sich daraus 6,6089 Prozent oder gerundete 6,61 Prozent. Diese Zahl liegt etwas über jener, die Dow-Jones-Statistik seit 1914 ausweist, weil der Dow Jones im Gegensatz zum DAX die ausgeschütteten Dividenden nicht enthält.

Ausgehend von diesem durchschnittlichen jährlichen Zuwachs darf jetzt natürlich nicht von einem beliebigen Jahr ausgegangen werden, um künftige durchschnittliche DAX-Stände zu errechnen. Wer beispielsweise von Ende 1999 ausgehend errechnen wollte, wo nach einem jährlichen Zuwachs von 6,61 Prozent der DAX Ende 2009 stehen müsste, erhielte einen Wert von 13196 Punkten. Das wäre viel zu hoch, weil Ende 1999 der DAX überdurchschnittlich hoch war. Ginge man demgegenüber vom Jahr 2002 aus, so ergäbe sich für Ende 2009 ein DAX-Stand von 4445.

Um einen nicht manipulierten Durchschnittswert zu erhalten, gehen Sie folgendermaßen vor: Jedes Jahr von 1958 bis 2009 »gibt seine Stimme ab« und wird mit einer Wachstumsrate von jeweils 6,6089 Prozent hochgerechnet. In Tabelle 2 sind auszugsweise die Ergebnisse der Rechnung zusammengefasst.

Wie der Vergleich der tatsächlichen mit den fiktiven DAX-Werten zeigt, strebt der DAX früher oder später immer wieder in den Nahbereich des errechneten Durchschnitts zurück. In den letzten zehn Jahren war er sieben Mal höher, zweimal niedriger, einmal (Ende 2003) lag er fast auf dem gleichen Niveau. In den Jahren 1970 bis 1984 war das noch ganz anders; da lag der DAX durchgehend unter dem errechneten Durchschnittszuwachs.

Tabelle 2 ist eine kleine Hilfe, um abzuschätzen, in welchen Jahren der DAX den Zukunftserwartungen zu weit vorausgeeilt ist und in welchen umgekehrt der Pessimismus zu groß war. Ende 2008 jedenfalls lag der DAX vermutlich zu niedrig; der allgemeine Pessimismus bewirkte, dass die Aktien unter ihrem Wert notiert wurden.

Für Ende 2009 errechnet sich aus dem jährlichen Zuwachs von 6,61 Prozent ein fairer DAX-Wert von 5726; und Ende 2010 könnte der DAX bei 6104 Punkten stehen. Doch verstehen Sie diese Aussagen nicht als Prognosen; der DAX wird mit Sicherheit entweder deutlich über oder unter den besagten Werten liegen, denn die Börse übertreibt immer. Die Kursbildung erfolgt nach anderen Kriterien;

Tabelle 2: Tatsächliche und fiktive DAX-Stände

	DAX errechnet aus Durchschnittszuwachs	DAX tatsächlich
Ende 1999	3019,34	6958,14
Ende 2000	3218,89	6433,61
Ende 2001	3431,62	5160,1
Ende 2002	3658,41	2840
Ende 2003	3900,19	3903,34
Ende 2004	4157,95	4256,08
Ende 2005	4432,75	5408,26
Ende 2006	4725,70	6596,92
Ende 2007	5038,02	8067,32
Ende 2008	5370,98	4629,38
Ende 2009	5725,94	?
Ende 2010	6104,36	?
Ende 2011	6507,79	?
Ende 2012	6937,89	?

der herrschende Welt-Aktientrend und die Indikatoren Zins, Inflationsrate, Ölpreis und US-Dollar beeinflussen den Stand des DAX auch in Zukunft. Doch dazu später mehr.

Aktien im Depot? Im Prinzip ja

Ich bin der festen Überzeugung, dass es sinnvoll ist, in Aktien anzulegen, schon allein deshalb, weil der Anleger in diesem Fall an der Wirtschaftsentwicklung eines oder mehrerer Länder unmittelbar beteiligt ist. Aktien sind auch sehr viel besser gegen Geldentwertung geschützt als festverzinsliche Wertpapiere. Infolge der totalen Geldentwertung 1923 und der Währungsreform 1948 waren selbst Staatsanleihen wertlos geworden. Wer hingegen 1948 an Unternehmen beteiligt war – und waren sie durch den Krieg auch noch so stark beschädigt –, der konnte sich bald wieder über deren Gewinne freuen.

Freilich müssen Aktienanleger aufpassen: Sobald der Staat und die Zentralbank in Gestalt von Sparprogrammen beziehungsweise Zinsanhebungen Maßnahmen zur Bekämpfung der Inflation ergreifen, ist es meist höchste Zeit, aus dem Aktienmarkt auszusteigen.

Um keine allzu großen Risiken einzugehen, empfiehlt es sich, den Aktienanteil im Depot variabel zu halten, je nach dem Stand der Signale, die ja nicht immer in dieselbe Richtung zeigen.

Aktien oder Aktienfonds?

Leider halten nur noch rund 2,2 Millionen deutsche Anleger direkt Aktien, also Anteile an deutschen Unternehmen. Weitaus mehr, nämlich 5,2 Millionen, legen ihr Geld nur in Aktienfonds an. Und 1,4 Millionen besitzen beides: Aktien und Fonds. Aufgrund des Trommelfeuers der Werbung für die Fonds ist das ja auch verständlich. Sowohl der Bankberater am Wohnort als auch das Börsenfernsehen als auch zahlreiche Kommentatoren in den Zeitungen empfehlen Aktienfonds. Sie böten doch eine so famose Streuung des Kapitals, wenn das Geld auf sehr viele Aktien verteilt sei. Und so viele hervorragende Spezialisten kümmerten sich dann um die Geldanlage!

Solche Argumente klingen äußerst einleuchtend. Das hektische Auf und Ab an den Aktienmärkten werde den armen Sparern ja nun doch einfach zu viel. Übersehen wird dabei, dass keines dieser Argumente wirklich sticht. Die Kurse der Fonds schwanken ebenso heftig wie eine Anlage in sieben bis zehn Standardaktien. Und die »hervorragenden Spezialisten« schaffen es in 80 Prozent aller Fälle nicht einmal, ein besseres Ergebnis abzuliefern, als es sich mit einem Engagement im DAX – also dem Durchschnitt der deutschen Standardaktien – hätte erreichen lassen.

Die genannte Zahl von 80 Prozent wird übrigens von Kennern der Szene nicht bezweifelt, aber es wird immer wieder behauptet, dann müsse man eben die »guten« Fonds kaufen, die in den letzten fünf oder zehn Jahren die besten Erfolge vorweisen konnten. Doch auch das bringt nichts, denn nachweislich schneiden oft die bisher »besten Fonds« in den Folgejahren umso schlechter ab, vielleicht weil das Management gewechselt hat, vielleicht auch, weil eine bestimmte Anlagestrategie nicht ständig gleichbleibend erfolgreich sein kann.

Hierzu schrieb die *ZEIT* am 30. November 2006 das Nötige, und dem muss ich eigentlich gar nichts mehr hinzufügen. Es heißt dort:

»Mehr als elftausend Fonds sind in Deutschland zum Vertrieb zugelassen. ... Damit sich die Anleger in diesem Dschungel besser zurechtfinden, werden diverse Rankings und Ratings erstellt. Die Krux ist nur, dass diese Instrumente wenig nützen. Und teilweise führen sie sogar in die Irre. ... Wenn ein Fonds die Bestnote erhält, entwickelt er sich gern schon kurz darauf besonders schlecht. Fachleute sprechen da vom kiss of death. Dieser Todeskuss wird darauf zurückgeführt, dass den Fonds nach einer Bestnote große Summen Geld zufließen, die das Management dann nicht schnell genug erfolgreich anlegen kann. Ein weiteres Manko des Fonds-Ratings ist es schließlich, dass die Qualität nur im Verhältnis zu den direkten Mitbewerbern gemessen wird. Dies hat in der Vergangenheit dazu geführt, dass Fonds mit vielen Sternen dekoriert wurden, obwohl sie kräftige Verluste verbucht haben – bloß weil sie die Besten unter Schlechten waren. ... Die bittere Wahrheit lautet: Es ist schlicht unmöglich, im Vorhinein zu wissen, welche Fonds sich besonders gut entwickeln werden.«

Gehen wir doch einmal der Frage auf den Grund, warum Fonds immer wieder empfohlen werden. Diejenigen Berater, die die Anlage in Aktienfonds anpreisen, haben ein ureigenes Interesse daran, von Direktanlagen in Aktien abzuraten oder sich zumindest darüber auszuschweigen. Erstens kassieren sie bei der Fondsgesellschaft Provisionen von durchschnittlich 0,6 Prozent der angelegten Summe, sei es für sich selbst oder für ihre Bank. Das wurde übrigens lange verschwiegen, bis 2006 der Bundesgerichtshof urteilte, dass diese Provisionen – die sogenannten Kickbacks – dem Kunden zustehen und nicht der Bank oder dem Bankberater. Seither bemühen sich einige Banken, die Provision auf legale Weise zu kassieren, indem sie dem Kunden ein Formblatt überreichen, in dem dieser mit seiner Unterschrift sein Einverständnis dafür gibt, dass sie sie einbehält.

Aber selbst wenn die Bankberater keinen finanziellen Vorteil aus der Fondsempfehlung ziehen, gibt es für sie dennoch gute Gründe, einen Fonds, und möglichst den hauseigenen, zu empfehlen: Sie sind dann nämlich nicht angreifbar und können alle Schuld am Misslingen einer Anlage dem Fondsmanagement zuschieben. Über die »Erfolge« der Fondsmanager sprechen sie nicht gern; lieber weisen sie Statistiken vor, aus denen hervorgeht, wie sich der Wert des Fonds beispielsweise seit März 2003 entwickelt hat. (Wohlgemerkt: Damals war das Aktienkursniveau im 20-Jahres-Vergleich einmalig gering!) Dass ein derartiges Verhalten nicht mit Gelächter quittiert wird, liegt nur an der mangelnden Aufklärungsarbeit.

Die unbedarften Kunden glauben ja gern, wie tüchtig das Fondsmanagement gearbeitet hat, und sind bereit, dafür zu zahlen. Zunächst einmal entrichten sie einen Ausgabeaufschlag von nicht selten 5 Prozent der Fondsanteile, sodann zusätzlich eine jährliche Verwaltungsgebühr von 2 Prozent. Aber das reicht der Fondsbranche noch lange nicht. Inzwischen ist man der Meinung, die Anleger für angebliche besondere Erfolge nochmals zur Kasse bitten zu können. Seit einiger Zeit erheben die Fondsgesellschaften bei vielen ihrer Produkte deshalb sogenannte Performance-Gebühren. Beim Marktführer DWS, der Fondsgesellschaft der Deutschen Bank, betrifft das bereits ein Drittel aller Fonds. Damit lassen sich die Gesellschaften ihre Leistungen noch einmal extra bezahlen, sofern ihr Fonds bestimmte Ziele erreicht hat – zum Beispiel dann, wenn der Wert des Vermögens stärker gestiegen ist als ein Vergleichsindex. Dabei hatte der naive Anleger bisher nach all der Werbung geglaubt, das Fondsmanagement sei so gut, dass es *immer* sehr viel besser als der

DAX abschneide, und diese Tatsache sei dann im Ausgabeaufschlag schon enthalten!

Wussten Sie übrigens, dass die ergebnisabhängigen Gebühren auch dann fällig werden, wenn der Fonds Verluste macht? Bedingung dafür ist nur, dass der Verlust ein wenig geringer ausfällt als der Verlust des vergleichbaren Aktienindex. Die DWS ging im Jahr 2001 sogar so weit, bei einem Verlust eines Neuer-Markt-Fonds von rund 80 Prozent noch eine Erfolgsprämie zu verlangen, weil der MEMAX, der Index des Neuen Marktes, noch eine Idee schlechter abgeschnitten hatte.

Doch auch das genügt einigen Fondsgesellschaften nicht mehr. Denn sie erreichen ja meist das Ergebnis des vergleichbaren Index nicht. Was tun, um den Anleger noch mehr zu schröpfen? Man vergleicht die Performance nicht mit der Wertentwicklung des DAX oder eines vergleichbaren Aktienindex, sondern mit dem Geldmarkt! Mit dieser sonderbaren Idee sichern sich die Fondsmanager wenigstens in guten Aktienjahren ohne besondere Leistung bequem ein Erfolgshonorar.

Zwar gibt es unter Börsenkennern auch einsichtige Leute, die diese Gebührenschneiderei verurteilen. Zumindest der Ausgabeaufschlag müsse wegfallen, wenn zugleich erfolgsabhängige Gebühren verlangt würden. Aber die Branche lebt davon, dass der Laie da schon nicht so genau nachrechnen und auch das Kleingedruckte kaum lesen wird, denn der freundliche »Bankbeamte« hat ja alles Notwendige schon erklärt. Außerdem bemerkt es der Anleger ja nicht am eigenen Konto oder Depot, wie viel da abgezogen wird, denn es wird dem Fondsvermögen entnommen, nicht dem Anleger persönlich.

Der Gesetzgeber sollte solche Machenschaften verbieten. Er könnte verlangen, alle Arten von Fondsgebühren direkt dem Anleger zu belasten, so wie es beim Ausgabeaufschlag schon der Fall ist. Dann würde dieser schneller bemerken, was da gespielt wird.

Ob diese Gebührenpraxis anständig ist, danach wird offenbar ohnehin nicht mehr gefragt. Die Finanzinstitute nehmen sich das, was der Markt hergibt, und berufen sich auf das ökonomische Gesetz von Angebot und Nachfrage. Alle Anbieter verführen auf dieselbe Art und Weise, so das Argument im Hintergrund. Die Aufklärungsarbeit, wie ich sie seit einem Jahrzehnt mit meinen Publikationen versuche, scheint ohne Erfolg zu sein. Die Lobby derer, die vom Fondsanteilsverkauf leben, ist offenbar zu stark; andere Stimmen gehen unter. Es bleibt nur zu hoffen, dass die Anleger selbst allmählich mit der Zeit merken, dass da etwas nicht stimmen kann, wenn ihre Vermögenszuwächse Jahr für Jahr hinter den Zuwächsen des DAX oder eines anderen vergleichbaren Aktienindex zurückbleiben. Vielleicht rechnen sie aber auch nie nach.

Um die Anlage in Fonds noch ein wenig schmackhafter zu machen, bieten manche Banken an, ab einer Anlagesumme von 3000 Euro die Hälfte hochverzinslich als Festgeld anzulegen (zum Beispiel zu einem Satz von 7 Prozent) und die andere Hälfte in Fonds mit ermäßigtem Ausgabeaufschlag einzusetzen. Wer auf solche Angebote eingeht, sollte sich genau überlegen, ob der erhöhte Festgeldzins die höheren Spesen bei der Fondsanlage aufwiegt. Vor allem gilt es, darauf zu achten, ob der erhöhte Festgeldzins garantiert ist und dauerhaft auf dem anfänglich vereinbarten Niveau verbleibt. Vermutlich ist das nicht der Fall. Vergessen Sie nie, dass die Banken nichts zu verschenken haben und stets sehr genau ausrechnen, ob sie mit ihren Angeboten unterm Strich genügend verdienen.

Die Mär von den Zielsparfonds

Seit einiger Zeit werben die Banken und ihre Fonds wieder verstärkt mit Fondssparplänen. Damit könne man angeblich gar nicht schiefliegen.

Ein Fondsparplan sieht vor, dass der Sparer monatlich gleichbleibende Beträge einzahlt, ganz gleich, ob sich die Börse im Hoch oder im Tief befindet. Das bedeutet, dass bei niedrigen Kursen mehr und bei hohen Kursen weniger Anteile gekauft werden. So schneide man bei allen Schwankungen auf die Dauer besser ab als der DAX, so die Botschaft. Doch auch dies ist von den zeitlichen Umständen abhängig. Wer von 1999 bis 2008 in zehn Jahren jeden Monat 100 Euro in deutsche Aktienfonds investierte, hätte das Geld gleich unter der Matratze verstauen können und dann vermutlich am Ende sogar mehr gehabt.

Oft werden die Sparer nicht einmal darauf aufmerksam gemacht, dass ihnen bei jeder Einzahlung erneut ein Ausgabeaufschlag abgezogen wird, den die Bank kassiert. Er beträgt 3 bis 5 Prozent. Ich kann einfach nicht verstehen, weshalb viele Banken glauben, auf diese Weise das Vertrauen ihrer Kunden zu gewinnen! Vermutlich setzen sie darauf, dass schlecht informierte Anleger der Meinung sind, damit wenigstens den Stress des Börsengeschäfts loszuwerden.

Eine Variante seit 2006 ist das sogenannte Zielsparen, bei dem in Aktien und Anleihen investiert wird. Es werden monatliche Einzahlungen von mindestens 25 Euro verlangt; die Laufzeit kann vier bis 34 Jahre betragen. Bei jeder Einzahlung wird ebenfalls ein Ausgabeaufschlag fällig. »Die Anbieter hoffen auf ein Milliardengeschäft«, meinte das *Handelsblatt* im Jahr 2006. Das ist schon möglich; immerhin wird ja in Europa im Unterschied zu den USA kräftig gespart. Und es gibt so viele, die froh sind, wenn sie sich »um nichts kümmern« müssen.

Die hinter dem Zielsparen stehende Anlageidee ist schnell zusammengefasst: Zunächst, vor allem bei langer Laufzeit, legt der Fonds hauptsächlich in Aktien an. Bei hinreichend langer Restlaufzeit werden eventuelle Verluste leicht wieder aufgeholt – meint man. Gegen Ende der Laufzeit wird das Vermögen umgeschichtet und zunehmend in Festverzinsliche investiert, damit es nicht ausgerechnet am Schluss noch eine böse Überraschung durch einen Crash gibt.

Doch dieses Konzept hat zwei Schwächen. Erstens werden Verluste nicht immer aufgeholt, auch bei langer Laufzeit nicht. Zwischen 1960 und 1981 sind die Aktienkurse im Durchschnitt weltweit nicht gestiegen! Dasselbe gilt für die Zeit von Ende 1997 bis Ende 2008. Zweitens funktioniert Zielsparen nicht viel anders als das klassische Fondssparen. Die Banken und das Fondsmanagement kassieren ohne besondere Gegenleistung hohe Spesen.

Legen Sie Ihr Geld – und das Ihrer Kinder – lieber eigenverantwortlich an. Die grundlegende Vorgehensweise lässt sich in die drei folgenden Schritte unterteilen:

1. Sparen Sie so viel Geld an, dass Aktienkäufe möglich sind.
2. Kaufen Sie in geeigneten Börsenzeiten, insbesondere nach kräftigen Kursverlusten und einer anschließenden Konsolidierung, preiswerte und relativ starke Aktien. Bereits bei einer Summe von etwa 20000 Euro kann man durchaus schon sieben verschiedene Titel ins Depot nehmen – dann aber sollten es möglichst nur sichere Standardwerte mit guter Dividendenrendite sein.
3. Steigen Sie nach etlichen guten Aktienjahren aus, vor allem dann, wenn Sie Warnsignale sichten, und »parken« Sie den Verkaufserlös.

Auf welche Börsensignale Sie achten sollten, erfahren Sie weiter unten in diesem Buch.

Wenn Sie bereits in Fonds engagiert sind und nicht aussteigen können, weil zum Beispiel eine vertragliche Bindung besteht, dann versuchen Sie, mit der Fondsgesellschaft zu verhandeln. Bei manchen Fonds ist es möglich, zeitweilig spesenfrei auf Geldmarktfonds desselben Anbieters auszuweichen. Die sind zwar auch nicht besonders gut, machen aber in Zukunft auch in schwierigen Zeiten vermutlich keine allzu hohen Kursverluste. Man dürfte ja aus den Ereignissen 2007/2008 gelernt haben.

Ansonsten stoßen Sie Ihre Fondsanteile einfach ab, wenn unsere Signaltechniken vor einer Baisse warnen. Wenn Sie dann wieder neu kaufen, steigen Sie auf Aktien um.

Hedgefonds? Nicht anfassen!

Weltweit gibt es rund 15000 Hedgefonds. Viele Einzelfonds werden in Dachfonds zusammengefasst, das heißt in Fonds, die ihrerseits in Fonds investieren. Im Jahr 2007 vertrauten Millionäre weltweit 11 Prozent ihres Vermögens Hedgefonds, privaten Beteiligungskapitalnehmern und Emittenten von Rohstoffzertifikaten oder dem Management entsprechender Fonds an. Je deutlicher aber die Turbulenzen an den Finanzmärkten erkennbar wurden, desto größer wurde die Zahl derer, die begannen, ihr Kapital in sichere Anlageprodukte zu verlagern, deren Kurse weniger stark schwanken.

Die Hedgefonds waren einst angetreten, um die Märkte zu glätten, Kursunterschiede auszugleichen, von Abweichungen fairer Kurse zu profitieren und dabei auch auf fallende Kurse zu setzen. Banken und selbst unabhängige Publizisten hatten den Anlegern immer wieder empfohlen, »zur Absicherung« teilweise auch Hedgefonds in ihr Depot zu nehmen. Meine Leser taten das zum Glück wohl sehr viel seltener, nachdem ich in meinem Buch *Die gefährlichsten Börsenfallen – und wie man sie umgeht* (2. Auflage, Frankfurt am Main 2007) und in Artikeln immer wieder vor den hohen Provisionen und den unverschämten Gehältern der Hedgefondsmanager gewarnt hatte, die von den Anlegern mitbezahlt werden müssen, zumal die Hedgefonds sowohl in guten Börsenzeiten (2003 bis 2007) als auch in Krisenjahren (2008) überwiegend nur unterdurchschnittliche Ergebnisse vorweisen konnten.

Das Jahr 2008 wurde zum Desaster der Hedgefonds. Auch die der Deutschen Bank zugehörige DWS war mit Hedgefonds im Rennen, und dies nicht sehr erfolgreich. Ihr schlechtester, der DWS Hedge L/S Equity Opportunistic, wies 2007/2008 ein deutliches Minus auf. Die Renditen der DWS-Hedgefonds waren allerdings schon vor der Finanzkrise unbefriedigend, als die Aktien noch kräftig stiegen.

Als man vor einigen Jahren Hedgefonds auch in Europa salonfähig machte, hieß es, Anleger müssten eine Ausweichmöglichkeit haben, wenn Aktien ausgereizt seien. Hedgefonds könnten in jedem Markt Gewinne erzielen, weil sie auch auf fallende Kurse spekulieren könnten. In Deutschland, Österreich und der Schweiz ließ man aus diesem Grund Dach-Hedgefonds zu, die angeblich eine größere Sicherheit boten.

So hieß es zum Beispiel in einer Werbung für einen Fonds, der 2007 in der Schweiz um Kunden warb:

Der Sarasin Torneo Multistrategy Fund (CHF) bietet mit seiner Vielfalt an aktraktiven Anlagestrategien einen idealen Zugang zum Hedge-Fund-Universum für private und institutionelle Anleger. Dieser Fund sichert Ihnen den Zugriff auf gezielt ausgewählte, genau geprüfte Hedge Funds. Das Portfolio des Sarasin Torneo Multistrategy Fund (CHF) ist über die wichtigsten Hedge-Fund-Stile diversifiziert und strebt möglichst unabhängig von der Marktentwicklung stabile, positive Renditen an.

Ähnlich warben mehrere dieser Fonds. Leider aber waren die Ergebnisse in der Vergangenheit erbärmlich. Selbst im noch guten Monat Juni 2007 machte der Sarasin Torneo 3,8 Prozent Verlust. Es bestätigt sich immer wieder, was ich schon vor Jahren über Hedgefonds geschrieben habe: Wer mit ihnen gewinnt, hat einfach das Glück gehabt, gerade einen solchen Fonds zu erwischen, der in der Zwischenzeit das Richtige tat.

Ebenfalls im Juni 2007 waren zwei Hedgefonds der US-Bank Bear Stearns am Ende. Deren Manager hatten, obwohl sie nachweislich seit Februar 2007 um die kritische Situation ihrer Fonds wussten, immer wieder neu Kunden angeworben, ohne sie über die gefährliche Lage der Fonds zu informieren. Das war dann doch zu viel des Guten: Ein Jahr später wurden sie wegen Betrugs verhaftet. Freilich kamen sie sofort gegen Kaution wieder frei.

Vielen Hedgefonds wurden von Managementseite besicherte Anleihen ins Depot gelegt, die mit den faulen US-Hypothekenkrediten gespickt waren. Offenbar wollten ihre Banken sie einfach loswerden. Aber auch Fonds, die angeblich am Aktienmarkt sowohl auf Hausse als auch auf Baisse spekulierten, schnitten katastrophal ab, besonders wenn sich der Markt immer wieder schnell drehte. Die Manager reagierten oft zu spät und lagen dann auf der falschen Seite.

Sichere Gewinner sind in jedem Fall die Manager der Hedgefonds. Sie beziehen im Vergleich mit allen übrigen Fonds die fürstlichsten Millionengehälter. Natürlich werden diese Gehälter dem Fondsvermögen entnommen. Das bedeutet bei den meisten, dass sie ohne Gegenleistung hoch belohnt werden.

Was ist nun mit dem Anspruch der Hedgefonds, bei jeder Börsenentwicklung, egal ob aufwärts oder abwärts, dank des tüchtigen Managements immer zu verdienen? Immerhin müssen die Anleger neben den üblichen Ausgabeaufschlägen und Managementgebühren den Verwaltern auch noch hohe Erfolgsprämien beziehungsweise Gewinnbeteiligungen zugestehen. Kein Wunder, dass sich die Anleger dies nicht mehr bieten lassen. Sie fragen sich mit Recht, wozu es denn überhaupt Hedgefonds geben müsse. Die *Süddeutsche Zeitung* berichtete am 24. 6. 2008:

> Verwaltete der DWS Hedge L/S Equity Market Neutral 2006 noch 303 Millionen Euro, waren es im Mai 2008 gerade noch 6 Millionen Euro. Beim DWS Hedge L/S Currency ist das Volumen von 357 auf 65 Millionen Euro geschmolzen. Die DWS hat diese der Süddeutschen Zeitung vorliegenden Daten bestätigt.

Nicht nur die Hedgefonds der DWS erlitten Schiffbruch. Der schweizerischen UBS und den US-Banken Citigroup, Bear Stearns und Goldman Sachs ging es auch nicht besser.

Im Dezember 2008 wurde bekannt, dass Bernard Madoff, hochangesehener Wertpapierhändler in New York, in Hedgefonds um die 50 Milliarden US-Dollar seiner Kunden in Form eines Schneeballsystems verzockt hatte. Er hatte rund 11 Prozent Rendite versprochen, die er auch zahlte – allerdings mit dem Geld neuer Anleger. Nun wird immer noch geprüft, ob noch mehr Finanzmanager in den Fall verwickelt sind. Immerhin hat Madoff bis vor kurzem mit vielen Banken und deren Hedgefonds in Geschäftsbeziehung gestanden. Liegt hier ein Grund, weshalb im Herbst 2008 immer noch Aktien auf den Weltmärkten weit unter Wert verkauft wurden, nur damit sich offenbar etliche Banken und Hedgefonds finanziell etwas Luft verschaffen konnten?

Fazit: Kaufen Sie niemals Hedgefondsanteile!

Absolute-Return-Fonds: tatsächlich sicher?

Weiter oben in diesem Buch habe ich dargestellt, warum ich gegenüber Fonds äußerst kritisch eingestellt bin. Die Ausgabeaufschläge und jährlichen Gebühren sind, gemessen an den dürftigen Ergebnissen der meisten Fonds, einfach zu hoch. Wer anstelle von Aktienfonds Aktien direkt erwirbt, erzielt unter dem Strich deutlich bessere Ergebnisse. Auch Rentenfonds kann sich sparen, wer Bundesanleihen direkt kauft. Wer sie darüber hinaus noch bei der Finanzagentur des Bundes erwirbt, vermeidet überdies Depotgebühren. Dachfonds hingegen erheben sogar doppelte Gebühren, nämlich einesteils für das Dach und anderenteils für die darunter zusammengefassten Fonds.

Einzige Ausnahme waren vor 2009 Mischfonds, die ihren Aktienanteil auf null stellen können; wer hier vor 2009 investierte, konnte die Abgeltungsteuer auf Kursgewinne vermeiden, ohne bei Gefahr seine Anteile verkaufen zu müssen, weil das Fondsmanagement dann selbst umschichten kann, wenn es Zeit wird.

Kommen wir aber nun zu den vielfach angepriesenen »sicheren Fonds«, den sogenannten Absolute-Return-Fonds. Hierbei handelt es sich um Mischfonds, die stetige Erträge erwirtschaften und möglichst nicht ins Minus geraten sollen. Absolute-Return-Fonds dürfen zur Absicherung auch Optionsgeschäfte abschließen. Von den Hedgefonds unterscheiden sie sich dadurch, dass sie nicht auf fallende Kurse wetten oder Rohstoffspekulationen eingehen dürfen. Sie streben vor allem Kapitalerhalt an.

Aber abgesehen davon, dass auch hier wieder mit Ausgabeaufschlägen kräftig abkassiert wird, stellt sich die Frage, was an diesen Fonds mit dem wohlklingenden englischen Namen so reizvoll sein sollte. Kein Fonds kann kurzfristige Kursrisiken ausschließen. Wer gar nichts riskiert, erwirtschaftet nur eine mäßige Rendite. Wer mehr riskiert, der setzt sich wiederum den Schwankungen des Aktienmarkts aus.

Bereits 2007, in einem guten Börsenjahr also, wurde deutlich, dass diese Fonds keineswegs sicher sind. Der UBS Bond Fund Absolute Return wies sogar ein Minus von über 30 Prozent auf, was bei einem Fonds, der Bonds (also festverzinsliche Wertpapiere) enthält, keinesfalls passieren dürfte. Hat das UBS-Management diesem Fonds etwa einen Teil seiner faulen US-Hypothekenkredite übertragen?

»Im Umfeld der Hypothekenkrise sind diese unabhängig von Qualität und zugrunde liegenden Krediten stark unter Druck geraten«, meinte UBS-Sprecher Dominique Gerster. Dann sei die Marktvolatilität auf historische Höhen gestiegen und habe auch zunächst verschonte Segmente erfasst. »Auch Unternehmensanleihen von Banken und Versicherungen mit hoher Qualität haben in diesem Umfeld Werteinbußen hinnehmen müssen«, so Gerster. So kann man das zwar etwas geschönt formulieren, aber das ist keine Entschuldigung für ein so schlechtes Abschneiden eines Fonds, der Sicherheit versprach.

Andere Fonds dieser Kategorie schnitten etwas besser ab. Der Absolute-Return-Inka der Stadtsparkasse Düsseldorf machte 2007 ein Plus von 6,4 Prozent. Investiert wurde mit einem Fünftel des Fondsvermögens in Aktien der Branchen Öl, Gold, Energie und Agrartechnik. Diese wiesen steigende Kurse auf. Hauptschwerpunkt blieben auch hier festverzinsliche Wertpapiere, allerdings solche mit kurzer (Rest-)Laufzeit. Und das war dann schon einer der besten Absolute-Return-Fonds. Der DAX legte im Jahr 2007 mehr als dreimal so stark zu, nämlich um 22,3 Prozent.

Ich kann Anleger nicht verstehen, die »zur Sicherheit« solche Fonds kaufen. Ich vermute daher, dass nicht die Anleger selbst zu ihrer Bank gingen und sagten: »Ich will unbedingt ABSOLUTE-RETURN-FONDS haben«, sondern dass die Bankberater ihren Kunden solche Fonds als sichere Anlage zum Kauf empfahlen.

Aus meiner Sicht gibt es nur zwei Möglichkeiten: Entweder Sie schätzen die Ertragsaussichten für Aktien oder Zinspapiere positiv ein; dann kaufen Sie die Papiere direkt, denn Sie benötigen dazu keine Fonds. Erwarten Sie hingegen fallende Kurse, dann sind Tagesgeldkonten und Festgelder die bessere Alternative, um Ihr Geld sicher zu »parken«.

Ökofonds? Ökologisch investieren geht auch anders

Ein interessantes Experiment mit einem Fonds hat die Evangelische Landeskirche in Bayern begonnen. Der Fonds nennt sich INIK-Fonds, wobei die Abkürzung INIK für »Initiative für nachhaltiges Investment der Kirche« steht. Der Fonds wird von einer der größten Banken der Welt, der britischen Hong Kong and Shanghai Banking Corporation (HSBC), gemanagt.

Der größte Teil des Portfolios bestand Ende 2008 aus Anleihen (rund 62 Prozent), knapp 10 Prozent bestanden aus Aktien und gut 20 Prozent aus Zertifikaten der HSBC zum Thema Nachhaltigkeit; der Rest waren liquide Mittel. Die Wertpapier-Kennnummer (WKN) lautet A0BK9D, die ISIN LU0182869809. Der Ausgabeaufschlag beträgt 3 Prozent, die jährliche Managementgebühr 1,25 Prozent.

Der Fonds hat sich zur Aufgabe gestellt, nur in Firmen zu investieren, die im Branchenvergleich relativ ökologisch-nachhaltig wirtschaften, die also beispielsweise in den Bereichen Reinigungsverfahren für Wasser, neue Techniken gegen Wassermangel oder Solartechnik tätig sind. Ausgeschlossen sind Firmen, die ihr Geld mit Pornografie oder embryonaler Stammzellenforschung, Tabak oder Waffen verdienen.

Die Schweizer Firma Sustainability Asset Management (SAM) prüft, welche Unternehmen überhaupt infrage kommen. Sie studiert Geschäftsberichte, führt Interviews, wertet Zeitungsberichte aus und erkundet, wie die Unternehmen zu Kinderarbeit oder Massenentlassungen, Streiks oder Steuerbetrug stehen. Ein Punktesystem, das immer wieder angepasst wird, entscheidet schließlich über die Zusammensetzung des Kreises der Kandidaten. Am Ende des Auswahlprozesses steht ein Portfolio aus 50 Wertpapieren, aus dem dann die Manager von HSBC Trinkaus Invest die konkrete Auswahl gemäß der gewählten Anlagestrategie treffen.

Der Ansatz ist zu begrüßen, aber nicht immer unproblematisch. Was sind denn »saubere Investments«? Ist der Großteil der Unternehmen, von denen wir ja auch leben und deren Produkte wir kaufen, unsauber? Ist ein Konzern wie Siemens – immerhin der führende Windkrafthersteller in Deutschland – deshalb ausgeschlossen, weil einige Siemens-Produkte sicherlich auch im Rüstungsbereich verwendet werden?

Und wie rigoros ist man, wenn es um den Ausschluss von Pornografie geht? Gut, Pornofilme und -bilder vermitteln zwar das falsche Bild, als sei jede mit jedem allezeit zum Sex bereit. Aber solche Darstellungen sind oft weit harmloser als die täglichen Gewaltszenen im öffentlich-rechtlichen Fernsehen. Zwar bin ich überzeugt davon, dass Gewaltdarstellungen für unreife Menschen überaus gefährlich sind, aber trotzdem kann ich die Fernsehsender, deren Programme auch Nützliches und Informatives enthalten, nicht gänzlich boykottieren.

Im Übrigen gibt es gar nicht so viele Unternehmen, die vom Pornogeschäft leben. Sollte Beate Uhse gemeint sein (die Aktie wird im SDAX notiert)? Ich würde jederzeit in Beate-Uhse-Aktien investieren und sie auch empfehlen, wenn sie mir anlagetechnisch vielversprechend erscheinen, was allerdings bis jetzt noch nicht der Fall war, seit die Firma an der Börse notiert wird. Beate Uhse hat mehr für die Befreiung der Menschen von einer spießigen und zwanghaften Gesellschaftsordnung getan und zu einem ehrlicheren Miteinander der Geschlechter beigetragen als vielen vorurteilsbehafteten Bürgern bekannt ist. Gewaltbilder und -filme sind dort verpönt.

Grundsätzlich finde ich es in Ordnung, dass sich die Landeskirche ökologisch engagiert hat und selbst bereit war, 80 Millionen Euro in den Fonds zu stecken. Diese Summe soll noch weiter wachsen, denn es sollen auch andere Landeskirchen, Kirchengemeinden, Dekanate und Privatanleger angeregt werden, in nachhaltige Vermögensanlagen zu investieren. Dahinter steht die Erwartung, dass mehr und

Diagramm 15: Der Kurs der Aktie von Beate Uhse, 1999 bis 2008

Seit ihrem Börsenstart 1999 liegt die Aktie von Beate Uhse ununterbrochen im Abwärtstrend.

mehr Unternehmen bemüht sein werden, von den Analysten zu den Nachhaltigsten ihrer Branche gezählt zu werden. Wenn sich kirchliche Einrichtungen auf eine gemeinsame Anlagestrategie zur Förderung nachhaltigen Wirtschaftens einigen würden, dann könnten sie eine spürbare Wirkung erzielen.

Muss es allerdings unbedingt die HSBC sein, die davon profitiert? Außerdem trifft auch solche gut gemeinten Fonds die Kritik, dass der Anleger im Grunde besser fährt, wenn er selbst entscheidet, welche Investition in Unternehmen speziell in seinen Augen ethisch vertretbar ist. Dann kann er sich die Kosten für den Ausgabeaufschlag und die Managementgebühren sparen, auch wenn diese im Fall ethischer oder ökologischer Fonds gemäßigt sind.

Man sollte freilich auch den Einfluss von Aktionären nicht überschätzen. Einem Unternehmen ist es im Grunde egal, wer seine Anteilscheine besitzt. Wenn Sie Aktien kaufen, dann unterstützen Sie ja gar nicht die betreffende Firma, sondern kaufen nur einem anderen Aktionär seine Anteile ab und geben sie auch später wieder – zu einem hoffentlich höheren Kurs – an einen Dritten weiter. Ich kann nur immer wieder betonen, dass Sie mit einem Unternehmen, dessen Aktien Sie besitzen, nicht verheiratet sind und sich deshalb auch mit keinem Unternehmen in allen Punkten identifizieren müssen. Aktionärsdemokratie ist eine Illusion; der Besuch von Hauptversammlungen lohnt sich nur, wenn Sie Interesse an solchen Veranstaltungen und Zeit übrig haben. Sie dürfen sich zwar zu Wort melden, können Anträge stellen, haben aber keine Chance, etwas durchzusetzen. Das Management hat sich in aller Regel vor der Versammlung längst mit Banken oder Großaktionären über alle strittigen Punkte verständigt und zieht seine Entscheidungen dann auch durch.

Viel wirkungsvoller sind gezielte Verbraucherboykotte von Unternehmen, die die Umwelt verschmutzen, schlechte Arbeitsbedingungen bieten oder Lebendtiere in engen Kästen gefangen halten und womöglich auch noch tagelang herumkarren. Ein Boykott seiner Produkte trifft einen Konzern sehr viel härter als ein Boykott seiner Aktien.

Ich möchte diesen Abschnitt mit einigen Internet-Tipps zum Thema »Nachhaltige Geldanlage« beschließen:

- *www.nachhaltiges-investment.org* Die Seite des Instituts für Ökologie und Unternehmensführung an der European Business School ist eine gute Adresse für Anleger, die sich über Firmen, Fonds und Indizes informieren wollen.
- *www.oeko-invest.de* Diese Website beherbergt ein Onlinemagazin für professionelle Anleger.
- *www.gruenesgeld.at* Die Seite der Österreichischen Gesellschaft für Umwelt und Technik bietet viele leicht verständliche Informationen.

Exchange-traded Funds

Ein Exchange-traded Fund (ETF) ist eine Geldanlageform, die an der Börse gehandelt wird und einen Aktienindex oder Rohstoffindex nachbildet.

Es handelt sich hierbei nicht um einen Fonds im klassischen Sinne, sondern um eine Art Indexzertifikat. Ein Indexzertifikat ist ein von einer Bank herausgegebenes, an der Börse notiertes Wertpapier, dessen Wert sich nach dem Index richtet, auf den es bezogen ist. Der Unterschied und zugleich der Vorteil gegenüber den traditionellen Indexzertifikaten besteht aber darin, dass ein ETF ein Sondervermögen ist. Deshalb geht das Vermögen des ETF, falls der Anbieter zahlungsunfähig wird, nicht in die Konkursmasse ein, sondern bleibt dem Käufer erhalten.

ETFs werden wie Zertifikate an der Börse gehandelt. Der Gesamtmarkt wird auf rund 400 Milliarden Euro geschätzt. Marktführer ist iShares, eine der britischen Barclays Bank angehörende Firma.

Sowohl beim Kauf als auch beim Verkauf von Anteilen an einem ETF zahlen Sie keine Aufschläge, sondern nur die üblichen Spesen wie für Aktien. An der Deutschen Börse findet ein reger Handel statt, vor allem über das Handelssystem Xetra. Das bedeutet, dass auch die Maklergebühr entfällt.

Mithilfe von ETFs können Sie den DAX oder andere Aktienindizes bequem handeln, aber auch Rohstoffe und Anleihen. Es wäre schön gewesen, wenn der Gesetzgeber in Deutschland die Möglichkeit offen gelassen hätte, ETFs auch in staatlich geförderte Sparpläne einzubeziehen; dabei hätten die Banken nicht so viel abkassieren können, wie ihnen das bei ihren Aktienfonds erlaubt ist. Doch leider wird die Vermögensbildung anhand von Aktien-ETF-Sparplänen in Deutschland nicht vom Staat gefördert.

Der Nachteil von ETFs besteht freilich darin, dass Sie nicht auf einzelne Aktien, sondern nur auf einen Index setzen können. Die Befürworter von ETFs sehen das aber nicht als Nachteil an. Sie sind wie die Anhänger der Theorie der effizienten Märkte der Meinung, mit einer Auswahl von Aktien lasse sich ein Aktienindex nur zufällig übertreffen, da alle für den Wert der Aktie relevanten Informationen bereits in ihrem Kurs enthalten seien. Dass ich mich dieser Meinung nicht anschließen kann, habe ich bereits dargelegt. Ich ziehe es vor, zwischen den einzelnen Aktien auswählen zu können, um mir die Möglichkeit offenzuhalten, besser abzuschneiden als der Index. Mithilfe der Indikatoren Relative Stärke, Kurs-Umsatz-Verhältnis (KUV) und Kurs-Buchwert-Verhältnis (KBV) ist dies möglich.

Ich gebe aber gern zu, dass es für einen Anleger, der beispielsweise seine ersten 3000 Euro gespart hat, um sie in Aktien anzulegen, vermutlich sinnvoller ist, ETF-Anteile auf den DAX zu kaufen, als diesen Betrag nur in eine einzige Aktie zu stecken. Mit 3000 Euro können Sie bei den meisten Banken nicht vier verschiedene Aktien kaufen: In der Regel wären die Bankspesen zu hoch. Und können Sie nur alle ein bis zwei Jahre rund 3000 Euro für die Aktienanlage erübrigen, so sollten Sie tatsächlich erwägen, mithilfe eines ETFs auf einen Index zu setzen.

Emerging Markets

Als die Börsenkurse noch nach oben strebten, also in den Jahren 2006 und 2007, wurde es für viele Anleger Mode, nicht vorwiegend in europäische Unternehmen zu investieren, sondern in die sogenannten Emerging Markets, also in »aufstrebende Märkte« oder »Schwellenländer« wie Brasilien, Russland, Indien und China. Gerade für diese sogenannten BRIC-Länder (das Kunstwort »BRIC« wurde aus den Anfangsbuchstaben der Namen der vier Länder zusammengesetzt) wurden in den Jahren 2005 bis 2008 zahlreiche Fonds und Zertifikate aufgelegt, die von Banken angeboten wurden.

Zu derartigen Modeströmungen kommt es immer wieder, wenn die Aktien in Europa und den USA gut gelaufen sind. Börsenneulinge vermuten dann stets, hohe Kursgewinne wie im Mitteleuropa der 1950er Jahre, das heißt in der Zeit der Wiederaufbauphase nach dem Krieg, würden sich andernorts wiederholen.

Und eine Weile lang sah es so aus, als würde sich auch die Finanzmarktkrise auf die Emerging Markets nicht sonderlich auswirken. Denn die Banken der Schwellenländer hatten kaum Geld in US-Hypothekenpapiere investiert. Die Rohstoffländer Lateinamerikas und Russland machten weiter gute Gewinne, solange die Preise bei Öl, Gas und Erzen bis Mitte 2008 immer weiter nach oben kletterten. China weise noch immer zweistellige Wachstumsraten auf und werde im Export bald alle Länder Europas und dann auch Japan überholen, so hieß es. Immer neue Fonds wurden gegründet, in die die Anleger, die das alles glaubten, begeistert investierten.

Im Oktober 2008 war es mit der Euphorie vorbei. Die Kurse fielen um rund 70 Prozent; die Anleger gerieten in Panik.

Plötzlich erinnerte man sich auch an die Asienkrise 1997/98 und das Währungsrisiko, das damals nicht bedacht worden war. Das betraf nicht nur die Aktien, sondern auch die Anleihen in Fremdwährung. Man fragte sich, ob die Türkei, Argentinien, Brasilien und die osteuropäischen Länder, beispielsweise Ungarn und Polen, ihre Dollar- und Euro-Schulden würden zurückzahlen können. Plötzlich

Diagramm 16: Die Entwicklung des Shanghai-Composite-Index im Jahr 2008

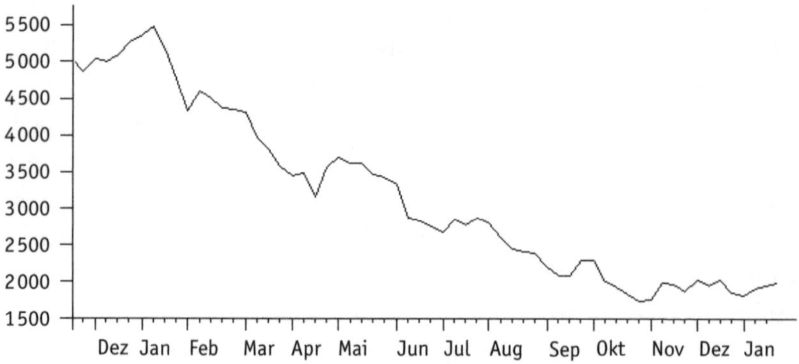

Trotz des hohen Wirtschaftswachstums in China büßte der dortige Aktienindex im Jahr 2008 rund 70 Prozent seines anfänglichen Wertes ein.

war sogar der US-Dollar wieder gefragt, trotz der US-Hypothekenkrise, nachdem er vorher jahrelang gegenüber dem Euro gefallen war.

Die Fondsspezialisten für Schwellenländer waren schockiert. So hatte man sich das nicht vorgestellt. Plötzlich schien die Welt nur noch aus zahlungsunfähigen Schuldnern zu bestehen, aus deren Währungen und Unternehmen man schnellstens würde aussteigen müssen, auch wenn sie Handelsbilanzüberschüsse und hohe Devisenreserven aufweisen mochten.

Doch wie immer an der Börse, so wurde auch jetzt wieder übertrieben. Haben die Pessimisten erst einmal die Meinungsführerschaft in den Medien, dann gilt jeder als unseriös, der erklärt, das Blatt werde sich bald wieder wenden. Sind die Anleger erst einmal der Meinung, sie werden von allen Seiten nur noch belogen und betrogen, so stufen sie nur noch diejenigen Presse- und Fernsehkommentare als »ehrlich« ein, die die schlimmsten Prognosen abgeben.

Und so konnte man sehr bald überall nachlesen, dass die Asienkrise des Jahres 1998 angesichts der bestehenden Probleme noch relativ harmlos gewesen sei. Ob superreiche Russen oder Banken in Südamerika oder Firmen in Osteuropa und Ostasien: Allen würde

Diagramm 17: Der Kurs des Euro in ungarischen Forint im Jahr 2008

Hatte die ungarische Währung bis Juli im Vergleich mit dem Euro sogar zulegen können, so ergriff im Oktober Panik die Händler: Der Euro stieg kräftig an!

es schwerfallen, ihre Kredite zu bedienen. Die Ukraine und Ungarn mussten bereits beim Internationalen Währungsfonds anklopfen und ihn um Hilfe bitten, ähnlich wie Korea und Thailand 1997.

Nun gut, es gab auch Anleger, die sich nicht einschüchtern ließen, sondern bei den niedrigen Kursen wieder zugriffen. Nur eines sollte man aus den Ereignissen des Jahres 2008 gelernt haben: Investieren in Emerging Markets ist keine »sichere Anlage«, sondern wesentlich riskanter als der Kauf von Standardaktien in den Euro-Ländern. Wenn bei uns eine Wirtschaftskrise ausbricht, dann werden auch die Schwellenländer in Mitleidenschaft gezogen, denn früher oder später sinkt die Nachfrage nach deren Exportwaren.

Die Risiken von Zertifikaten

Im Jahr 2007 wurden allein an der Euwax-Börse in Stuttgart etwa 80000 Zertifikate gehandelt. Allein die Commerzbank, der größte Emittent von Zertifikaten in Deutschland, hatte mehr als 25000 Titel im Angebot. Ab Oktober 2008 ging jedoch das Interesse an Zertifikaten massiv zurück. Nach dem Konkurs der Bank Lehman Brothers wurden sich die Anleger plötzlich des Risikos der Zertifikate bewusst.

Aber um welche Art von Papieren handelt es sich überhaupt? Mithilfe von Zertifikaten können zum Beispiel Aktienindizes oder ein ganzer Korb von Aktienindizes gekauft oder Wetten auf die Zukunft abgeschlossen werden. Diese Spielart wird als *Indexzertifikat* bezeichnet. Im Unterschied zu ETFs, bei denen es sich ja auch um Indexpapiere handelt, wird oft eine »Hebelwirkung« mit angeboten, und der Anleger kann entweder auf einen steigenden oder auf einen fallenden Index setzen. Hebelwirkung bedeutet, dass das Zertifikat um das Doppelte oder Vielfache des zugrunde liegenden Index steigt. Man nennt ein solches Zertifikat Sprint- oder Turbo-Zertifikat. Werden Zertifikate, die auf einen fallenden Index setzen, zur Kursabsicherung eines Depots eingesetzt, können sie sogar ganz nützlich sein. Wir werden uns damit bei der Besprechung von Absicherungsmöglichkeiten weiter unten in diesem Buch noch beschäftigen.

Interessant sind auch *Diskont-* oder *Discountzertifikate*. Sie ermöglichen es, in einen Aktienindex oder eine Aktie zu einem Preis zu investieren, der unter dem Kurs liegt, zu dem der Index oder die Aktie momentan an der Börse notiert wird. Ihr Nachteil besteht darin, dass man an Kursgewinnen nur bis zu einer gewissen Obergrenze teilhaben kann: Discountzertifikate sind mit einem sogenannten Cap, einer Gewinnobergrenze, versehen. Sie sehen also vor, dass der Anleger dann, wenn der Kurs der Aktie über den Cap hinaus ansteigt, nur die Rendite bis zu dieser Grenze ausbezahlt bekommt. Weitere Kursgewinne gehen zugunsten der ausgebenden Bank. Und auch auf etwaige Dividendenauszahlungen muss der Anleger verzichten.

Discountzertifikate waren auch nach Oktober 2008 noch sehr gefragt, weil sie die Risiken normaler Aktienkäufe etwas abfedern. Aber der bessere Schutz und der Discount-Vorteil gehen immer auf Kosten der Rendite.

Seltsamerweise sind die sogenannten *Garantiezertifikate* besonders beliebt. Sie bieten vollen Kapitalschutz an. Nach fünf oder sieben Jahren erhält der Investor zumindest seinen Kapitaleinsatz zurück, selbst wenn die Kurse in dieser Zeit kräftig gefallen sind. Fürwahr ein tolles Angebot – man bekommt nach Jahren sein Geld zinslos zurück! Hätte man es sieben Jahre lang zu einem Festzinssatz von 5 Prozent angelegt, wären aus 10 000 Euro immerhin rund 14 000 Euro geworden. Und nun soll man dankbar sein, sein Geld wenigstens zurückzuerhalten? Und die Garantie geht ja auch auf Kosten der Rendite. Glauben Sie ja nicht, dass Sie mit solchen Zertifikaten dann »am Aktienmarkt dabei« sind! Viel mehr als 5 Prozent Rendite werden es auch im besten Falle nicht sein.

Interessanterweise werden Garantiezertifikate immer dann angeboten, wenn sie der Anleger gar nicht braucht, nämlich nach heftigen Kursstürzen um 30 bis 50 Prozent. Sind die Kurse hoch, dann werden bevorzugt *Hebelzertifikate* angeboten, um weitere Kursgewinne zu vervielfachen. Dass der »Hebel« dann auch zu überdurchschnittlichen Verlusten führt, wird in einer Euphoriephase, in der mit weiter steigenden Kursen gerechnet wird, gern verschwiegen. Wenn schon Zertifikate zur Absicherung, dann eher Discountzertifikate als solche Garantiezertifikate!

Bei *Bonuszertifikaten* gibt es viele Varianten. Sie ähneln oft den Discountzertifikaten; manchmal wird eine feste Ausschüttung angeboten, sofern eine Kursuntergrenze nicht erreicht oder unterschritten wird. Oder es wird eine Kursabsicherung eingebaut; im Falle eines Crashs würde der Anleger dann noch einen Mindestbetrag erhalten. Das ist freilich nicht gratis, sondern geht auf Kosten der Rendite. Oder das Risiko wird stattdessen dadurch erhöht, dass man nach einem Kursverfall durch ein eingebautes Stopp sofort hinausgeworfen wird und auf dem Kursverlust sitzenbleibt. Dafür wäre man dann nach oben unbegrenzt dabei. Die Möglichkeiten der Gestaltung gerade bei Bonuszertifikaten sind sehr verschieden. Es empfiehlt sich, den Emissionsprospekt der ausgebenden Bank genau zu lesen. Dividenden gibt es auch hier in der Regel nicht.

Erwähnenswert sind auch die sogenannten Aktienanleihen. Sie bekommen über eine kurze Laufzeit von beispielsweise einem Jahr hohe Zinsen von 10 Prozent und mehr, wenn Sie das Risiko eingehen, bei Fälligkeit nicht Ihr Geld zurückzuerhalten, sondern stattdessen mit Aktien bedient zu werden – was dann der Fall sein wird, wenn der Kurs der Aktie unter eine bestimmte Grenze gesunken ist. Das ist hochgradig riskant! Im Grunde treten Sie hier als Versicherer für eine Bank auf, die die Aktien in ihrem Eigenbestand billig gegen Kursverluste versichern will. Bedenken Sie immer, dass Sie von den angebotenen hohen Zinsen ja gar nicht so viel haben, denn diese müssen Sie mit 25 Prozent versteuern.

Im Grunde sind Zertifikate nichts anderes als Schuldverschreibungen einer Bank. Der Käufer muss sich also darauf verlassen können, dass diese Bank nicht in Konkurs geht. Zertifikate sind also so gesehen nie sicher, selbst dann nicht, wenn sie sich »Garantiezertifikat« nennen. Nach dem Zusammenbruch der US-Bank Lehman Brothers im September 2008 rieten zwar Verbraucherzentralen Bürgern, die auf Anraten ihrer Bank nunmehr wertlose Lehman-Zertifikate erworben hatten, die Bank wegen Falschberatung auf Schadensersatz zu verklagen. Aber bisherige Gerichtsurteile sehen hier für den Anleger nicht gut aus. Der Anlageberater habe nicht wissen können, urteilte ein Richter, dass eine der größten und renommiertesten US-Banken in Konkurs gehen würde. Schadensersatzklagen sind daher nur sinnvoll, wenn das Zertifikat erst relativ kurz vor der Pleite von Lehman gekauft wurde, also frühestens im Frühjahr 2008.

Manches, was sich Zertifikat nennt, ist gar keines. Die findige Fondstochter der Deutschen Bank, die DWS, hatte im Jahr 2007 die Idee, in Vietnam, Ägypten, Argentinien, Rumänien und weiteren 16 Ländern, die angeblich im Kommen seien, zu investieren. Das Papier, das sie interessierten Käufern anbot, nannte sich DWS Go Emerging Markets 3rd Wave und war im Grunde ein Fonds, kein Indexzertifikat. Zwischen Kauf- und Verkaufskurs lag eine Spanne von 3 Prozent, und 2 Prozent wurden jährlich an Gebühren einbehalten. Im Jahr 2008, als weltweit Aktienpanik herrschte, verloren solche Papiere ganz besonders stark an Wert, weil Anleger in unsicheren Zeiten eher noch auf bekannte Märkte setzen, als Risiken einzugehen, die sie nicht überschauen können. Auch die Währungen dieser Länder verloren erheblich an Wert.

Warum aber lassen sich Anleger überhaupt zum Kauf von Zertifikaten überreden? Vermutlich bedenken sie sehr oft nicht, dass die Banken die Zertifikate keineswegs mit der Absicht herausgeben, Wohltaten zu verteilen. Doch selbstredend haben die Banken nichts zu verschenken; vielmehr wollen sie an den Käufern verdienen. Dem Durchschnittsbürger dürfte das nötige Hintergrundwissen fehlen, und er dürfte sich scheuen, bei seiner Bank nachzufragen. Die Berater in den Großbanken stehen ihrerseits unter Verkaufsdruck. Die Vorgesetzten verlangen von ihnen, den Kunden immer neue Produkte schmackhaft zu machen. Objektive Beratung ist nicht mehr so wichtig, denn es sollen die hauseigenen Zertifikate verkauft werden – ob sie gut sind oder nicht. Aus rechtlichen Gründen muss der Bankberater allerdings den Kunden über die Kosten aufklären. Und das wird dann schwierig. Der Kunde soll die Kosten ja nicht als »hoch« empfinden, und noch weniger soll er merken, dass ihm auch schon in den vergangenen Jahren etwas verkauft wurde, woran in erster Linie die Bank gewinnt. Eigentlich müsste dem Kunden oft empfohlen werden, gar nichts zu tun. Aber das scheitert an den Vorgaben, die »von oben« kommen. »Bankberater sind Opfer der Geschäftspolitik: Viele steigen aus, manche brechen zusammen«, meinte die *Süddeutsche Zeitung* im Februar 2008.

Nichtprofessionelle Anleger können kaum noch beurteilen, welche Zertifikate unter welchen Umständen für ihre Zwecke brauchbar sein könnten; eigentlich müssten sie sich diesbezüglich voll auf die Beratung der Bank verlassen können. Aber die Bank verfolgt ihre eigenen Interessen und erhält möglicherweise Prämien für den Verkauf bestimmter Zertifikate. Auch sind die Namen ein Verwirrspiel. Man kann ein Zertifikat nicht als »Garantiezertifikat« bezeichnen, wenn der Kapitalerhalt nur unter bestimmten Bedingungen garantiert wird. Manche Anbieter sprechen dann auch etwas verschwommen von »Airbag-Zertifikaten«.

Offenbar haben die Banken den Vertriebsdruck auf ihre Mitarbeiter in letzter Zeit erhöht. »Es gibt klare Absatzziele pro Filiale je Berater, da werden die Kundenlisten abtelefoniert und je nach Börsenlage ständig neue Hausprodukte verkauft, was der Bank weitere Provisionen einbringt. Als bester Berater gilt intern derjenige, der am meisten umsetzt«, berichtete ein ehemaliger Kundenberater einer deutschen Großbank im Februar 2008 der *Süddeutschen Zeitung.* »Aus dem Bankberater wurde ein Verkäufer. Das Fachwissen wurde durch das Vertriebswissen ersetzt«, so klagte er und sagte, er wolle das Spiel nicht mehr mitmachen.

Hatten die Banken in den 1980er und -90er Jahren ihren Kunden vor allem noch Fonds verkauft, wurde ab dem Jahr 2000 auch das Geschäft mit Zertifikaten immer mehr favorisiert. Den Kunden wurde erklärt, mit Zertifikaten könnten sich Anleger einfach vor

Kursverlusten schützen und bessere Renditen als mit Aktien erzielen. Ich habe diese Behauptung bereits vor Jahren in meinem Buch *Die gefährlichsten Börsenfallen – und wie man sie umgeht* (1. Auflage, Frankfurt am Main 2001) infrage gestellt. Auch hat eine Studie des Münchner Instituts für Vermögensaufbau (IVA) und der Deutschen Schutzvereinigung für Wertpapierbesitz (DSW) um 2007 nachgewiesen, dass Zertifikate im Durchschnitt keine größere Sicherheit vor Verlusten bieten als Aktien. Das kann auch gar nicht anders sein. Denn bei Zertifikaten verdient immer die ausgebende Bank noch zusätzlich mit. Dass häufig die Dividenden einbehalten werden, habe ich schon erwähnt.

Besonders unverschämt sind neue Zertifikate, die nach der Pleite der Bank Lehman Brothers auch das Risiko berücksichtigen wollen, dass die ausgebende Bank in Konkurs geht. Sie werden *Safe-Zertifikate* genannt. Auch hier war die DWS wieder besonders findig. Von dem Erlös der verkauften Zertifikate werden sichere Staatsanleihen gekauft und als Pfand in einem abgetrennten Depot bei einer Bank in Luxemburg hinterlegt. Die Höhe des Pfandes richtet sich danach, wie viele Zertifikate ausgegeben wurden. Falls der Herausgeber des Zertifikats dann in Konkurs geht, werden diese Sicherheiten von der Insolvenzmasse ausgesondert und stehen dem Besitzer des Zertifikats zu.

Auf diese Weise sind Safe-Zertifikate so sicher wie Bundesanleihen. Aber das lässt sich die DWS teuer bezahlen. Die drei ersten Titel, die seit Oktober 2008 herauskamen, waren ein Partizipationszertifikat auf Gold, ein Discounter auf den EuroSTOXX 50 und ein Garantiezertifikat auf die Börsen der BRIC-Staaten (Brasilien, Russland, Indien, China). Für das Goldzertifikat zum Beispiel wurden erhebliche Gebühren berechnet, nämlich eine sogenannte Strukturierungsgebühr von 0,6 Prozent, und – und das ist der eigentliche Stein des Anstoßes – eine »Quantogebühr« von jährlich 6 Prozent. Eine Quantogebühr ist der Preis für Absicherungen gegen Währungsschwankungen. Das Garantiezertifikat auf den BRIC-Index sieht bei vierjähriger Laufzeit einen Kapitalschutz am Ende der Laufzeit von

90 Prozent vor. Das kostet dann Gebühren von 2 Prozent pro Jahr. Der Discounter auf den EuroSTOXX 50 ist mit einem Risikopuffer von 25 Prozent bei einer Laufzeit von einem Jahr und einer Maximalrendite von 8 Prozent ausgestattet. Auch hier fallen »Beratungsgebühren« von 0,75 Prozent an. Das war ein wesentlich schlechteres Angebot als vergleichbare Discountzertifikate anderer Banken, wie das Anlegermagazin *Der Aktionär* in seiner Ausgabe 45/2008 feststellte.

Freilich ist es möglich, mithilfe von Zertifikaten Risiken zu begrenzen oder mit anderen Zertifikatstypen fallweise auch das Doppelte oder Dreifache zu verdienen. Aber dazu müssten Sie wissen, wie die Börse in den jeweils nächsten Monaten einzuschätzen ist.

So kann ein Bonuszertifikat kurzfristig vielleicht Verluste nicht vermeiden, aber trotzdem in einer Börsenzeit, in der wenig Bewegung herrscht, Erfolg bringen. Oft kommt es darauf an, dass ein Mindestkurs des Aktienindex, die sogenannte Barriere, nicht während der Laufzeit unterschritten wird. Dann ist ein Bonusbetrag fällig. Aber selbst Profis wissen nicht genau, was die Zukunft bringt. Auch sie brauchen Glück, um die richtigen Entscheidungen treffen zu können. Am besten machen Sie sich eines klar: Wenn Zertifikate hohe Renditen einbrächten, dann würden die Banken sie Ihnen nicht anbieten, sondern selbst kräftig in diese Märkte einsteigen. Die Banken verkaufen Ihnen Zertifikate, weil sie gern an Ihrer Geldanlage verdienen möchten.

Wenn Zertifikate wirklich nützlich sein sollten, müsste man in der Lage sein, die Entwicklung von Aktienkursen, Rohstoffpreisen, Zinsen und weitere Faktoren mittelfristig vorherzusagen. Nur dann könnte man im richtigen Moment das richtige Zertifikat wählen. Selbst Profis können das nicht. Ein Zertifikat, das alle Eventualitäten abdeckt, gibt es nicht.

Im Grunde sind Bonus- und Discountzertifikate nur Wetten auf eine »Seitwärtsbewegung des Markts«, und das Risiko kann im Vergleich mit der Aktienanlage sogar steigen. In Krisenphasen verlieren

Bonuszertifikate stärker, während Aktien wenigstens noch eine Dividende bieten.

Die Deutsche Schutzvereinigung für Wertpapierbesitz hat die Branche zu Reformen aufgefordert. So solle der Handel zu fairen Preisen in den Emissionsbedingungen festgeschrieben werden, damit Anleger Schadensersatz einklagen könnten, sagt DSW-Geschäftsführer Carsten Heise. Er fordert klare und allgemeingültige Namen, auch bei Garantiezertifikaten.

Inzwischen sind die Zertifikatserfinder bei den Banken auch einsichtiger geworden. Manch komplizierte Konstruktion entzog sich selbst dem Verständnis der Topmanager der Institute. Von nun an sollen die Produkte einfach, durchsichtig und wirksam sein, verspricht man. Warten wir es ab!

Wie breit sollte ein Aktiendepot angelegt sein?

Wenn Sie nun also direkt in Aktien anlegen und ETFs, Fonds oder Zertifikate außer Acht lassen, dann stellt sich die Frage, wie viele verschiedene Aktien Ihr Depot umfassen sollte. Manche Ratgeber behaupten, mehr als ein Dutzend Werte seien nicht sinnvoll, da andernfalls die Übersicht verlorenginge.

Ich halte diesen Rat für falsch. Wer ein Aktiendepot im Wert von rund 60000 Euro besitzt, kann das Vermögen ohne weiteres auf rund 20 Werte verteilen, es sei denn, seine Bank teilt ihm beispielsweise mit, dass die Bankprovision höher wird, wenn er nicht mindestens für 5000 Euro pro Position ordert.

Ich bin deshalb für größtmögliche Streuung, weil das auch mehr Gelassenheit bringt. Haben Sie zu viel Geld in einen einzelnen Titel investiert, so ist die Gefahr, eigensinnig zu werden, und die Versuchung, Verluste aussitzen zu wollen, viel größer. Bei einem breit angelegten Depot fällt es leichter, sich von einer Aktie auch wieder zu trennen, wenn man nicht zu viel in sie investiert hat. Auch muss man ein solches Depot nicht ständig so genau im Auge behalten wie eines, das nur aus drei oder vier Titeln besteht.

Wie hoch sollte der Aktienanteil sein?

Sowohl in meiner Sprechstunde als auch in den E-Mails, die ich erhalte, taucht immer wieder die Frage auf, wie hoch der Aktienanteil im Depot sein sollte. Ich möchte nicht missverstanden werden, wenn ich manchmal betone, dass man »voll« in Aktien investiert sein sollte. »Voll« heißt nicht automatisch, dass das Portfolio zu 100 Prozent aus Aktien bestehen sollte; gemeint ist vielmehr, dass es prozentual gesehen so viele Aktien umfassen sollte, wie man gewöhnlich in Erwartung steigender Kurse höchstens zu halten gewillt ist.

Für einen Rentner kann dies zum Beispiel bedeuten, dass er einen Aktienanteil von 30 Prozent als Höchstanteil ansieht. Es darf aber auch mehr sein. Ein Rentner schrieb mir: »Ich bin 77 Jahre alt und halte einen Aktienanteil von ca. 80 %. Hiervon sind allerdings ca. 30 % Diskont-Zertifikate mit einem entsprechenden Puffer. Diesen Anteil halte ich gewissermaßen als Ersatz für Rentenpapiere, welche in manchen Jahren zu wenig bringen. Meine Fragen: Halten Sie diese Taktik für richtig? Bald bekomme ich eine Lebensversicherung in Höhe von 150000 Euro ausgezahlt, die ich nicht verrenten lassen will. Ich möchte diesen Betrag separat anlegen und dem Börsengeschehen nicht so stark aussetzen, aber trotzdem ein Rendite erzielen, welche einer Verrentung entspräche. Können Sie mir eine Empfehlung geben?«

Es gibt eine Faustformel, die auch Banken gerne anwenden. Ihr zufolge sollte der Aktienanteil im Depot 100 minus Lebensalter betragen. Also müsste man dem 77-Jährigen antworten, sein Aktienanteil solle 23 Prozent betragen? Ich halte diese Vorgehensweise für zu pauschal. Die wichtige Frage, ob die Kurse gerade »oben« oder »unten« sind, wird hierbei ausgeklammert. Darüber hinaus spielen die persönlichen Verhältnisse und die Risikobereitschaft ebenfalls eine wichtige Rolle.

Ein Aktienanteil von 80 Prozent ist für einen 77-Jährigen mutig, aber mitunter vertretbar, wenn die Signale mehrheitlich positiv und die Aktienkurse niedrig sind. Die nächsten 150 000 Euro würde ich aber im Fall eines 77-jährigen Rentners höchstens zu 40 Prozent in Aktien und im Übrigen in fünfjährigen Bundesanleihen anlegen. Sollte sich am Aktienmarkt infolge eines Crashs dann wieder einmal eine sehr günstige Kaufgelegenheit ergeben, so können die Bundesobligationen teilweise wieder gegen Aktien ausgetauscht werden.

Für die Antwort auf die Frage, ob der Aktienanteil im Depot zu hoch ist, gibt es eine bessere, dennoch aber einfache Faustregel: Solange Sie gut schlafen können und sich nicht während der Woche ständig genötigt sehen, im Fernsehen das Börsengeschehen zu verfolgen, ist Ihr Aktienanteil nicht zu hoch.

Paul B. Farrells Anpassungsstrategie

In einem 400 Seiten umfassenden Buch mit dem Titel *Bequem reich werden* (Kulmbach 2005) empfiehlt Paul B. Farrell einen 50:50-Anteil im Depot: 50 Prozent Aktien (oder ein Aktienindexzertifikat) und 50 Prozent Anleihen. Dieses Verhältnis solle immer zu Beginn des Jahres gelten. Schneide dann der Aktienmarkt besser ab als die Anleihen (wie es 2007 der Fall war), solle zu Beginn des nächsten Jahres ein Teil der Aktien verkauft und das Vermögen entsprechend in Anleihen umgeschichtet werden, sodass das Wertverhältnis zwischen Aktien und Anleihen wieder auf 50:50 zurückfalle. Sei hingegen der Wert der Anleihen stärker gewachsen als der der Aktien (was zuletzt 2008 der Fall war), so solle umgekehrt ein Teil der Festverzinslichen verkauft und der Erlös zum Erwerb zusätzlicher Aktien eingesetzt werden, im Sinne des empfohlenen Verhältnisses von 50:50.

Was Farrell mit dieser Anpassungsstrategie erreichen will? Erstens sagt er, dass die Zukunft ungewiss sei. Es sei unmöglich vorherzusagen, ob im kommenden Jahr Aktien oder Anleihen die erfolgreichere Anlageform sein würden. Es sei aber anzunehmen, dass nach guten Aktienjahren auch wieder schlechtere folgen und umgekehrt. Die 50:50-Strategie sorge dafür, dass nach guten Aktienjahren dort Gewinne zum Teil mitgenommen und nach schlechten Jahren der Aktienanteil aufgestockt werde. Das sei klar und schone zugleich die eigenen Nerven; damit könne man »bequem reich werden«.

Ich habe ausgerechnet, dass man mit der »Anpassungsstrategie« von Ende 1969 bis Ende 2008 aus 100 Euro lediglich 930,20 Euro gemacht hätte, was einer jährlichen Durchschnittsrendite von 5,9 Prozent entspricht. Steuern auf Zinsen und Dividenden sowie die Bankprovisionen bei Käufen und Verkäufen sind dabei noch gar nicht berücksichtigt und müssten noch abgezogen werden. Auch ist zu bedenken, dass die jährlichen Inflationsraten in den 1970er und -80er Jahren in Deutschland teilweise über 6 Prozent lagen. Kurz: Solche Renditen wie diese hätte auch der Daueranleger im SMI, DAX oder EuroSTOXX 50 erzielen können, und die Kursgewinne wären steuerfrei gewesen.

8

Wie weit sind Prognosen an der Börse überhaupt möglich?

Ob Börsenprognosen durch Experten möglich sind und in welcher Weise, scheint nur eine rhetorische Frage zu sein. Als Anleger sind wir es doch gewohnt, auf alle möglichen Anzeichen dafür zu achten, ob es an den Weltbörsen demnächst aufwärts oder abwärts geht. Und wir trauen uns auch zu, bei einzelnen Unternehmen sagen zu können, ob ihr Börsenwert sehr günstig, angemessen oder maßlos überteuert ist.

Die Theorie der effizienten Märkte

Aber so absurd, wie sich diese Frage anhört, ist sie nicht. Das wurde mir zum ersten Mal bewusst, als ich im Mai 2000 bei der Anlegermesse in Innsbruck zu einer Podiumsdiskussion mit dem Wirtschaftswissenschaftler Professor Klaus Schredelseker (Universität Innsbruck) zusammentraf. Der Professor verblüffte alle Anwesenden mit der Meinung, die Entwicklung von Börsenkursen könne man nicht voraussehen. Alle Methoden, die man kenne, seien nur im Nachhinein konstruiert worden. Und alles, was bekannt sei, sei wertlos, weil es bereits in den Börsenkursen »drin sei«.

Und dann legte er in seiner Argumentation noch nach. Wenn es möglich sei, irgendetwas an der Börse vorherzusehen, dann müssten doch zumindest die erfahrenen Experten auf Dauer deutlich besser abschneiden als ein normaler Aktienindex wie der DAX. Fondsmanager zum Beispiel würden dann in ihrer Aktienauswahl deutlich bessere Ergebnisse erzielen als der Index, zumal dann, wenn sie weitgehend auch liquide Mittel halten könnten, etwa bei Gefahr einer Aktienbaisse. Aber nun beweise die Statistik durchgehend jedes Jahr, dass es 80 Prozent aller Fonds nicht schaffen, ihren Vergleichsindex, ihre sogenannte Benchmark, zu schlagen. Und diejenigen, denen es gelänge, seien keineswegs Börsengenies. Sie hätten einfach Glück gehabt, was dadurch bewiesen werden könne, dass insbesondere die Fonds, die jahrelang überdurchschnittliche Renditen erzielten, in den Jahren danach eine besonders schlechte Performance hinlegten.

Damit möchte der Professor aber die Anlage in Aktien keineswegs verdammen. Der Anleger solle einfach kaufen und halten, wenn er Geld habe und es nicht anderweitig benötige. Dabei solle er auf solide Standardwerte aus verschiedenen Branchen setzen. Dann werde er auf Dauer schon erfolgreich sein, denn die Anlage in Aktien habe eben im 20. Jahrhundert alle anderen Anlagen übertroffen. Man solle sich nur davor hüten, das eigene Depot immer wieder umzuschichten. Das koste nur Spesen.

Professor Schredelseker vertritt übrigens keine ausgesprochene Minderheitsposition, sondern teilt die Auffassung vieler seiner Kollegen. Am 10. August 2007 war im *Handelsblatt* ein Interview mit Professor Burton Malkiel nachzulesen, der im Jahr 1973 die Theorie effizienter Märkte entwickelt hat. Nach dieser Theorie weiß der Markt alles und es kann daher niemanden geben, der besser als andere die Zeitpunkte kennt, in denen man aus- und einsteigen muss. Im laufenden Kurs sei ja schon alles berücksichtigt, so die Theorie. Es gebe zwar Leute, denen es gelänge, auch einmal zu hohen Kursen zu verkaufen. Aber die verpassten dann meist wieder den richtigen Einstieg. Auf lange Sicht sei es jedenfalls unmöglich, höhere Erträge zu erzielen als der Markt insgesamt. Auch Hedgefonds scheitern daran in der Regel. Burton Malkiel bekräftigte dem *Handelsblatt* gegenüber, dass er an dieser Auffassung immer noch festhalte, ja, dass diese sich sogar immer und immer wieder bestätigt habe.

Malkiels Theorie gibt zunächst schon zu denken. Wenn es die Experten nicht schaffen, liegt die Vermutung nahe, dass es eben keine Möglichkeit gibt, mit einer Anlagestrategie den Markt zu schlagen. Doch hier möchte ich die Fondsmanager und Vermögensverwalter auch einmal in Schutz nehmen. Die Nachfrage nach Anteilen an den von ihnen verwalteten Fonds ist immer dann groß, wenn sie hoch bewertet werden. Und das dem Fonds zufließende Geld müssen sie anlegen, auch wenn sie der Meinung sind, das Risiko sei momentan zu hoch! Und sind die Kurse wirklich günstig für eine Anlage, die Kurse also niedrig, so wird ihnen Geld entzogen, weil alle Anleger nervös oder gar panisch sind. Bei der Aktienauswahl orientieren sich die Manager meist an den Vorgaben der Bank, für die sie arbeiten – und die möglicherweise ganz andere Gründe hat, bestimmte Aktien zu favorisieren und andere links liegen zu lassen. (Beispiele dafür finden Sie in meinem Buch *Die gefährlichsten Börsenfallen.)* Schließlich sind manche Fonds so groß, dass sie gar nicht mehr flexibel auf Änderungen der Marktverhältnisse reagieren können. Wie sollen dann die Fonds eine überdurchschnittliche Performance erzielen?

Dass die Fonds so schlecht abschneiden, lässt sich also meines Erachtens nicht damit begründen, dass Märkte alles wissen und »effizient« sind. Eine solche Annahme ist nur bei oberflächlicher Betrachtung der Börse möglich. Dazu möchte ich einige Tatsachen in Erinnerung rufen, etwa den Dollarkurs 1980 bis 1986 und die Kursdepression in den Jahren 2002/03.

Ende Februar 1985 notierte der US-Dollar bei einem Höchststand von 3,47 DM. Im Jahr 1980 und später wieder in den Jahren 1986/87 lag er deutlich unter 2,00 DM. Wäre der Markt »effizient« und hätte immer Recht, dann dürfte es keine so großen Unterschiede im Preis einer Währung geben. Wirklich effiziente Märkte würden wahre Werte widerspiegeln. Aber das geschieht nicht. Dass der US-Dollar in den Jahren 1983 bis 1985 so hoch war, ist großenteils auf eine euphorische Haltung gegenüber der Regierung Reagan zurückzuführen. In dieser Zeit stand einfach die US-Wirtschaftspolitik

Diagramm 18: Der Verlauf des Dollarkurses (100 US-Dollar in D-Mark), 1980 bis 1987

Zwischen 1980 und Anfang 1985 verdoppelte sich der Kurs des US-Dollar. Diese Bewegung wurde binnen zwei Jahren wieder korrigiert. Was war nun der »richtige« oder »faire« Dollarkurs?

hoch im Kurs, während man Europa Schwäche nachsagte – völlig unbegründet übrigens.

Auch der Absturz des DAX und anderer großer Aktienindizes im Jahre 2002/03 auf nicht viel mehr als ein Fünftel der ehemaligen Höchstkurse spricht nicht für effiziente Märkte, sondern war vor allem eine Spekulation des internationalen Kapitals auf Verkäufe der Lebensversicherer, die sich im Rausch der Höchstkurse der Jahre 1998 bis 2000 zu stark am Aktienmarkt engagiert hatten. Genüsslich drückten Hedgefonds 2002/03 die Kurse deutscher Aktien immer weiter nach unten. Ihre vorgeschobene Begründung lautete, deutsche Unternehmen seien »out«, weil sich die Bundesregierung weigerte, am Irak-Feldzug teilzunehmen. Damit zwangen sie die Versicherungen, großenteils zu Tiefstkursen ihre Aktienanteile zurückzuschrauben.

Der irreale Tiefstand des DAX in den Jahren 2002/03 war somit nicht das Ergebnis »effizienter Märkte«, sondern die Folge vorhergegangener Fehlkalkulationen der Versicherungen im Jahr 2000 und späterer Baisse-Spekulationen von Großanlegern im Vorfeld des Irakkriegs.

Möchten Sie weitere Fakten kennenlernen, die die These von »effizienten Börsenkursen« ad absurdum führen? Da ist zum Beispiel Ende der 1980er Jahre die durch Kursmanipulationen hervorgerufene Steigerung des japanischen Nikkei-Index auf ein Niveau von 40000 Punkten, das seither nie mehr wieder erreicht wurde. Oder die Asienkrise, die erst im Sommer 1998 zu kräftigen Kursverlusten an den Weltbörsen führte, obwohl die Probleme in Ostasien seit Frühjahr 1997 bekannt waren, also nach der Theorie der effizienten Märkte in den Aktienkursen hätten enthalten sein müssen. Oder wie »effizient« war die Kursbestimmung am Neuen Markt in den Jahren 1998 bis 2000, die hundertfach überhöhte Kurse kleiner Hoffnungswerte zum Ergebnis hatte? Wenn die Internet-Tochtergesellschaft eines Konzerns, der 80 Prozent an der Tochtergesellschaft hält, mehr wert ist als die Konzernmutter, dann müsste eigentlich der gesunde Menschenverstand sagen: »Moment mal, das ist kein effizienter Markt mehr.« Desgleichen wenn sich Aktienkurse der Internetbranche vervielfachen, sobald sich eine Firma, wie 1998 oder 1999 geschehen, nur umbenennt, sodass sie als Internetfirma deutlicher zu erkennen ist. Sind hier »effiziente Märkte« am Werk?

Das jüngste Beispiel sind die faulen Kredite der US-Hypothekenbanken, die seit Jahren als solche bekannt waren. Das *Handelsblatt* titelte bereits am 15. März 2007 auf Seite 1: »Börsen fürchten Hypothekenkrise«. Da stand der DAX bei 6448 Punkten. Am 8. Mai schrieb die *Financial Times Deutschland* bei einem DAX-Stand von 7500: »Die Schwäche des amerikanischen Immobilienmarkts ist eine anhaltende Gefahr für die USA und die Weltwirtschaft.« Nichtsdestotrotz stiegen die Aktienkurse immer weiter an und der DAX erreichte sein Hoch am 13. Juli 2007 bei 8151,57 Punkten. Wäre die Börse »effizient«, dann hätten die Aktienkurse wegen der US-Hypothekenkrise, in die fast alle Banken weltweit verwickelt waren, schon im Jahr 2007 kräftig fallen müssen. Doch nach einigen Schwächeperioden im Juli/August zogen die Kurse erneut an, sodass ein Anleger, der darauf vertraute, dass die Börse alles wisse, davon ausgehen musste, dass alle Gefahren der Finanzkrise in den Schlusskursen des Jahres 2007 enthalten sein mussten; der DAX notierte im Spätsommer 2007 immer noch bei über 8000 Punkten, hatte also kaum an Wert verloren.

Umso schlimmer traf es die Anleger dann im Januar 2008, als der DAX 20 Prozent verlor und plötzlich klar wurde, dass »die Börse« die Finanzkrise doch unterschätzt hatte. Als dann noch das Bankhaus Lehman Brothers im September 2008 völlig überraschend in Konkurs ging, stürzten drei Wochen später die Kurse erneut ab, dieses Mal um 30 Prozent. Das geschah gerade in dem Augenblick, als man meinte, jetzt sei nun wirklich alles überstanden und die Aktienkurse würden sich nun endlich wieder nach oben orientieren.

Wer kann da behaupten, Börsenkurse spiegelten alle Informationen wider? Gleichwohl vertreten das heute nicht nur Professoren, sondern auch Vermögensverwalter. Die Vermeidung von Verlusten durch rechtzeitiges Aussteigen, wenn die Kurse nach oben übertrieben haben, sei nicht wirklich möglich. Man verpasse öfter hohe Kursgewinne als dass es glücke, relativ ungeschoren durch eine Baisse zu kommen.

Auch der bereits erwähnte US-amerikanische Publizist und Vermögensverwalter Ken Fisher neigt dieser Ansicht zu, mit einer Ausnahme: »Wenn ich etwas weiß, was die meisten anderen Marktteilnehmer nicht wissen, kann ich erfolgreich sein«, sagt er. Hingegen sei alles, was bekannt ist und in den Lehrbüchern steht, völlig wertlos.

Zu diesen wertlosen Daten rechnet Fisher etwa die Ansicht, niedrige durchschnittliche Kurs-Gewinn-Verhältnisse ließen die Kurse steigen, während hohe Kurs-Gewinn-Verhältnisse zu fallenden Kursen führten. Ein solcher Zusammenhang lässt sich in der Tat nur schwer nachweisen. Nicht die bekannten Gewinne beeinflussen die Kurse, sondern vielmehr Veränderungen der Gewinnlage. Diese aber können nur Insider des einzelnen Unternehmens im Voraus abschätzen, und Insider dürfen ihr Wissen nicht für Börsengeschäfte nutzen. Ob sie diese Regel wirklich befolgen, ist noch eine andere Frage. Wir werden weiter unten in diesem Buch bei der Besprechung der Relativen Stärke von Aktien darauf zurückkommen.

Expertenprognosen: nur wertvoll als Kontra-Indikatoren

Zu Beginn eines jeden Jahres werden die Experten nach ihrer Einschätzung der Aktienkurs-, Zins- und Dollarkursentwicklung gefragt. Die Prognosen werden üblicherweise in die folgenden vier Gruppen eingeteilt:

a) Die Kurse werden stark steigen.
b) Die Kurse werden leicht steigen.
c) Die Kurse werden leicht sinken.
d) Die Kurse werden stark sinken.

Ken Fisher entdeckte, dass man zeitweilig sehr erfolgreich mit der Annahme arbeiten konnte, dass die Prognose, auf die sich die überwiegende Mehrheit der Experten geeinigt hatte, auf keinen Fall zutreffen würde. Sind die Experten beispielsweise überwiegend der Meinung, die Kurse würden in den kommenden zwölf Monaten leicht steigen, dann ist es wahrscheinlich, dass die Kurse entweder stark steigen oder sinken, keinesfalls aber »leicht steigen« werden.

Das bestätigte sich auch am Jahresanfang 2008. Damals fragte das Anlegermagazin *Börse online* die vier Experten Gerhard Grebe von Julius Bär, Peter Oppenheimer von Goldman Sachs, Gottfried Heller von Fiduka und Klaus Kaldemorgen von DWS, wo der DAX (Ende 2007 bei 8067 Punkten) ihrer Meinung nach zum Jahresende 2008 stehen würde.

Im Grund genommen verstehe ich nicht, warum sich Experten immer wieder von Journalisten in dieser Weise befragen lassen. Sie können die Zukunft nicht voraussehen! Im Lauf eines Jahres kann sich viel ändern. Mir persönlich ist es viel wichtiger, dass meine »Navigationsinstrumente« rechtzeitig Chancen und Gefahren melden, sodass ich reagieren kann. Aber eine Kursprognose auf zwölf Monate halte ich für nicht machbar.

Nun gut, die vier Experten gaben Prognosen ab: 8400, 8500 und zweimal 9000 waren die DAX-Stände, die für Ende 2008 prognostiziert wurden. Zusammenfassend kann man sagen, dass die Vermutung vorherrschte, die Kurse würden »leicht steigen«. Doch die Experten täuschten sich schwer: Der DAX beendete das Jahr 2008 mit 4810 Punkten.

Nach dem eingangs genannten Rezept also konnte man Anfang 2008 die Prognose, dass der DAX leicht steigen würde, ausschließen. Wenn er stiege, dann würde der Anstieg stark ausfallen. Dagegen wiederum sprachen gewichtige Gründe, vor allem die Tatsache, dass es 2003 bis 2007 an der Börse ununterbrochen aufwärts gegangen war. Also konnte man nach diesem Kontraindikator damit rechnen, dass der DAX im Jahr 2008 fallen musste. Dass der Abstieg so heftig sein würde, damit hatte allerdings niemand gerechnet, ausgenommen die Dauerpessimisten und die unbeirrbaren Crashpropheten. Aber deren Prognosen waren schon deshalb wertlos, weil sie seit 2003 jedes Jahr einen Crash geweissagt hatten.

Ich habe diese Befragung nicht deshalb zitiert, um den genannten Experten Unfähigkeit vorzuwerfen. Sie hätten sich jedoch auf solche Schätzungen erst gar nicht einlassen dürfen. Was sie prognostizierten, war die Mehrheitsmeinung. Und das Problem ist, dass die Mehrheitsmeinung an der Börse bekannt ist. Die Börse wird aber in der Regel eher von unerwarteten Ereignissen beeinflusst. Freilich muss auch hinzugefügt werden: Die Finanzkrise (im Übrigen von der Gesellschaft für deutsche Sprache zum Wort des Jahres 2008 gekürt), war Anfang 2008 bereits bekannt und in aller Munde. Sie wurde nur ignoriert oder zumindest weit unterschätzt.

Auch wenn durch dieses Beispiel deutlich wird, dass Prognosen im Sinne von »Der DAX wird zum Jahresende bei ... liegen« nicht möglich sind, sind wir doch dem Börsengeschehen nicht so hilflos ausgeliefert, wie es die Theorie der effizienten Märkte behauptet. Es gibt sehr wohl Anhaltspunkte dafür, ob die Aktien insgesamt gerade zu hoch oder zu niedrig notiert werden, und es gibt Signale, die meist rechtzeitig funktionieren.

Den Marktteilnehmern folgen, die mehr wissen?

Ich hatte Ken Fisher zitiert, der der Meinung ist, an der Börse könne man nur erfolgreich sein, wenn man etwas wisse, was »die Börse« – also die Mehrzahl der Anleger – noch nicht weiß. Wenn das stimmt, dann liegt die Vermutung nahe, man müsste doch wohl vor allem den sogenannten Insidern folgen. Insider, das sind die Topmanager der Unternehmen, die eigentlich über die künftige Entwicklung am besten informiert sein sollten. Auch sie treten als Käufer und Verkäufer an der Börse auf. Sie müssen zwar ihre Geschäfte melden, und so erfährt der Anleger (wenn auch meist erst nachträglich), wenn Insider gehandelt haben. Aber wenn solche Insidergeschäfte statistisch gebündelt werden, so vermutet man, ließen sich aus den resultierenden Zahlen möglicherweise doch wichtige Erkenntnisse über künftige Trends ableiten.

Im Jahr 2006 entwickelte die TH Aachen in Zusammenarbeit mit dem *Handelsblatt* und der Commerzbank Private Banking das »Insider-Barometer«. Es gibt wöchentlich Aufschluss darüber, ob die Insider, die ja wissen müssten, wie sich die Geschäfte in den Unternehmen entwickeln, eher kaufen oder eher verkaufen. Viele Börsianer verfolgen den Stand des Barometers mit Interesse. Es wurde eingeführt, als der Gesetzgeber auch in Deutschland, wie in den USA schon längst üblich, klare Regeln für die Offenlegung solcher Käufe und Verkäufe in Kraft setzte.

Auch ich habe das Insider-Barometer seither regelmäßig verfolgt. Doch ich darf Ihnen gleich verraten: Das Ergebnis ist enttäuschend. Es lohnt sich überhaupt nicht, die Barometerstände besonders zu beachten. Offenbar kaufen und verkaufen Topmanager wie die meisten Privatanleger eher prozyklisch, das heißt, sie orientieren sich zwar an der Konjunktur ihres Unternehmens, aber auch an den Trends der Aktienkurse, und sie lassen sich stark von der jeweils herrschenden Stimmung beeinflussen. Außerdem haben sie für ihre Käufe und Verkäufe sehr häufig persönliche oder taktische Gründe.

Am Montag, dem 19. Februar 2007, titelte das *Handelsblatt:* »Manager greifen wieder zu – Insider-Barometer beendet Talfahrt«. Acht Tage später brachen die Kurse an den Weltbörsen unvermittelt ein. Am Montag, dem 5. März, konnte der staunende Leser dann im selben Blatt vernehmen: »Manager verkaufen eigene Aktien – Die Geschäfte der Führungskräfte signalisieren weitere Kursverluste an den Börsen«. Offenbar hatten auch die Manager nun zittrige Hände oder kalte Füße bekommen, als die Kurse fielen. Anstatt günstiger zu kaufen, stießen sie eigene Aktien ab. Zu diesem Zeitpunkt war das sicher kein weiser Entschluss.

Am Montag, dem 6. August 2007, kurz vor scharfen Kursverlusten, titelte das *Handelsblatt:* »Insider spekulieren auf Hausse!« Die Manager seien trotz der Kursverluste der zweiten Julihälfte im Blick auf die Aktien der eigenen Firma sehr optimistisch. Dies sei ein »antizyklisches Verhalten«, lobte das *Handelsblatt.* Die Insider ließen sich eben von den aktuellen Börsenstimmungen weniger stark beeinflussen als andere Marktteilnehmer.

Offenkundig stimmt das aber nicht. Vermutlich wurde dieses Umfrageergebnis nur etwas zu früh erstellt. Die Insider mögen die Konjunktur und die Lage ihres Unternehmens einigermaßen gut abschätzen können. Doch bezüglich der Frage, ob sie die Aktien ihres Unternehmens kaufen oder besser verkaufen sollten, lassen sie sich offenbar auch vom Gesamtmarktgeschehen sehr stark beeinflussen. Das jüngste Beispiel bietet der Kurssturz im Oktober 2008. Kurz zuvor, im August 2008, waren sie noch klar auf der Käuferseite gewesen. Nach der Panik im Herbst und Kursverlusten um 30 Prozent überwog dann wieder die Skepsis. Auch im Frühjahr 2003 zum Beispiel, als die Aktienkurse sehr niedrig waren, hatten die Topmanager ihre Aktien mehrheitlich eher abgestoßen als zugekauft.

Fazit: Insider unterliegen dem Herdentrieb ebenso wie alle anderen Marktteilnehmer. Auf ihr Verhalten zu achten, liefert keine Hinweise darauf, ob die Kurse auf den Aktienmärkten generell steigen oder fallen dürften. Wichtig wäre es für den Anleger, bei seiner Aktien*auswahl* über Insiderinformationen darüber zu verfügen, wo die Geschäfte besser oder schlechter laufen als allgemein üblich. Und es gibt durchaus die Möglichkeit, Insiderinformationen zu nutzen, um abzuschätzen, welche Aktien aussichtsreicher sind als andere. Mehr dazu im nächsten Kapitel bei der Besprechung der »relativen Stärke«.

9 Börsensignale, die funktionieren

Es gibt eine kaufmännische Grundregel, die lautet: Kaufe billig, verkaufe teuer. Anders gesagt gilt es, antizyklisch zu denken und zu handeln. Diese Regel ist jedermann einsichtig und klingt logisch. Aber die Anleger, die im Jahr 2007 bei DAX-Kursen von 8000 und bei SMI-Kursen von 9300 kauften, taten genau das Gegenteil.

Ein derartiges Verhalten lässt sich an der Börse oft beobachten. Im Februar 2000 waren die Absätze von Aktienfonds weltweit am höchsten, als auch die Kurse nahezu ihr Hoch erreicht hatten. Hingegen stieg die große Masse im März 2003, als die Aktien zu Traumkursen erhältlich waren, aus Wut oder Panik aus; der DAX lag bei 2200 und die Fondsabsätze fielen fast auf null. Man wollte weder Aktien noch Aktienfonds besitzen. 2007 waren nun sowohl Fonds als auch Zertifikate wieder äußerst begehrt. Denn die Kurse waren ja hoch (siehe auch Diagramm 19).

Auf zwei Haussejahre folgt ein Baissejahr

Eine ganz einfache Regel, um zu erkennen, ob wir uns bereits in einem überbewerteten Markt befinden oder ob die Kurse noch Spielraum nach oben haben, lässt sich aus der Tatsache ableiten, dass sowohl in den USA als auch in Europa historisch im Durchschnitt jedes dritte Jahr ein Baissejahr war – wobei ich dann von einer Baisse spreche, wenn der Aktienindex am Jahresende niedriger liegt

Diagramm 19: Die Entwicklung des EuroSTOXX 50, 2003 bis 2007

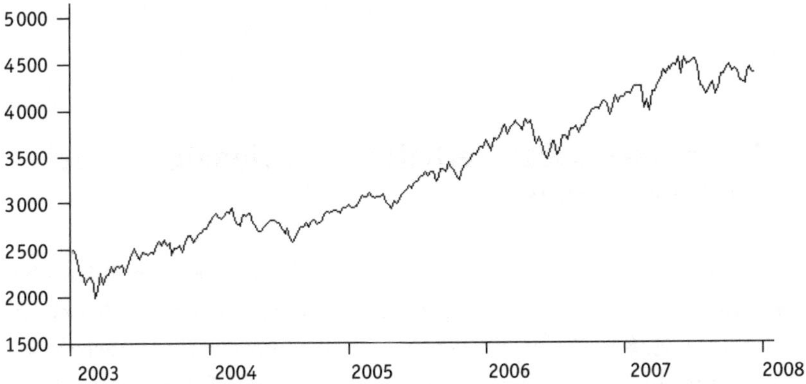

Der Aktienindex von 50 europäischen Großkonzernen war fünf Jahre lang kontinuierlich gestiegen. Wären Sie Ende 2007 noch eingestiegen?

als zu Jahresbeginn. Nach fünf aufeinander folgenden Haussejahren wie 2003 bis 2007 hätte daher jeder Anleger eigentlich annehmen können, dass eine starke Korrektur mehr oder weniger unmittelbar bevorstand.

Doch was bewegt die große Masse der Anleger dazu, teuer einzusteigen, so wie 2007, um dann später zu Niedrigstpreisen wieder zu verkaufen. Sind sie geistesgestört oder blind? Sie können vermutlich viele Gründe für ihr Verhalten nennen, die mit Vokabeln wie »wenn« und »hätte« gespickt sind. Der eigentliche Grund dürfte jedoch sein, dass sie sich in der Herde sicher fühlen. Jeder tut das, was alle tun und was das Gefühl sagt. »Sie sehen doch, wohin der Trend geht, eben nach oben. Da kauft man doch!« In der großen Herde, in der der Einzelne mittut, was alle tun, fühlt er sich wohl und geschützt. Die Argumente für die Sorglosigkeit waren 2007 dieselben wie immer: Aktienbesitzer hätten »die beste aller Welten« vor sich, nämlich historisch niedrige Zinsen, verbunden mit Rekordgewinnen der Unternehmen. Das war täglich zu hören, und dass es ganz anders kommen und sich die Stimmung auf Dauer drehen könnte, konnte sich kaum jemand vorstellen, obwohl die dunklen

Wolken der US-Hypothekenkrise bereits den Börsenhimmel überschatteten.

Das Kurs-Umsatz-Verhältnis als Signalgeber bei Fehlbewertungen

Das Kurs-Umsatz-Verhältnis oder KUV (das heißt die Börsenbewertung geteilt durch den Jahresumsatz eines Unternehmens) ist als wichtiges Maß bekannt, das angibt, ob das betrachtete Unternehmen über- oder unterbewertet ist. Nun liegt es aber auf der Hand, diesen Maßstab auch für die Gesamtheit der in einem Land gehandelten Aktien zu verwenden.

Nimmt man die Finanztitel und Beteiligungsgesellschaften aus einem Index heraus – ihr Jahresumsatz ist, bedingt durch die Andersartigkeit ihrer Geschäftstätigkeit, nicht mit dem von Industrieunternehmen vergleichbar –, und berechnet auf der Basis der verbleibenden Titel den mittleren Wert des KUV, dann ist es durchaus möglich, zeitliche Vergleiche zu ziehen. Prinzipiell ist es nicht vermessen, beurteilen zu wollen, wann der Aktienmarkt allgemein schon zu teuer und wann er absolut unterbewertet ist. In der Zeit des Neuen Marktes und der Hightech-Euphorie in den Jahren 1997 bis 2000 gestand man den Technologiefirmen (Internet, Software, Medien, Kommunikation) KUV-Werte um 100 zu, da es sich ja angeblich um einen stark wachsenden Markt handelte. Ein KUV von 100 bedeutet, dass eine Aktie mit ihrem einhundertfachen Jahresumsatz bewertet wird. Diese Größenordnung entpuppte sich seinerzeit sehr bald als Seifenblase.

Doch um objektiv die Frage beantworten zu können, wann und bei welchem KUV die Kurse zu hoch oder zu niedrig sind, eignen sich nur historische Vergleiche. Anfang Juli 2007 betrug zum Beispiel das KUV der im Dow Jones gelisteten Aktien 1,90. Dieser Wert liegt weit über dem historischen Durchschnitt von ungefähr 1, wie

James P. O'Shaughnessy in einer US-Studie über 50 Nachkriegsjahre feststellte. In Europa waren die Aktien Mitte 2007 deutlich preiswerter. Der KUV-Mittelwert der im STOXX 50 oder EuroSTOXX 50 gehandelten Aktien betrug 1,39.

Aber auch dies kann eine Korrektur herausfordern. Denn sieht man sich die KUV der DAX-Aktien in den Jahren 1992 bis 2008 an (Diagramm 20), so entsteht der Eindruck, dass die Bewertung mit 1,0 eigentlich immer noch viel zu hoch ist. Zwar mag es sein, dass die Zusammensetzung der Aktien nach Branchen im DAX anders geartet ist als in den US- oder den europäischen Indizes. Die im DAX stark vertretenen Autowerte und Maschinenbauer weisen traditionell sehr niedrige KUV auf. Aber dass die Bewertung in den USA so viel höher sein sollte, dafür gibt es eigentlich keinen Grund. Jedenfalls war es völlig verfehlt, wenn Analysten zu dieser Zeit immer noch von »niedrigen Bewertungen« sprachen.

Diagramm 20 zeigt deutlich, dass Bewertungen eines Unternehmens, die so hoch ausfielen wie sein Jahresumsatz (1,0), bereits Anzeichen einer Euphoriephase waren, die vorsichtig machen sollte.

Diagramm 20: Das durchschnittliche Kurs-Umsatz-Verhältnis des DAX, 1992 bis 2008

Aus diesem KUV-Vergleich seit 1992 ließ sich Ende 2007 ablesen, dass die Industrieaktien im DAX vergleichsweise hoch bewertet waren. Ein KUV des DAX von 1,0 war seit 1992 immer Zeichen einer hohen Bewertung.

Warum es in den USA dennoch üblich war und auch heute noch ist, Aktien im Durchschnitt deutlich höher als mit 1,0 zu bewerten, erscheint so gesehen rätselhaft. Die Warnungen mancher Kommentatoren, dass der US-Aktienmarkt auch in den kommenden Jahren noch viel stärker nach unten korrigieren müsse als dies 2008 geschah, erscheinen daher als nicht mehr ganz abwegig.

Die 200-Tage-Methode: Wegweiser zur mittelfristigen Orientierung

Es gibt noch eine weitere Möglichkeit, Über- oder Unterbewertungen zu erkennen, nämlich mithilfe der technischen Analyse. Diese erlaubt zwar keinen Aufschluss darüber, ob die Aktienkurse im Durchschnitt fair sind. Aber sie macht Übertreibungen nach oben oder unten sehr anschaulich erkennbar.

Von Übertreibungen lebt die Börse, und auch Privatanleger können sie nutzen. Marktübertreibungen fallen seit einigen Jahren noch stärker aus als früher, weil die meisten Teilnehmer aufgrund der Stimmungslage mit dem Trend gehen – so lange, bis die Trends mit der Wirklichkeit nichts mehr zu tun haben. Und erst dann, wenn immer mehr Börsianer die Übertreibungen einer Börsenbewegung erkannt haben, wechselt die Richtung.

Durchbricht ein Aktienindex seinen gleitenden 200-Tage-Durchschnitt von oben nach unten, so gilt das seit Jahrzehnten als Baissesignal. Da aber dieses Signal recht spät kommt und auch nicht sehr verlässlich ist, besagt es nicht viel. Dennoch arbeite ich sehr gern mit dieser Methode, aber in anderer Form.

Bei der 200-Tage-Methode frage ich ganz einfach: Wie viele Aktienindizes liegen über ihrem 200-Tage-Durchschnitt? Dabei genügt es, wenn ich den Trend von 34 weltweit wichtigen Aktienindizes verfolge und wöchentlich messe, wie hoch der Anteil derjenigen unter ihnen ist, die über ihrem 200-Tage-Durchschnitt liegen. Mit

Diagramm 21: Aktienindizes über ihrem 200 Tage-Durchschnitt, 1967 bis 1987

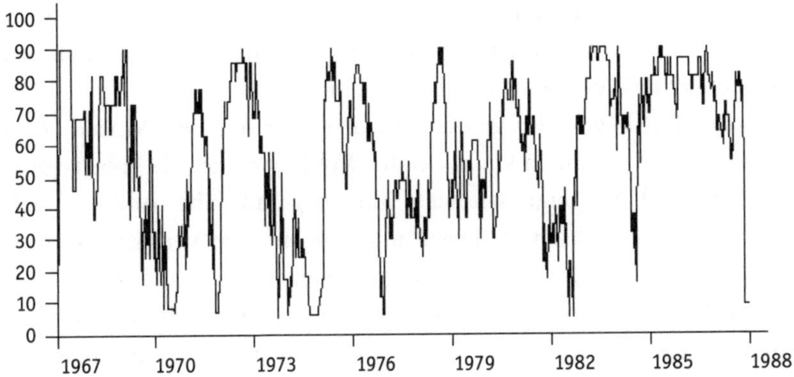

Die Zahl der Aktienindizes in aller Welt, die über ihrem 200-Tage-Durchschnitt liegen, pendelt seit jeher zwischen nahe 0 und 100 Prozent hin und her. (Dies zeigt sich auch in Diagramm 22.)

Diagramm 22: Aktienindizes über ihrem 200 Tage-Durchschnitt, 1988 bis 2008

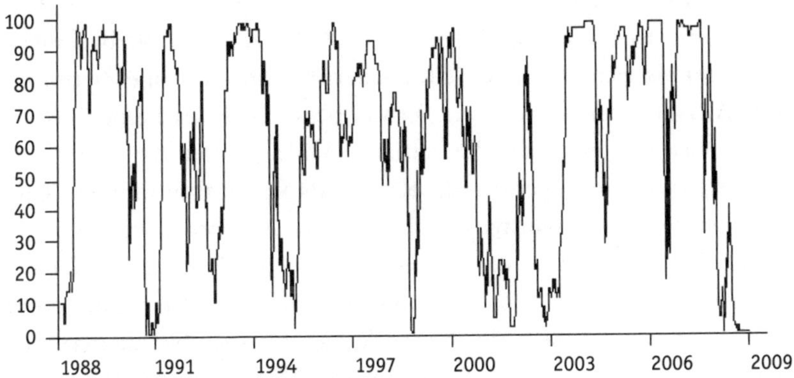

den 200 Tagen sind übrigens nicht Kalendertage gemeint, sondern Börsentage; 200 Börsentage erstrecken sich über 40 Wochen.

Ich messe Woche für Woche, wie viel Prozent der wichtigsten Aktienindizes der Welt ihren aktuellen Wochenschlusskurs über ihrem 200-Tage-Duchschnitt melden. Wenn es nahezu alle sind, also

90 bis 100 Prozent, so befinden sich die Weltbörsen in einer Hausse. Das kommt relativ häufig vor.

Der umgekehrte Fall, das heißt ein Anteil von 10 Prozent oder weniger, trat in den vergangenen 40 Jahren nur 15 Mal auf, zuletzt auch mehrmals und ganz extrem im Jahr 2008.

Eine Grafik wie die gerade beschriebene hat den Vorteil, dass jeder sogleich erkennen kann, ob die Weltbörsen gerade »oben« oder »unten« sind. Sie zeigt, wie viele Indizes gerade über und wie viele unter ihrem Durchschnitt liegen und wie sich die Verhältnisse fortlaufend über mehrere Jahre hinweg entwickeln.

Die Methode in der von mir entwickelten Form soll antizyklische Signale geben. Das sieht zunächst sehr einfach aus: Wenn die Kurve unten ist, gibt sie ein Kaufsignal, wenn sie oben ist, ein Verkaufssignal. Aber ganz so einfach ist es nicht. Als Basis für Verkaufssignale eignet sich die Methode weniger, denn eine Phase, in der die Indizes 100 Prozent melden, kann sich längere Zeit hinziehen. Wer gleich zu Beginn der Phase verkauft, steigt oft aus einem intakten Aufwärtstrend viel zu früh aus.

War die Kurve in der Nähe von 100 Prozent, so blieben meist noch drei bis sechs Monate Zeit, bis der späteste sinnvolle Zeitpunkt zum Ausstieg gekommen war. Etwas besser sieht es beim Einstieg aus. Meist eigneten sich die seltenen Male, in der die Kurve bei 10 Prozent oder weniger stand, sehr gut als Signal zum Einstieg. Und auch hier war dann meistens noch rund drei Monate Zeit, ehe sie (in diesem Fall nach oben) drehte. Es folgte in der Regel entweder ein baldiger Aufschwung, der die Kurve bis auf 95 Prozent oder mehr trug, oder – wenn sich die Baisse länger hinzog, bis zu maximal einem Jahr – eine außergewöhnlich starke Hausse im Anschluss, die dann jahrelang anhalten konnte.

Wie wichtig es ist, nicht zu früh einzusteigen, zeigte sich im Jahr 2008. Wer im Mai 2008, als die 200-Tage-Kurve schon »unten« war, meinte, jetzt sei es Zeit zum Wiedereinstieg, wurde im Oktober 2008 eines Besseren belehrt. Die Abwärtsbewegung hielt weiterhin an. In einem solchen Umfeld kann es schnell passieren, dass man

Diagramm 23: Die Entwicklung des DAX im Jahr 2008

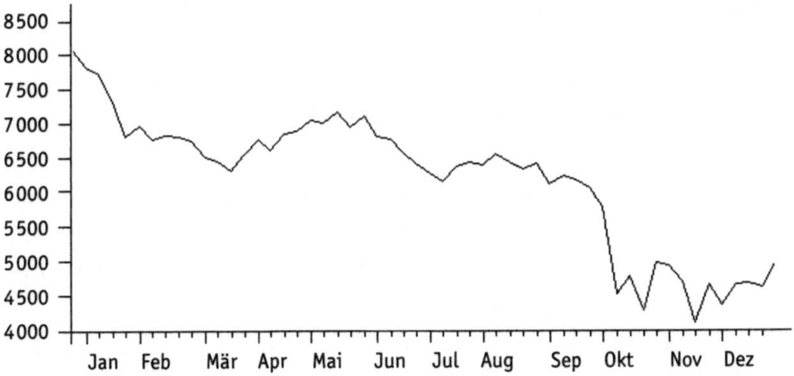

Im Jahr 2008 ging der Deutsche Aktienindex stark zurück. Er fiel auf wenig mehr als die Hälfte seines Niveaus.

in dem Bestreben, antizyklisch zu handeln, in ein fallendes Messer greift! Auch eine Aktienbaisse kann hartnäckig sein und sich länger hinziehen, als man glaubt. Um sicher zu gehen, benötigen wir noch andere Indikatoren.

In den meisten Fällen, in denen die Aktienindizes nach einem Fall unter die 10-Prozent-Marke nicht sofort wieder in Richtung 95 Prozent kletterten, waren steigende Zinsen und steigende Rohstoffpreise oder ein schwacher Dollarkurs der Bremsklotz. Ende 1973 bis Herbst 1974 und auch 2001 bis Frühjahr 2003 war die Baisse hartnäckig und drückte die Kurve drei Mal wieder nach unten, ehe sie wieder oben anlangte. Im Oktober 2008 waren es jedoch nicht steigende Zinsen, ein schwacher Dollar oder ein steigender Ölpreis, die die Anleger verunsicherten, sondern die Folgen des Zusammenbruchs der US-Bank Lehman Brothers, durch den das Vertrauen in die Finanzmärkte nachhaltig gestört wurde. Solche wiederholten Rückschläge sind selten und ereignen sich offenbar dann, wenn die Hoffnung auf Besserung immer stärker schwindet.

Die relative Stärke: stark im Aufspüren von Insiderinformationen

Die Annahme, wonach Aktien, deren Kurse gefallen sind, billig seien, ist weit verbreitet. Es gibt daher Börsenteilnehmer, die allen Ernstes bei der Auswahl der Aktien die aktuellen Kurse mit dem Kursverlauf der letzten Monate vergleichen und dann diejenigen Aktien bevorzugen, deren Kurse zurückgegangen sind. Ein solches Verfahren mag noch gelten bei der Auswahl des Landes oder der Branche, nicht aber bei einzelnen Unternehmen.

Zunächst einmal ist es ja durchaus schätzenswert, wenn man »billig« kaufen will. Wir alle haben gelernt, dass es gut ist, »Gelegenheitskäufe« vorzunehmen. Tatsache ist aber, dass der Vergleich mit dem bisherigen Kursverlauf nichts darüber aussagt, ob eine Aktie wirklich billig oder teuer ist. Bewährt hat sich vielmehr, bei der Aktienauswahl diejenigen Titel zu bevorzugen, die in der Nähe ihrer Jahreshöchstkurse stehen. Wenn ich so etwas in einer Runde äußere, folgen meist zunächst Verblüffung und dann heftigster Widerspruch. »Wenn Sie immer zum Höchstkurs kaufen, dann werden Sie doch nie gewinnen können!«, so heißt es dann. Irrtum! Denn ich kaufe ja nicht »zum Höchstkurs«. Ich kaufe möglicherweise zum »bisherigen Jahreshöchstkurs«. Das ist ein großer Unterschied. Denn viele überraschende Kurssprünge oder Kursschwächen stellen sich im Nachhinein oft als begründet heraus. Warum Großanleger einen Titel nach und nach gekauft und die anderen vernachlässigt haben, erfährt man tatsächlich oft erst sehr viel später.

Aber der größte Fehler, den Börsenneulinge begehen, besteht darin, die aktuellen Kurse stets mit den persönlichen Kaufkursen zu vergleichen und zu erwarten, dass jede Aktie, die sie gekauft haben, an Wert zulegen muss. Das aber ist nur in einer sehr steilen Aufwärtsbewegung der Fall. In der Regel gibt es immer Aktien, die sich viel schlechter als der Durchschnitt entwickeln und die man früher oder später gegen solche tauschen sollte, die besser im Trend liegen. Am besten vergisst man nach einem Kauf sofort, zu welchem Preis man eine Aktie eingekauft hat. Denn für die Zukunftsaussichten des Unternehmens ist dies völlig irrelevant.

Eine der wichtigsten Regeln im Börsengeschäft lautet: Gewinne laufen lassen, Verluste glattstellen! Also: gute Aktien halten, schlechte auch mit Verlust verkaufen. An der Börse müssen wir nämlich genau das Gegenteil dessen tun, was die meisten von uns als Kinder gelernt haben, nämlich zu einmal getroffenen Entscheidungen zu stehen, notfalls bis zum bitteren Ende. Es ist bereits in der Erziehung sehr fragwürdig, nach solchen Prinzipien zu verfahren; umso mehr müssten wir als Erwachsene solche Verhaltensweisen abstreifen können. Die Märkte sind nun einmal nicht statisch, sondern dynamisch. Neue Situationen erfordern neue Reaktionen! So werden wir zwar stets sorgfältig prüfen müssen, ob eine getroffene Entscheidung für eine Aktie, ein Land oder eine Branche tatsächlich neu aufgerollt werden muss. Aber wir müssen korrigieren, wenn die Voraussetzungen, unter denen wir einst gehandelt hatten, nicht mehr gegeben sind. Das gilt auch dann, wenn wir eine Position mit Verlust beenden müssen. Wer aus dem Bedürfnis heraus, immer Recht zu behalten, niemals korrigierende Maßnahmen ergreift, zeigt nur seinen Starrkopf und seine Unbeweglichkeit und wird an der Börse niemals größere Erfolge verzeichnen können.

Eine wichtige Anlageregel lautet also: Folge dem Trend, aber kontrolliere, ob seine Richtung und Stärke fundamental betrachtet überhaupt Bestand haben können!

Den meisten Börsenteilnehmern ist der Begriff der »relativen Stärke« (RS) von Aktien bekannt. Darunter versteht man das Trendverhalten einer Aktie, verglichen mit dem Trendverhalten anderer Aktien. Ich berechne die relative Stärke einer Aktie nach der folgenden Formel:

RS = aktueller Kurs x 100/15-Monats-Durchschnitt

Beispielsweise bedeutet eine RS von 130, dass der Kurs der Aktie 30 Prozent über seinem 15-Monats-Durchschnitt liegt. Und eine RS von 85 heißt: Der Kurs liegt 15 Prozent unter seinem 15-Monats-Durchschnitt.

Allerdings ist eine solche Berechnung für eine einzelne Aktie allein noch nicht sonderlich hilfreich. Sehr viel wesentlicher ist die Anordnung der zu vergleichenden Aktien in einer übersichtlichen Tabelle. Die Aktie mit dem höchsten RS-Wert wird auf Platz 1 gesetzt, diejenige mit dem geringsten (also die trendschwächste) auf den letzten Platz. Diese übersichtliche Tabelle erspart mir auch den Trendvergleich anhand eines Charts. Eine zusätzliche Hilfe ist es, ein aktuelles 9-Monats-Hoch mit einem »H« zu vermerken, ein 9-Monats-Tief mit einem »T«.

Ein Anhänger der Theorie der effizienten Märkte würde behaupten, solche Tabellen seien unnütze Zahlenspielereien. Denn alle Informationen seien bereits in den Aktienkursen enthalten. Aus der Relative-Stärke-Tabelle nun schließen zu wollen, dass die Aktien, die vorn liegen oder ein H aufweisen, auch in der nächsten Zeit besser im Trend liegen, sei verfehlt. Freilich sei auch nicht richtig, dass die Aktien, die in der Tabelle hinten liegen oder ein »T« aufweisen, künftig bessere Chancen hätten. Nein, die Tabelle entspreche eben dem momentanen Informationsstand, sage aber überhaupt nichts über die Zukunft aus.

Aber dies ist ein Irrtum. Ich gebe gern zu, dass das Prinzip der relativen Stärke nur funktionieren kann, wenn es Börsenteilnehmer gibt, die doch etwas mehr wissen als andere. Sie müssen nicht einmal Manager des Unternehmens sein. Es genügt, wenn sie beispielsweise einen großen Fonds managen und sich entschlossen haben, in ein bestimmtes Unternehmen einzusteigen. Sie können ihre Käufe nicht auf einmal vornehmen, sondern nur Schritt für Schritt. Dies spiegelt sich dann sofort in der Tabelle der relativen Stärke wider.

Welche wertvollen Insiderinformationen der relativen Stärke entnommen werden können, zeigt ein aktuelles Beispiel aus dem Jahr 2007, als die IKB-Bank knapp vor dem Aus stand (Diagramm 24).

Am Freitag, dem 20. Juli 2007, als ich die hier mit 3 nummerierte und einen Tag später erstmals veröffentlichte Tabelle erstellte, gab es noch keine Hinweise auf einen notleidenden Fonds oder eine Kreditklemme beim MDAX-Wert IKB. Dennoch zeigte die Aktie der hoch

Diagramm 24: Der Verlauf des Kurses der IKB-Aktie im Jahr 2007

Die relative Schwäche der IKB-Aktie war schon im ersten Halbjahr 2007 erkennbar, weil in dieser Zeit die Kurse fast aller übrigen Aktien noch anstiegen.

angesehenen Mittelstandsbank bezüglich ihrer relativen Stärke ein merkwürdiges Verhalten. Sie stand an drittletzter Stelle und wies ein »T« auf (also ein 9-Monats-Tief), obwohl die letzten bis dahin veröffentlichten Meldungen über die Bank glänzend ausgefallen waren. Erst am Montag, dem 30. Juli, erschienen Pressemeldungen über die finanzielle Schieflage. Am selben Tag verlor die Aktie 20 Prozent ihres Kurswerts.

Tabelle 3: Relative Stärke der Aktien im MDAX am 20. Juli 2007

Nr.	Titel	RS	H/T	Nr.	Titel	RS	H/T
1	Klöckner & Co	207,51	H	24	Hugo Boss Vz.	116,11	
2	SGL Carbon	201,83	H	25	Celesio	113,76	
3	Salzgitter	171,74	H	26	Heidelberger Druck	112,75	H
4	Wacker Chemie	168,10	H	27	Rheinmetall	112,44	
5	Krones	165,22		28	Aarealbank	108,51	
6	Gea (MG Techn.)	159,74		29	Lanxess	107,32	
7	Vossloh	156,05		30	Hannover Rück	106,33	
8	Norddt. Affinerie	153,67		31	Puma	105,46	
9	Kali & Salz	149,43		32	Karstadt	104,30	
10	Premiere	149,20		33	HeidelbergCement	101,46	
11	MTU Aero Engines	147,54	H	34	Depfa Bank (Irland)	101,22	
12	Hochtief	147,19		35	AWD	99,64	
13	IWKA	131,52	H	36	Deutz	99,54	
14	Wincor Nixdorf	124,12		37	Pfleiderer	99,16	
15	Fresenius St.	123,81		38	IVG	96,99	T
16	Praktiker	123,11	H	39	Altana	96,83	
17	Douglas	122,24		40	MLP	96,69	
18	Stada	122,10	H	41	Dt. Euroshop	92,99	T
19	Rhön-Klinikum	121,65		42	Fraport	91,47	T
20	Leoni	120,46	H	43	Südzucker	90,64	
21	Symrise	120,19	H	44	IKB	84,07	T
22	Bilfinger & Berger	119,28		45	Gagfah (Lux)	74,02	T
23	Beiersdorf	116,71		46	Patrizia Immobilien	61,82	T

Hier muss Insiderwissen gewirkt haben, das schon sehr bald in der Kursentwicklung der IKB-Aktie sichtbar wurde. Denn IKB hatte ein Jahreshoch bereits Anfang Februar 2007 gemeldet und die 20-Prozent-Hausse des MDAX in der ersten Jahreshälfte 2007 überhaupt nicht mitgemacht. Eine solche Kursentwicklung ist nur möglich, wenn einige Börsenteilnehmer mehr wissen als andere.

Ein anderes Beispiel bietet die Conergy-Aktie (Tabelle 4).

Tabelle 4: Relative Stärke der Aktien im TecDAX am 26. Oktober 2007

Nr.	Titel	RS	H/T	Nr.	Titel	RS	H/T
1	Solon	197,17		15	IDS Scheer	104,21	
2	Q-Cells	171,96	H	16	Software AG	102,46	
3	Bechtle	154,48	H	17	Freenet	100,50	
4	Aixtron	154,24	H	18	AT&S	99,68	
5	Ersol	149,24	H	19	Carl Zeiss	97,32	
6	SolarWorld	147,35	H	20	Pfeiffer Vacuum	91,62	T
7	Nordex	144,47		21	MorphoSys	91,61	
8	TeleAtlas (NL)	143,03		22	Adva Optical	89,36	
9	Kontron	141,24	H	23	Epcos	86,46	T
10	Wire Card	132,06		24	Singulus	78,75	T
11	Qiagen (NL)	120,95	H	25	Conergy	69,77	T
12	Drägerwerk Vz.	112,81		26	QSC	65,60	T
13	Rofin-Sinar (USA)	112,07		27	Versatel	60,14	
14	United Internet	107,94		28	GPC Biotech	51,29	

Im Oktober 2007 standen Solaraktien hoch im Kurs. Einer der begehrtesten Werte war in den Jahren 2006/07 Conergy, ein Titel im TecDAX. Sämtliche Solarwerte wiesen wegen ihrer guten Zukunftsaussichten ein hohes Kurs-Buchwert-Verhältnis auf. Q-Cells notierte bei mehr als dem 20-Fachen seines Buchwerts, Solarworld und Solon beim Achtfachen, Conergy beim Sechsfachen. Es hätte auffallen müssen, dass Conergy gemessen an der relativen Stärke nicht nur deutlich hinter den anderen Solarwerten lag, sondern darüber hinaus ein neues 9-Monats-Tief meldete. Der Kurs war in einer Woche von 19 Euro auf 13,32 Euro (26. Oktober 2007) gefallen, was einem Kurssturz von 30 Prozent entspricht – und dies in einem nicht unfreundlichen Börsenumfeld.

Auch hier wussten offenbar einige Insider bereits mehr, und die RS-Liste vom 26. Oktober enthielt deutliche Hinweise darauf. Wer jetzt nicht ausstieg, musste miterleben, wie der Kurs von Conergy schließlich auf das Niveau eines »Penny Stocks« (das heißt einer Aktie, deren Kurswert nur noch in Cent gemessen wird) gedrückt wurde.

Was war geschehen? Im Unterschied zu anderen Solarwerten war Conergy unerwartet in Lieferschwierigkeiten geraten, da dringend notwendige Rohstofflieferungen auf sich warten ließen. Die Auftragslage war gut, aber Conergy konnte mangels Rohstoffen die Aufträge nicht wie gewünscht ausführen. Eine Katastrophe!

Für die Anleger wäre aber diese Katastrophe vermeidbar gewesen, wenn sie auf ein paar einfache Daten geachtet hätten: Relative Stärke (RS), Kurs-Umsatz-Verhältnis (KUV) und Kurs-Buchwert-Verhältnis (KBV). Conergy zum Beispiel hätte verkauft werden müssen, und zwar spätestens als die Aktie Ende Oktober 2007 ein neues 9-Monats-Tief meldete.

Selbstverständlich verleitet die relative Stärke auch zu manchen Fehlprognosen. Denn auch Großanleger, die Aktien nach oben treiben oder Kursschwächen durch Verkäufe verursacht haben, können sich irren. Aber zur Sicherheit haben wir ja noch ein weiteres Kriterium dafür in der Hinterhand, ob eine Aktie kaufenswert ist: ihre Bewertung.

Unternehmensumsätze und Buchwerte

Der Börsenwert der GPC Biotech, ein einstmals im TecDAX enthaltenes Unternehmen, lag seinerzeit monatelang um das 20- bis 30-

Diagramm 25: Der Verlauf des Kurses der Conergy-Aktie, 2007 bis 2008

Die viel gepriesene Solaraktie Conergy stürzte binnen eines Jahres von 20 Euro auf nur noch einen Euro ab!

Fache über ihrem Jahresumsatz. Derartige Verhältnisse sind äußerst ungewöhnlich. Aber bei einem Biotech-Wert, der angeblich ein wirksames Krebsmittel auf den Markt bringen will, ist man in der Börsenbewertung mitunter sehr großzügig. Diese Bewertung war dann allerdings doch zu optimistisch, wie sich später herausstellen sollte.

Ab Februar 2007 tendierte die Aktie im Verhältnis zu anderen TecDAX-Werten recht schwach. Warum, das konnten nur Insider wissen. Am 20. Juli 2007 ging der Kurs bei einem Stand von 23 Euro in den freien Fall über und landete bei 15 Euro; da sickerten erste Meldungen durch, dass mit der US-Zulassung für ein neues Medikament nicht zu rechnen sei. Doch erst am 25. Juli 2007 erfuhr man Näheres, und der Kurs stürzte abermals ab. Betrachten wir noch einmal die TecDAX-Liste vom 26. Oktober 2007 (Tabelle 4). GPC Biotech war an diesem Tag bereits auf den letzten Platz zurückgefallen und entwickelte sich auch im Jahr 2008 unterdurchschnittlich (Diagramm 26).

Was war hier geschehen? Die Aktie war jahrelang überbewertet worden, weil man glaubte, die Firma werde bald ein wirksames Krebsmittel auf den Markt bringen. Dann aber stellte sich heraus, dass das besagte Krebsmittel namens Satraplatin in den USA wider Erwarten keine Zulassung erhalten hatte. Die Vorschusslorbeeren waren verbraucht. Auch die Aktie von GPC Biotech fiel auf das Niveau eines Penny Stocks zurück – und später wegen ihres geringen Marktwerts auch aus dem TecDAX.

Hätten die Anleger nur ein wenig mehr auf das Kurs-Umsatz-Verhältnis oder das Kurs-Buchwert-Verhältnis – oder besser noch: auf beide Indikatoren – geachtet!

Das Kurs-Umsatz-Verhältnis (KUV) wird errechnet, indem man den Börsenwert des Unternehmens (Kurswert mal Zahl der Aktien) durch seinen Jahresumsatz teilt. Das KUV sollte in der Regel den Wert 1,2 nicht überschreiten. Beachtet man dies nicht, können sich Anlage-Katastrophen ereignen wie jene im Fall von GPC Biotech – dessen KUV, wie erwähnt, ständig zwischen 20 und 30 lag.

Suchen Sie also möglichst nicht nach »Wachstumsaktien« für Ihr

Diagramm 26: Der Verlauf des Kurses der GPC Biotech, 2006 bis 2008

GPC Biotech konnte seine viel zu hohen Bewertungen nicht halten, als der Erfolg bei seinem Krebsmittel ausblieb.

Depot, die ein hohes KUV aufweisen. Denn erstens wachsen Unternehmen nur in der Aufbauphase oder direkt nach Abschluss einer Verlustphase sehr stark; ein dauerhaft gleichbleibendes Wachstum ist praktisch ausgeschlossen. In Branchen, in denen hohes Wachstum möglich ist, finden sich schnell Konkurrenten. Deshalb kann jedes Unternehmen bestenfalls für kurze Zeit überdurchschnittlich stark wachsen. Im Übrigen ist »Wachstum« in vielen Fallen das Resultat kostspieliger Übernahmen. Dann aber ist es nicht langfristig tragfähig, denn ein Konzern, der ständig durch Übernahmen wächst, verschuldet sich immer mehr.

An dieser Stelle ist es wohl angebracht, ein paar grundsätzliche Überlegungen zum Thema »Übernahmen« anzustellen. In der Mehrzahl aller Fälle scheitern die Übernahmen. Das hat verschiedene Gründe. Der Hauptgrund sind die Mitarbeiter, die mit Recht um ihre Arbeitsplätze fürchten und dann ihre Kenntnisse und Erfahrungen im fusionierten Konzern nicht weitergeben. Für die Aktionäre des übernehmenden Konzerns sind Übernahmen fast immer von Nachteil, wie die Fälle Daimler/Chrysler, Allianz/Dresdner Bank und die Übernahme der niederländischen ABN Amro Bank durch die britische Royal Bank of Scotland gezeigt haben. Auf der anderen Seite haben die Aktionäre des Unternehmens, das übernommen werden soll, zunächst Anlass zur Freude. Sie sollten allerdings nicht auf höhere Kurse und Abfindungen warten, sondern möglichst bald die Aktien an der Börse verkaufen. In der Regel sind dann alle Fakten im Kurs enthalten und die Fantasie verpufft (siehe auch Diagramm 27).

Dieser Kurssturz ist für die Royal Bank of Scotland, die nun nach der Übernahme der ABN Amro Bank Marktführerin bei Zertifikaten ist, eine Katastrophe. Denn Zertifikate sind rechtlich gesehen Schuldverschreibungen und werden nur dann gekauft, wenn es keine Zweifel an der Zahlungsfähigkeit der Bank gibt.

Aber kommen wir zurück zu den Bewertungen der Aktien. Neben dem KUV ist auch das Kurs-Buchwert-Verhältnis (KBV) eine wichtige Kennzahl. Es entspricht dem Aktienkurs, geteilt durch den Buchwert pro Aktie. Das KBV sollte möglichst nicht über 2,5 liegen.

Diagramm 27: Der Verlauf des Aktienkurses der Royal Bank of Scotland, 2007 bis 2008

Im Jahr 2007 übernahm die Royal Bank of Scotland die ABN Amro Bank. Dies ging augenscheinlich über ihre Kräfte.

Mit anderen Worten: Die Börsenbewertung des Unternehmens (das heißt der Gesamtwert aller Aktien) sollte nicht über dem Zweieinhalbfachen dessen liegen, was der Konzern laut Bilanz wert ist. Der Buchwert entspricht dem Eigenkapital des Unternehmens, also dem nach Abzug aller Schulden verbleibenden Betrag seines Vermögens. Ich verwende das KBV vor allem bei Finanztiteln und Beteiligungsgesellschaften, weil deren Umsätze nicht so aussagekräftig sind wie jene der Industrieunternehmen. Richtig ist aber, dass die Buchwerte von geschickten Bilanzbuchhaltern eher zurechtgebogen werden können als die Jahresumsätze. Übrigens lag der Börsenwert von GPC Biotech Ende Juni 2007 ebenfalls beim Zehnfachen des Buchwerts (das KBV lag genauer gesagt bei 10,15). Auch das war für aufmerksame Aktionäre bereits ein Warnsignal.

Das Kurs-Gewinn-Verhältnis

Viele Anleger beachten anstelle der Kennzahlen KUV und KBV lieber das Kurs-Gewinn-Verhältnis (KGV), das heißt den Börsenwert geteilt durch den Jahresgewinn. Obwohl es sehr viel weniger aussagekräftig ist, erfreut es sich doch einer sehr viel größeren Aufmerksamkeit der Medien. Eine faire Bewertung wird durch ein KGV von etwa 10 bis 16 ausgedrückt. Eine Aktie mit einem KGV von weniger als 10 ist in der Regel unterbewertet, ein KGV von 17 und mehr deutet hingegen auf eine Überbewertung hin.

Mithilfe des KGV lässt sich schnell feststellen, ob der aktuelle Börsenkurs eine Unterbewertung ausdrücken oder aber im Gegenteil zu weit davongelaufen sein mag. Aber Sie sollten dem KGV keinen allzu hohen Stellenwert zumessen. Die interessantesten Unternehmen für den Aktienkäufer sind ja diejenigen, die noch in der Verlustzone stecken und vielleicht erst in ein bis zwei Jahren Gewinne machen; da winken die höchsten Kursgewinne! Mit dem KGV werden Sie niemals mögliche künftige Gewinne ermitteln können, aber niedrige

KUV- und KBV-Werte können darauf hindeuten, dass ein sehr viel höherer Gewinn möglich wäre, sobald das Unternehmen rentabler wirtschaften kann. Außerdem sind die Umsatzzahlen am wenigsten leicht manipulierbar. Gewinne und Buchwerte können von einem geschickten Bilanzbuchhalter weitgehend gedehnt, versteckt oder verlagert werden. Bei Umsätzen ist das nicht so leicht möglich.

Dass das KUV einer Aktie viel aufschlussreicher ist als das KGV oder das Kurs-Cashflow-Verhältnis, darauf hat James P. O'Shaughnessy in einer US-Studie über die Jahre 1950 bis 1997 hingewiesen. Er meint, es habe sich als eine gute Faustregel erwiesen, dass der Börsenwert (die Wertsumme aller Aktien, auch Börsenkapitalisierung genannt) ungefähr dem Jahresumsatz eines Unternehmens entsprechen sollte. Eine Ausnahme sind Pharma-Werte, bei denen das KUV traditionellerweise doppelt so hoch liegt.

Vergleichen wir allerdings O'Shaughnessys Durchschnittswert von 1,0 mit europäischen Zahlen, so können wir feststellen, dass zumindest das KUV deutscher Aktien in den letzten 20 Jahren mit 0,56 im Durchschnitt deutlich geringer war (siehe dazu auch Diagramm 20, Seite 141).

Lassen wir die Frage also offen, wo tatsächlich das »faire« durchschnittliche KUV liegt. Jedenfalls sollten Sie zur Ermittlung des tatsächlichen KUV nie geschätzte Zahlen heranziehen, sondern immer den letzten vom Unternehmen veröffentlichten Wert des Jahresumsatzes.

KUV und relative Stärke im Verbund

O'Shaughnessy wies in seiner oben erwähnten Studie nach, dass man am besten fährt, wenn man bei seiner Aktienauswahl das KUV mit der relativen Stärke der untersuchten Aktie kombiniert. Ich habe dies ebenfalls jahrelang überprüft und kann bestätigen, dass dieses Rezept tatsächlich hilft, eine im Vergleich mit dem relevanten Index bessere

Aktienauswahl zu treffen. Meine Regel lautet daher: Kaufe Aktien, deren KUV den Wert 1,2 nicht überschreitet und die gleichzeitig in einem Relative-Stärke-Vergleich in ihrem Land weit vorn liegen.

Dieses Verfahren ist den meisten Analysten und Fondsmanagern offenbar nicht bekannt, denn es wird selten zitiert. Und wenn ein Anleger etwas weiß, was die meisten anderen nicht wissen, dann ist er bereits im Vorteil, wie Ken Fisher mit Recht sagt.

Freilich könnte man die Frage stellen, ob ein niedriges KUV nicht darauf hindeutet, dass die Firma unrentabel arbeitet. Denn die Umsätze bergen womöglich keine ausreichend hohen Gewinne, um den Kurs zu beflügeln. Das kommt in der Tat oft vor, aber derart schwache Unternehmen erkennen wir in der Regel an ihrem niedrigen RS-Wert.

Wir wählen also unsere Aktien durch eine Kombination aus relativer Stärke und Kurs-Umsatz-Verhältnis aus. Der Profi kauft in der Regel die relativ stärksten Aktien, aber er nimmt nur solche Werte in sein Depot, die zugleich ein KUV unter 1,2 aufweisen. Er kauft also niedrig bewertete Aktien, jedoch mit dem Sicherheitsfilter der relativen Stärke. Es genügt nicht, dass die Aktien »billig« sind. Sie müssen auch »begehrt« sein, also gut im Trend liegen. Ist beides der Fall, müsste ein so zusammengesetztes Depot nach menschlichem Ermessen besser abschneiden als der Durchschnitt, also der relevante Index. Für sich allein genommen bringt das KUV wenig. Zahlreiche Firmen, die kurz vor der Pleite standen, wiesen stets ein geringes KUV auf. Aber sie wiesen zugleich eine schlechte relative Stärke auf und waren daher als Pleitekandidaten erkennbar.

Man muss den Wert 1,2 allerdings je nach Branche flexibel handhaben. Die KUV von Pharmawerten zum Beispiel sind mit durchschnittlich 2 bis 3 meist relativ hoch, während die KUV von Autobauern, Bautiteln und Maschinenbauern im Mittel nur etwa 0,2 bis 0,7 betragen. Die Gewinnmargen sind in der letztgenannten Gruppe vergleichsweise gering. Aber auch das kann sich ändern. Jedenfalls ist ein KUV von 4 oder mehr, also eine Bewertung mit dem vierfachen Jahresumsatz, immer zu hoch, unabhängig davon, wie stark eine Firma angeblich wachsen wird. Dass der Wachstumsfaktor wenig hilfreich ist, habe ich schon erwähnt. Ein Konzern müsste beispielsweise eine lang anhaltende Monopolstellung innehaben, um dauerhaft konstant wachsen zu können.

Ich erwähnte schon, dass sich Finanztitel, Immobilienwerte und Beteiligungsgesellschaften nicht anhand des KUV bewerten lassen. Der Grund dafür ist nicht nur, dass ihre Umsätze mit Industrieumsätzen nicht vergleichbar sind. Hoher Immobilienbesitz beispielsweise kann einen erheblichen Unternehmenswert darstellen, selbst wenn die Gesellschaft nur geringe Umsätze meldet. Bei diesen Branchen müssen das Kurs-Buchwert-Verhältnis und auch das Kurs-Mitarbeiter-Verhältnis (KMV) mit herangezogen werden. Letzteres wird berechnet, indem man den Börsenwert (in Euro) durch die Zahl der Mitarbeiter teilt. Der Börsenwert pro Mitarbeiter ist allerdings von Branche zu Branche sehr verschieden. Branchen, die stark von menschlicher Arbeitskraft abhängen, wie Maschinenbauer, Autobauer, Bauindustrie und Elektronik, weisen ein KMV von 0,07 bis 0,10 Millionen Euro pro Mitarbeiter auf, für Banken und Versicherer sind 0,20 Millionen Euro die Regel, für Energieproduzenten und Stromversorger 0,47 Millionen Euro und für Beteiligungs- und Immobiliengesellschaften 0,45 Millionen Euro. Das höchste KMV hat die Pharmabranche mit 0,52 Millionen Euro.

Der ifo-Geschäftsklima-Index

Die Erfinder des ifo-Geschäftsklima-Index beschreiben ihre Vorgehensweise wie folgt: »Monatlich werden circa 7000 Unternehmen des verarbeitenden Gewerbes, des Bauhauptgewerbes, des Großhandels und des Einzelhandels gebeten, ihre gegenwärtige Geschäftslage zu beurteilen und ihre Erwartungen für die nächsten sechs Monate mitzuteilen. Das ifo-Geschäftsklima wird seit 1972 regelmäßig vom ifo Institut für Wirtschaftsforschung veröffentlicht. Seinen tiefsten Wert im vereinigten Deutschland erreichte der Index mit 84,8 Punkten im

Februar 1993. Das Allzeit-Hoch des ifo-Index wurde im Dezember 2006 mit 108,8 Indexpunkten erreicht und übertraf damit leicht den vorherigen Höchstwert aus dem Januar 1991 (108,2 Punkte).«

Wenn Sie die Diagramme 28 und 29, das heißt den DAX und den ifo-Index miteinander vergleichen, so fällt deren parallele Entwicklung unmittelbar ins Auge. Die Frage ist nur: Beeinflusst der ifo-Index den DAX oder umgekehrt der DAX den ifo-Index? Oder beeinflussen sie sich beide gegenseitig? Denn von der Beantwortung dieser Frage hängt ab, ob man den ifo-Index als brauchbaren Indikator für die Aktienkursentwicklung ansehen kann oder nicht.

In den letzten Jahren habe ich die Indexverläufe ausgehend von dieser Frage getestet. Die Grundüberlegung dabei lautet wie folgt: Wenn im Monatsvergleich der ifo-Index zulegt und der DAX schwächer tendiert oder wenn umgekehrt der ifo-Index zurückfällt, während der DAX weiter nach oben tendiert, dann müsste der DAX im darauffolgenden Monat entsprechend korrigieren – immer vorausgesetzt, dass der ifo-Index den DAX beeinflusst.

In den 21 Fällen, in denen der ifo-Index und der DAX in den Jahren 2005 bis 2008 keine monatliche Parallelentwicklung vorwiesen, glich sich der DAX im darauffolgenden Monat in zwölf Fällen an, neun Mal hingegen nicht. Daraus können wir schließen, dass zwar Zusammenhänge zwischen dem DAX und dem ifo-Index bestehen,

Diagramm 28: Der Verlauf des ifo-Geschäftsklima-Index, 1997 bis 2008

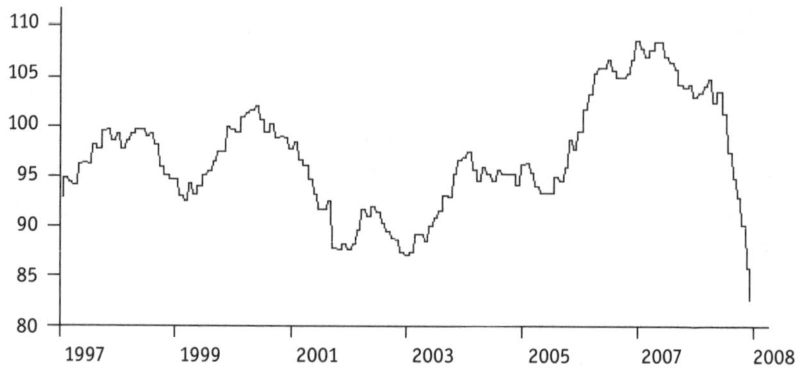

Diagramm 29: Der Verlauf des DAX, 1997 bis 2008

Die Kurven des ifo-Geschäftsklima-Index und des DAX weisen weitgehende Parallelen auf. Aber wer beeinflusst wen?

dass jedoch der ifo-Index kein ausgezeichneter Frühindikator ist. Er beeinflusst zweifellos den DAX und sollte deshalb auch beobachtet werden. Aber offenkundig wird er auch seinerseits vom DAX beeinflusst, wenn auch augenscheinlich etwas schwächer als umgekehrt.

Der ifo-Index ist aber insofern ein brauchbarer Indikator, als man sorgfältig beobachten sollte, ob seine Richtung mit der des DAX übereinstimmt. Weicht der DAX monatelang von der Richtung des ifo-Index ab, so ist die Wahrscheinlichkeit groß, dass eine Korrektur unmittelbar bevorsteht.

Die Fünf-Indikatoren-Methode

Zinssignale: Immer noch »zeitgemäß«?

Es gibt eine alte Börsenregel, wonach gute Wirtschaftsdaten schlechte Börsennachrichten sind. Denn eine gute Konjunktur setzt Kräfte in Gang, die für fallende Kurse sorgen. Da sind zum einen die Gewerkschaften, die sich zu hohen Lohnforderungen ermutigt fühlen könnten. Daraufhin wiederum könnten sich die Zentralbanken genötigt sehen, auf befürchtete höhere Inflationszahlen vorsorglich mit Zinserhöhungen zu reagieren.

Sinkende Anleihezinsen entlasten die Unternehmen, die ja großenteils mit Fremdkapital arbeiten. Steigende Zinsen führen zu höheren

Diagramm 30: Die Rendite zehnjähriger US-Staatsanleihen, 1982 bis 1988

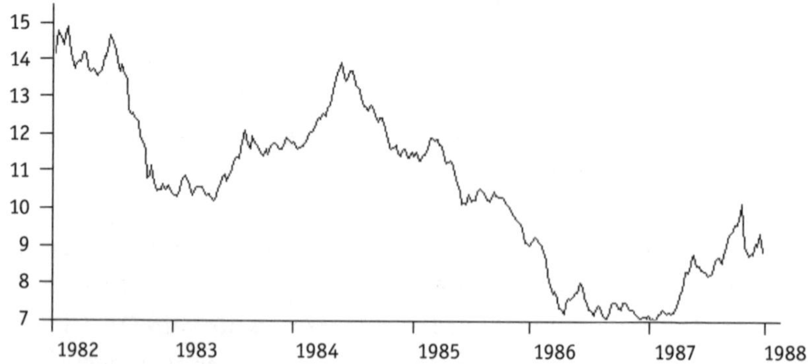

Diagramm 31: Der Verlauf des Standard & Poor's 500-Index in den USA, 1982 bis 1988

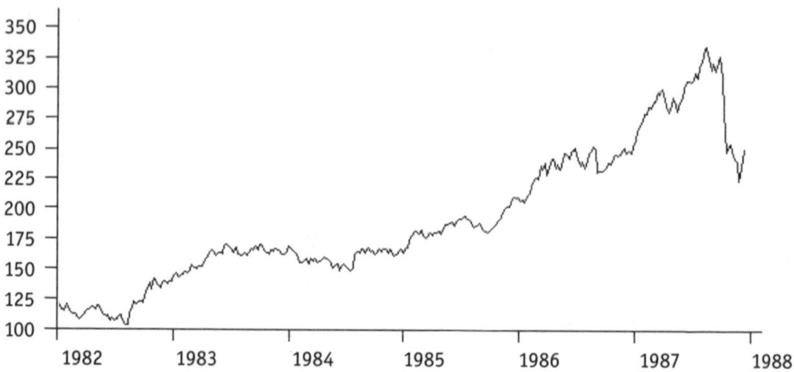

Sinkende Anleihezinsen führten in den Jahren 1982 bis 1987 zu steigenden Aktienkursen, steigende Anleihezinsen wiederum zogen einige Monate später absteigende Aktienkurse nach sich.

Kosten. Sinkende Zinsen führen außerdem dazu, dass die Käufe von Anleihen immer weniger attraktiv werden, weshalb die Anleger dann eher bereit sind, ihre Chancen am Aktienmarkt wahrzunehmen. Diese Regel hatte sich in den 1960er Jahren bis in die 1990er Jahre hinein durchgehend bewährt. Deshalb schrieb ich auch in meinen früheren Publikationen, der Aktienkäufer müsste fast nichts anderes beachten als den Trend der Anleihezinsen.

Inzwischen gilt dies nicht mehr ohne weiteres. Die Zinsen liegen heutzutage auf einem wesentlich niedrigeren Niveau als in den 1970er und -80er Jahren. Gelten die alten Regeln dennoch auch weiterhin? Dagegen spricht, dass der dramatische Kurssturz des Jahres 2008 mit sinkenden Anleihezinsen einherging.

Sind die Zinsen also nur bei hohen Inflationsraten ein guter Indikator für den Aktienmarkt? Seit dem Ende der 1990er Jahre gelten bereits Anleihezinsen von rund 5 Prozent als »hoch«. Solche Zinssätze tangierten den Aktienmarkt in den Jahren 2006 und 2007 kaum mehr. Die Aktienkurse stiegen trotzdem. Stimmt es nun wirklich, dass Gefahren für den Aktienmarkt heute ausschließlich in der Deflation zu sehen sind, also in einem Finanzkollaps, der durch Zahlungsunfähigkeit und Pleiten hervorgerufen wird? Stimmt es, dass es nur darauf ankommt, dass diese Gefahr durch bessere Wirtschaftszahlen geringer wird, und dann werde die Börse darauf mit steigenden Kursen reagieren? Kurz: Werden die Aktienkurse heutzutage fast ausschließlich von den besseren oder schlechteren Gewinnaussichten der Unternehmen getragen, während die Zinsen weder positive noch negative Impulse geben können?

Betrachten wir die Diagramme 32 und 33. Im ersten Halbjahr 2007 stiegen die Zinsen, ebenso wie die Aktienkurse. Anschließend sanken sie. Die Aktienkurse schlugen die gleiche Richtung ein, jedenfalls im Jahr 2008. Wie aber verhält sich diese Beobachtung zu der alten Regel, wonach sinkende Zinsen und steigende Aktienkurse zusammengehören? Hat sich diese Regel überlebt?

Richtig ist, dass in einer Situation, in der das Geld knapp wird und Konkurse drohen, die Zinssignale weniger gute Indikatoren für

Diagramm 32: Die Rendite zehnjähriger US-Staatsanleihen, 2006 bis 2009

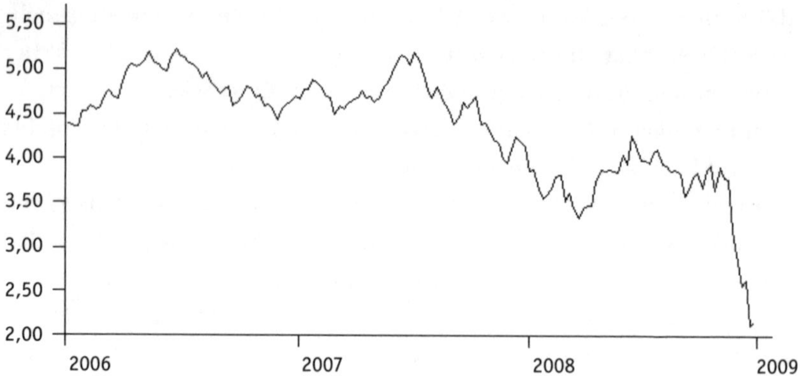

Diagramm 33: Der Verlauf des Standard & Poor's 500-Index in den USA, 2006 bis 2009

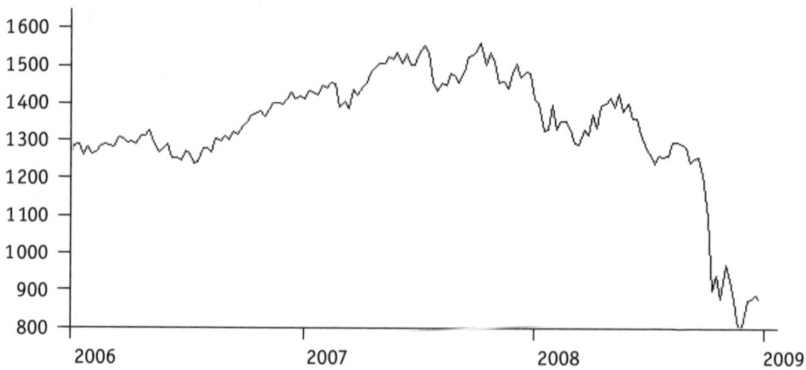

Dem flüchtigen Betrachter erscheint es heute so, als seien Kursverluste bei Aktien eher mit sinkenden als mit steigenden Zinsen in Verbindung zu bringen.

den Aktienmarkt sind als in Zeiten, in denen Inflation droht und die Zinsen attraktiv hoch sind und beispielsweise bei 9 bis 12 Prozent betragen. Die Zinsen steigen, wenn die Konjunktur gut läuft, wenn es den Unternehmen gut geht und wenn Preissteigerungen drohen. Die Zinsen sinken, wenn sich die Nachfrage abschwächt und weniger investiert wird. Insofern kommt es darauf an, was Anleger mehr fürchten: steigende Zinsen oder eine schwache Konjunktur. Fürchten sie nur das Letztere, dann haben Zinstrends zunächst keinen unmittelbaren Einfluss auf das Börsengeschehen.

Aber man sollte nicht das Kind mit dem Bade ausschütten. Langfristig haben natürlich die Zinsen einen erheblichen Einfluss, sowohl auf die Unternehmenskosten als auch auf das Anlegerverhalten. Unattraktive Zinsen unter 4 Prozent, wie sie Ende 2008 herrschten, machen Aktien allein schon wegen ihrer Dividendenrendite wieder interessant. Und eine schwächere Konjunktur, die meist von sinkenden Zinsen begleitet wird, schreckt nur dann die Börsianer, wenn tatsächlich Zusammenbrüche von Unternehmen oder Banken drohen. Ansonsten hat eine Nachfrageschwäche auch positive Seiten. Die Inflationsrate sinkt, die Rohstoffpreise gehen zurück und die Unternehmen werden auf der Kostenseite entlastet. Insofern bleiben fallende Zinsen Vorboten von wieder höheren Aktienkursen, während bei steigenden Zinsen die Kostenbelastung der Unternehmen steigt, sodass die Kurse früher oder später fallen dürften.

Wer die Zinsbewegungen nur oberflächlich betrachtet, übersieht, dass Zinsanstieg und Aktienkursrückgang (und umgekehrt Zinsrückgang und Aktienkursanstieg) zeitlich versetzt aufeinander folgen. Oft ist die Zeitverzögerung sehr lang. Kalkuliert man längere Vorlaufzeiten der Zinsbewegungen mit ein, dann ist der Einfluss der Zinsen auf den Aktienmarkt nach wie vor sehr groß.

Warum halfen die sinkenden Zinsen im Jahr 2008 nicht?

Die Zinsen sanken im Jahr 2008 nicht rasch genug, um eine wirkliche Kostenentlastung der Unternehmen zu bewirken, da die Rohstoffpreise noch unvermindert stiegen. Vor allem in Europa wurden die Zentralbankzinsen noch bis in den Herbst 2008 hinein kräftig erhöht. Gehen dann auch noch Banken in Konkurs oder können sie nur mit knapper Not gerettet werden, wie es im Herbst 2008 der Fall war, dann kommt es zu einer heftigen Vertrauenskrise, die auch durch nachgebende Zinsen nicht kompensiert werden kann. Die Angst vor einer Kettenreaktion von Konkursen steht so weit im Vordergrund, dass die Zinssignale nicht greifen können. Ist diese Angst vorbei, dann werden sich die positiven Seiten der schwachen Konjunktur wieder stärker bemerkbar machen: der fallende Ölpreis, die fallenden Rohstoffpreise, die niedrige Inflationsrate und die Entlastung der Unternehmen auf der Finanzierungsseite. Das alles konnte sich im Jahr 2008 nicht mehr auswirken, aber in den Jahren 2009 und 2010 ist damit zu rechnen.

Auch in der Asienkrise in den Jahren 1997 und 1998 gab es Panikreaktionen der Börse, die nicht durch steigende Zinsen verursacht waren. Die Furcht, die Kredite ganzer Staaten wie Thailand, Korea und Russland könnten notleidend werden, überwog. Sinkende Zinsen halfen zunächst nicht; die Weltbank und der Internationale Währungsfonds mussten eingreifen, ehe die Kurse sich erholen konnten.

Die Zinssignale warnten auch im Jahr 2000/01 nicht klar vor der drohenden Aktienbaisse. Die Aktienkurse waren damals im Vertrauen auf die neuen Technologien (beispielsweise rund um das Internet) viel zu stark gestiegen. Als klar wurde, dass in vielen Technologieunternehmen, etwa am Neuen Markt in Deutschland, nur heiße Luft und keine Substanz steckte, gerieten die Anleger in Panik. Der NEMEX, der Index des Neuen Marktes, büßte damals fast 90 Prozent seines Wertes ein. Diese Entwicklung zog natürlich auch den übrigen Aktienmarkt mit in ihren Sog.

Nur Vertrauen zählt in solchen Fällen. Sobald durch Maßnahmen der Regierungen das Vertrauen zurückgekehrt ist, kehren auch die Börsenbewertungen der Aktien wieder zur Normalität zurück, immer vorausgesetzt, die Unternehmen haben Substanz und verdienen tatsächlich Geld.

Wie definieren wir die Zinssignale?

Die Beobachtung der Zinsen und die Auswertung der Zinsentwicklung im Hinblick auf Kauf- und Verkaufssignale erfolgt in drei Schritten:

1. Fertigen Sie eine Tabelle an mit den Wochenschlusswerten der deutschen Umlaufrendite und der Rendite der zehnjährigen US-Staatsanleihen (auch »Treasury Bonds« genannt) an. Beide Zahlen finden Sie in jeder guten Tageszeitung; unter der Umlaufrendite versteht man die Durchschnittsrendite sämtlicher umlaufender deutscher Bundesanleihen mit einer Restlaufzeit von mehr als drei Jahren.
2. Überprüfen Sie, ob zuletzt bei diesen Zahlen ein 39-Wochen-Hoch oder ein 39-Wochen-Tief vorlag. (Ein 39-Wochen-Hoch liegt vor, wenn die neueste Zahl höher liegt als die Zahlen aller vorhergehenden 38 Wochen.)
3. Nur für den Fall, dass beide Zahlen ein 39-Wochen-Hoch gemeldet haben – wobei die Meldungen nicht zeitgleich erfolgen müssen –, geben die Zinsen ein weltweites Verkaufssignal.

Diese Methode hat sich in der Regel gut bewährt, von Ausnahmejahren wie 2008 abgesehen. So hätte beispielsweise ein Daueranleger, der am 26. Dezember 1969 in den DAX investiert hätte, bis Ende 2008 nur 5,3 Prozent jährliche Rendite erzielt. Wer aber im gleichen Zeitraum stets nach einem Zins-Verkaufssignal aus- und erst nach einem Kaufsignal wieder eingestiegen wäre, hätte bis Ende 2008 durchschnittlich 9,2 Prozent jährliche Rendite erzielt.

Der CRB-Index als wichtiger Inflationsindikator

Was viele Anleger am meisten beunruhigt, sind die Inflationsgefahren, verursacht durch die Schulden der meisten Industriestaaten, insbesondere der USA. Doch Schulden müssen nicht unbedingt zu Inflation führen. Die Gefahr einer Deflation ist zumindest ebenso groß, wenn alle Wirtschaftsteilnehmer plötzlich einen strikten Sparkurs einschlagen, ihr Geld zusammenhalten, nicht mehr investieren und Aufträge stornieren und wenn dann in einer Art Kettenreaktion eine Pleite auf die andere folgt. Ein typisches Kennzeichen einer Deflation sind sinkende Preise als Verzweiflungstat der Anbieter, um Käufer anzulocken, jedoch meist ohne Erfolg.

Eine Deflation schlimmsten Ausmaßes ereignete sich in den Jahren 1930 bis 1933 in der Weltwirtschaftskrise. Aber hartnäckige deflationäre Trends durchlitt auch Japan in den 1990er Jahren. Und alle großen Kurseinbrüche der letzten 15 Jahre am Aktienmarkt kamen nicht aus Angst vor Inflation zustande, sondern aus Angst vor Pleiten, Zahlungsunfähigkeit, Bankenzusammenbrüchen.

Auch ich halte solche Entwicklungen für die größere Gefahr in der Zukunft. Gegen eine Deflation hilft nur viel Kapital, nicht aber Sachwerte wie Aktien oder Gold oder Immobilien. In der Inflation hingegen sind Sachwerte gefragt, vor allem Gold oder Immobilien. Für Aktien gilt dies weniger, weil mit Recht befürchtet wird, dass die Inflation durch Verknappung der Geldmenge, Zinserhöhungen und Sparprogramme bekämpft wird. In einer Hyperinflation wiederum, in der das Bargeld zur Gänze entwertet wird (wie etwa in Deutschland im Jahr 1923), sind Aktien ebenfalls ein rettender Anker.

Was ist der beste Inflationsindikator?

Wie können wir Inflation frühzeitig erkennen? In der Regel beobachtet man dazu die Verbraucherpreise. Doch der Verbraucherpreisindex ist ein Spätindikator. Etwas frühzeitiger reagieren die Großhandels- oder Erzeugerpreise auf Inflation. Viele schwören auch auf die Beobachtung des Goldpreises. Doch dieser ist nicht immer repräsentativ für allgemeine Preisbewegungen.

Ich empfehle dagegen, besonders den CRB-Index genauer anzusehen. Er ist der älteste Rohstoffindex, die Abkürzung CRB steht stellvertretend für Commodity Research Bureau. Der CRB-Index umfasst die Preise aller Rohstoffe, das heißt nicht nur von Öl, Erdgas, Benzin, Gold und Metallen, sondern insbesondere auch die Preise der agrarischen Rohstoffe wie Weizen, Kaffee, Zucker, Sojabohnen, Kakao, aber auch die Preise lebender Schweine und Rinder.

Diagramm 34: Der Verlauf des CRB-Index, 2005 bis 2009

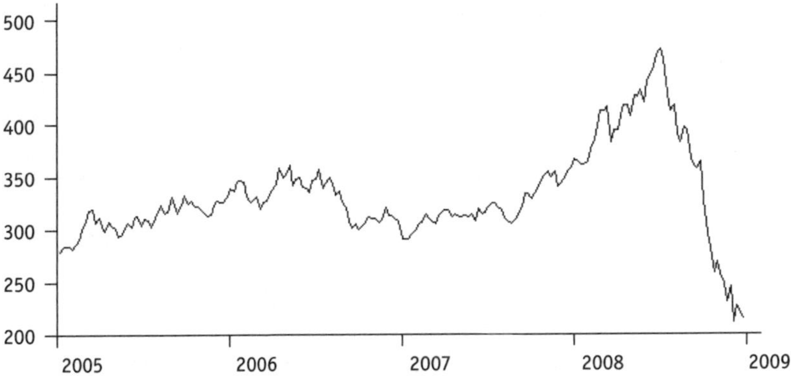

Der CRB-Index ist seit Mitte 2008 wieder auf dem Rückzug.

Der Einfluss des CRB-Index auf den Aktienmarkt

Versucht man, den Einfluss des CRB-Index auf den Aktienmarkt abzuschätzen, so könnte man zunächst zu dem Urteil gelangen, dass überhaupt kein Zusammenhang besteht. In den Jahren 2003 bis 2006 beispielsweise stieg der Index ständig an. Der Aktienmarkt ließ sich aber dadurch überhaupt nicht beeindrucken, vielmehr stiegen dort die Kurse ebenfalls – nicht zuletzt weil die Zinsen niedrig blieben.

Aber bei der Messung eines Preisauftriebs kommt es weniger darauf an, ob Rohstoffe oder Waren teurer werden. Entscheidend ist vielmehr, wie stark der Preisanstieg ausfällt, das heißt, ob er im Jahresvergleich stärker oder schwächer geworden ist. Misst man auf diese Weise die Steigerungsraten des CRB-Index, so stellt sich oft heraus, dass der Preisauftrieb nachgelassen hat, auch wenn der CRB-Index noch zunimmt. Das war bereits im Jahr 2006 und in der ersten Jahreshälfte 2007 der Fall (siehe Diagramm 35).

Insofern ist diese Jahresvergleichskurve ein recht guter Indikator für den Aktienmarkt. Ging sie nach oben, war dies negativ für Aktien. Eine fallende Kurve hingegen war ein Haussesignal.

Diagramm 35: Steigerungsraten des CRB-Index im Jahresvergleich in Prozent

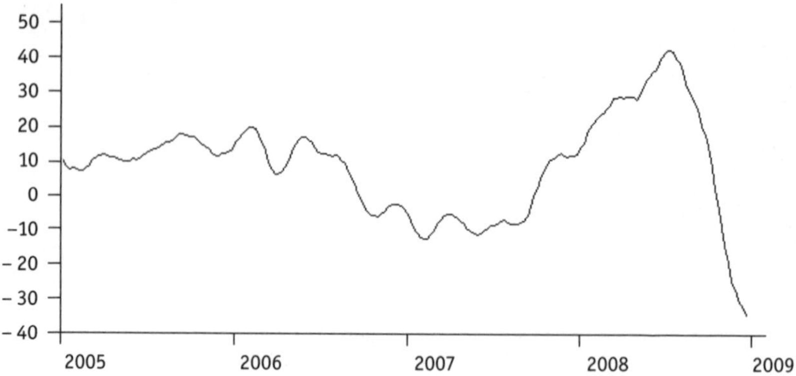

Gesunkene Preise wirkten sich 2006 und 2007 noch positiv auf den Aktienmarkt aus, die Preissteigerungen seit Mitte 2007 waren hingegen schädlich für den Aktienmarkt.

Im Jahr 2006 zum Beispiel gab die Kurve am 5. Mai ein Verkaufssignal für Aktien, das sich im Nachhinein als überaus treffend erwies. Am 7. Juli 2006 hingegen mahnte der CRB zum Wiedereinstieg. Auch das war ein Volltreffer. Noch beeindruckender waren die Signale des CRB in den Jahren 2007 und 2008. Am 5. Oktober 2007 (der DAX stand an diesem Tag bei 8002 Punkten) zeigte sich ein Verkaufssignal, ein Jahr später, nach dem kräftigen Absturz, folgte am 17. Oktober 2008 (während der DAX 4781 Punkte betrug) ein Kaufsignal. Dieser Erfolg ist besonders erstaunlich, da der CRB-Index ein Inflationsindikator ist, während die Finanzkrise 2008 deflationäre Züge aufwies.

Wäre ein Anleger seit Ende 1969 stets den Kauf- und Verkaufssignalen des CRB-Index gefolgt, so hätte er unterm Strich eine jährliche Durchschnittsrendite von 8,4 Prozent erzielt. Somit haben sich die Signale des CRB in der Vergangenheit als ähnlich gut erwiesen wie die der Zinsen und des Ölpreises.

Signale des Ölpreises

Das Jahr 2008 hat wieder einmal auf drastische Weise die Abhängigkeit der Weltwirtschaft vom Ölpreis deutlich gemacht. Der Anstieg der Rohölpreise auf 140 US-Dollar pro Barrel hatte die Vereinigten Staaten und ihre Autoindustrie völlig unvorbereitet getroffen, obwohl es seit 1973 Warnzeichen gab, die darauf hindeuteten, dass Öl weltweit knapp ist und kurzfristig nicht ersetzt werden kann. Ein Land wie die USA, in dem die Bürger weitgehend auf das Auto angewiesen sind und dessen Stromverbrauch auch im Sommer durch zahlreiche Klimaanlagen sehr hoch bleibt, hätte eher lernen müssen zu sparen. Doch immer noch hatte man geglaubt, sich große Autos leisten und Energie verschwenden zu können; dies galt fast als eine Art »Menschenrecht«.

Zwar haben wir inzwischen erkannt, dass der Ölpreis Mitte 2008 spekulativ überhöht war. In Erwartung einer kräftig schrumpfenden Weltwirtschaft ist er in der zweiten Jahreshälfte wieder kräftig gefallen. Auch hatten die US-Ölfirmen Milliarden investiert, um Ausfälle und Umweltschäden durch Stürme zu minimieren, nachdem die Schäden durch Hurrikans in den Jahren 2004 bis 2005 drastisch angestiegen waren.

Langfristig aber – und darüber sind sich alle Experten einig – wird der Ölpreis weiter steigen. In den bevölkerungsreichen Staaten China und Indien wächst der Ölverbrauch rasant, und in den USA schrumpft die Exploration der größten Erdölvorkommen in Alaska, Texas und im Golf von Mexiko ebenso rasant. Mit rund 10 Millionen Barrel pro Tag sind die Ölimporte der USA mittlerweile fast doppelt so hoch wie die einheimische Förderung. Wichtige Lieferländer wie Nigeria, Venezuela und Irak, die fast 30 Prozent der Lieferungen bestreiten, gelten als unzuverlässig. Das Pipeline-Netz und die Raffinerien in den USA sind zum Teil veraltet, und ihre Kapazitäten reichen nicht aus. Die letzte Raffinerie in den USA wurde 1976 gebaut. Interessanterweise hat man in Kalifornien, das besonders vom Autoverkehr abhängig ist, zwischen 1985 und 1995 zehn

Raffinerien geschlossen. Im gesamten Staatsgebiet der USA setzten die Raffinerien noch 1980 rund 18 Millionen Barrel pro Tag um; heute, fast 30 Jahre später, sind es nur noch 17,5 Millionen, obwohl der Verbrauch inzwischen von 16 auf 21 Millionen Barrel pro Tag gewachsen ist. Die Lücke wird durch Importe gefüllt.

Damit ist verständlich, warum ein steigender oder sinkender Ölpreis sehr schnell den Aktienmarkt in Bewegung versetzt. Teures oder billiges Öl beeinflusst die Kosten sowohl der Unternehmen als auch der Verbraucher in erheblichem Maß. Steigende Ölpreise sind zusätzliche Kosten für Unternehmen und Verbraucher und schädigen damit die Konjunktur gleich in doppelter Weise.

Lange Zeit war es mir dennoch nicht gelungen, bedeutsame Zusammenhänge zwischen dem Ölpreis und dem Aktienmarkt zu finden. Immerhin war der Ölpreis in den Jahren 2003 bis 2007 permanent gestiegen, zugleich aber auch das Kursniveau am Aktienmarkt. Schließlich bemerkte ich aber, dass die Aktienmärkte sehr rasch auf Veränderungen des Ölpreises reagieren und es daher gilt, auf die kurzfristigen Schwankungen des Ölpreises als Signale für den Aktienmarkt besonders zu achten.

Wir erhalten Kaufsignale für den Aktienmarkt, wenn der Ölpreis ein 5-Wochen-Tief meldet, und Verkaufssignale, wenn er ein 6-Wochen-Hoch erreicht. Ein 5-Wochen-Tief bedeutet, dass der Ölpreis an einem Wochenschluss (Freitagabend in New York) niedriger sein muss als an den vier vorausgegangenen Freitagen. Dieses Signal ist dann so lange gültig – unabhängig davon, ob noch weitere Tiefs erreicht werden –, bis sich ein Gegensignal durch ein 6-Wochen-Hoch zeigt. Wenn Sie diese Methode anwenden, ist wichtig, dass Sie den Ölpreis immer an der gleichen Ölsorte ablesen. Ich verwende den Preis für Brent-Nordsee-Öl.

Ich mag so kurzfristige Methoden eigentlich gar nicht, weil die Signale zu oft wechseln. Das ist bei einer 6-Wochen-Methode leider nicht zu vermeiden. Dennoch: Als ich die Signale des Ölpreises für den Aktienmarkt durchtestete, bemerkte ich, dass sie oft gerade zur rechten Zeit eintrafen. Anscheinend reagiert der Aktienmarkt auf

Diagramm 36: Die Entwicklung des Ölpreises (Brent, in US-Dollar pro Barrel)

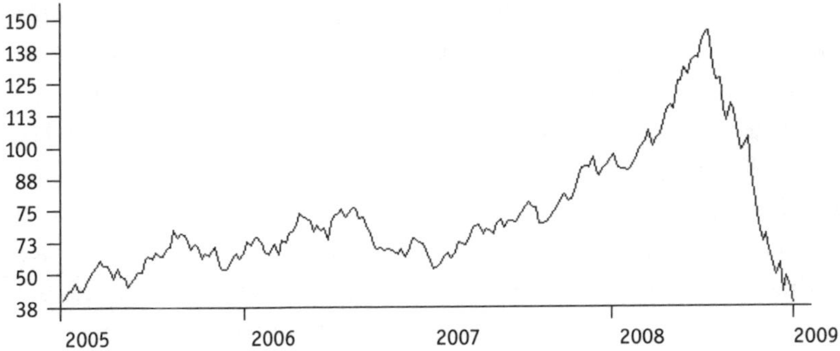

Nach rasantem Anstieg ab Mitte 2007 stürzte der Ölpreis ab Mitte 2008 wieder ab.

starke Veränderungen des Ölpreises recht intensiv und kurzfristig; deshalb funktioniert diese kurzfristige Ölpreis-Methode so gut. Im Grunde ist das nicht verwunderlich: Dass ein steigender Ölpreis für die Unternehmen und Verbraucher und damit auch für den Aktienmarkt nicht von Vorteil sein kann, liegt auf der Hand.

Freilich ist noch unklar, warum diese Methode im Jahr 2008 versagte. Die starke Kostenentlastung durch den fallenden Ölpreis hätte sich ab der Jahresmitte 2008 in steigenden Aktienkursen widerspiegeln müssen. Doch nichts dergleichen geschah. Werden die Weltbörsen durch Vertrauensverluste in die Kreditwürdigkeit von Banken oder von ganzen Staaten in die Tiefe gerissen, dann helfen offenbar weder sinkende Preise noch sinkende Zinsen noch ein stabiler US-Dollar.

Dennoch: Die Weltbörsen werden früher oder später wieder »normal« reagieren. Und dann ist der Ölpreis ein wichtiger Indikator, wie sich in den vergangenen 40 Jahren gezeigt hat.

Wer seit Ende 1969 im DAX nach dem 5/6-Wochen-Ölsignal angelegt hätte, bei einem Verkaufssignal ausgestiegen und bei einem Kaufsignal wieder eingestiegen wäre, hätte eine durchschnittliche jährliche Rendite von 8,2 Prozent erzielt. Ein Daueranleger im DAX hätte hingegen unter dem Strich nur 5,3 Prozent jährlich erzielt.

Wie verlässlich war bisher das Dollar-Signal?

Ken Fisher behauptet in seinem Buch *Das zählt an der Börse* (München 2007), dass ein Einfluss des US-Dollars auf die Aktienmärkte ein bloßes Gerücht sei.

In der Tat ist der Einfluss des Dollars vor allem auf die *amerikanischen* Börsen nicht sehr groß. Und es gab auch Jahre, in denen die Börsenkurse in Europa trotz eines schwachen US-Dollars kräftig stiegen, zum Beispiel 1985, 2003 und 2006/07. Dennoch hätte Ken Fisher etwas besser hinsehen sollen. Dann hätte er entdeckt, dass sich in manchen Jahren der US-Dollar und der DAX fast bis in die kleinsten Einzelheiten parallel entwickelten, wie zum Beispiel 1997 und 1998 (Diagramme 37 und 38).

Auch in den Jahren 1992 und 1995 waren die Zusammenhänge zwischen den beiden Kurven frappierend. Das war aber nicht immer so. Insgesamt gesehen ergab das Dollarsignal im Vergleich mit anderen Indikatoren (Zinsen, Saison, Ölpreis) in den vergangenen 40 Jahren für den Anleger, der sich in seinem Aktienhandel danach richtete, keine überragende Rendite. Sie beträgt für einen Anleger, der Ende 1969 bis Ende 2008 in den DAX nur aufgrund der Dollar-Signale investiert hätte, nur 5,5 Prozent – also nicht viel mehr, als der Daueranleger im DAX erzielt hätte. Das liegt aber nur daran, dass zu viele Aufwärtstrends verpasst wurden. Der US-Dollar war in diesen Jahrzehnten viel öfter schwach als stark; deshalb war man als Anleger sehr oft nicht dabei, wenn es bei den Aktien aufwärtsging.

Warum aber ist der US-Dollar für den Aktienmarkt, zumindest in Europa und Japan, so wichtig? Für Europa und Asien ist das relativ einfach zu erklären. Ein starker US-Dollar und damit ein niedriger Euro (beziehungsweise ein niedriger Yen) bewirken, dass europäische und japanische Waren in den USA billiger werden. Die Exportchancen werden erhöht. Umgekehrt erhöht auch ein schwacher US-Dollar die US-Exportchancen nach Europa oder Asien. Aber das spielt lediglich eine untergeordnete Rolle, denn die USA

Diagramm 37: Der Verlauf des US-Dollars (100 US-Dollar in Euro), 1996 bis 1999

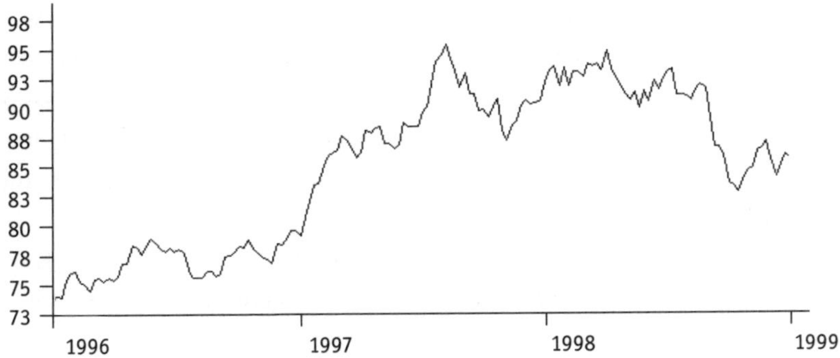

Diagramm 38: Die Entwicklung des DAX, 1996 bis 1999

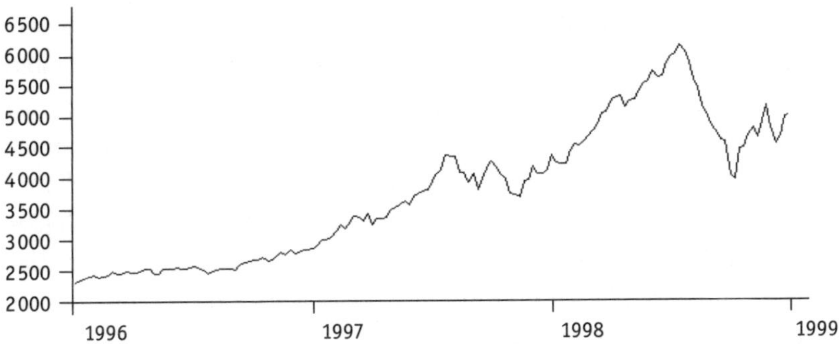

Der Zusammenhang zwischen dem Kurs des US-Dollars und dem DAX sind offensichtlich.

sind kein Exportland. Die wenigsten US-Konzerne trachten danach, in andere Länder zu exportieren. Ihr eigener Markt genügt ihnen. Für die Amerikaner ist es viel wichtiger, dass ihre Importpreise günstig bleiben. Und dabei hilft ihnen auch ein starker US-Dollar, denn er senkt die Einfuhrpreise. Bei einem schwachen US-Dollar hingegen drohen den Amerikanern höhere Zinsen, was wiederum ihre Unternehmenskosten erhöht. Aus diesem Grund ist ein starker US-Dollar gut für alle Industriestaaten.

Die nächste Frage lautet: Wie messen wir, ob der US-Dollar steigt oder fällt? Auch hierzu habe ich zahlreiche Tests durchgeführt, um herauszufinden, welcher Zeitrahmen der geeignete ist. Die 6-Wochen-Methode hat sich hier als zu kurzfristig erwiesen. Die Signale kommen zwar schnell, führen aber häufig in die Irre. Die 39-Wochen-Methode wie bei den Zinsen kommt zu spät. Ich verwende hier deshalb 15-Wochen-Hochs und 15-Wochen-Tiefs. Die Signale sind brauchbar und wechseln nicht zu schnell.

Ein Kaufsignal liegt vor, wenn der US-Dollar gegenüber dem Euro ein 15-Wochen-Hoch oder wenn der Euro gegenüber dem US-Dollar ein 15-Wochen-Tief meldet.

Spiegelbildlich dazu liegt ein Verkaufssignal vor, wenn der US-Dollar gegenüber dem Euro ein 15-Wochen-Tief oder wenn der Euro gegenüber dem US-Dollar ein 15-Wochen-Hoch meldet.

Die Stärke des Dollar-Signals liegt darin, dass sein Haussesignal, wenn es eintraf, fast immer richtig war: Meldete der US-Dollar ein 15-Wochen-Hoch gegenüber dem Euro (oder umgekehrt der Euro ein 15-Wochen-Tief gegenüber dem US-Dollar), dann konnte man sich meist darauf verlassen, dass eine Aktienbaisse ausbleiben würde, solange kein Gegensignal erfolgte. Eine Ausnahme haben wir auch hier im Jahr 2008 erlebt. Just als sich der US-Dollar nach langer Durststrecke im Oktober wieder erholte, brachen die Aktienkurse nochmals um 25 Prozent ein.

Dennoch ist das Dollar-Signal in einer Kombination von mehreren Indikatoren unentbehrlich. Sobald man es aus der Kombination entfernt, verschlechtert sich das Gesamtergebnis.

Der Saisoneffekt und die 16 gefährlichsten Wochen des Jahres

Lassen wir die letzten fünf Jahrzehnte einmal an uns vorüberziehen und betrachten wir gemeinsam die drei Indizes S & P 500 (USA), DAX (Deutschland) und FT 100 (England). Es fällt auf, dass die

Börsenkurse zu bestimmten Jahreszeiten eher stiegen als zu anderen Jahreszeiten (Tabelle 5).

Tabelle 5: Durchschnittliche Quartalsgewinne von S & P 500, DAX und FT 100 in verschiedenen Zehnjahresintervallen

Periode	1. Quartal	2. Quartal	3. Quartal	4. Quartal
1954–1963	+ 2,26 %	+ 4,91 %	+ 2,73 %	+ 2,13 %
1964–1973	+ 3,64 %	- 3,14 %	+ 1,89 %	– 0,98 %
1974–1983	+ 6,88 %	+ 1,49 %	– 1,13 %	+ 2,14 %
1984–1993	+ 5,79 %	+ 3,55 %	+ 0,73 %	+ 2,68 %
1994–2003	+ 1,92 %	+ 2,89 %	– 3,76 %	+ 8,62 %
2004–2008	– 1,13 %	+ 2,01 %	+ 0,58 %	– 1,32 %
Gesamt	+ 3,23 %	+ 1,95 %	+ 0,17 %	+ 2,21 %

Die stärksten Quartale sind offenbar in der Regel das erste und das vierte. Die Jahre 2004 bis 2008 allerdings scheinen diese Regel nicht mehr zu bestätigen. Andererseits wird die Statistik durch das Jahr 2008 stark verzerrt. Von 2004 bis 2007 lag das vierte Quartal noch mit durchschnittlich 4,55 Prozent klar in Führung vor dem zweiten Quartal (+ 3,16 Prozent), dem dritten Quartal (2,43 Prozent) und dem ersten Quartal (2,07 Prozent).

Noch deutlicher wird das Muster, wenn man die zwölf Monate eines Jahres in zwei Hälften aufteilt, das heißt in ein Sommerhalbjahr (Mai bis Oktober) und ein Winterhalbjahr (November bis April), und dabei den oft sehr schwachen Monat Oktober noch der Sommerperiode zurechnet.

Tabelle 6 zeigt, dass am Aktienmarkt jahreszeitliche Stärken und Schwächen auftreten. Das gilt auch für die vergangenen fünf Jahre. Die Unterschiede der Kursdynamik sind so groß, dass wir sie keinesfalls ignorieren können. In den 55 betrachteten Jahren ereigneten sich die Kursgewinne im Durchschnitt vor allem im Winterhalbjahr. Das

Tabelle 6: Durchschnittliche Halbjahresgewinne von S & P 500, DAX und FT 100 in verschiedenen Zehnjahresintervallen

Periode	November bis April	Mai bis Oktober
1954–1963	+ 9,98 %	+ 6,67 %
1964–1973	+ 4,64 %	- 1,00 %
1974–1983	+ 10,07 %	- 2,43 %
1984–1993	+ 11,35 %	+ 1,76 %
1994–2003	+ 7,77 %	- 0,92 %
2004–2008	+ 5,34 %	- 2,31 %
Gesamt	+ 8,19 %	+ 0,30 %

Sommerhalbjahr brachte nicht viel ein. Betrachtet man jedes Jahr für sich, so zeigt sich, dass in 73 Prozent aller Jahre das Winterhalbjahr besser abschnitt als das Sommerhalbjahr. Im Winterhalbjahr gab es in 50 Jahren nur vier Mal nennenswerte Verluste, und zwar in den Jahren 1970, 1974, 2001 und 2008. Wichtig ist auch, dass sich die Überlegenheit des Winterhalbjahrs gegenüber dem Sommerhalbjahr nicht auf bestimmte Epochen beschränkt, sondern gleichmäßig durch alle Jahrzehnte hindurchgezogen hat.

Auffallend ist auch, dass die saisonalen Unterschiede der Börsenkursentwicklungen im Lauf der Jahrzehnte größer und nicht kleiner geworden sind. Es liegt daher schon nahe, den »Saisoneffekt« in unsere Anlageentscheidung mit einzubeziehen. Doch es ist wichtig, ihn Jahr für Jahr genau im Auge zu behalten und möglichst auf die Ergebnisse des jeweiligen letzten Jahrzehnts zu achten. Denn er kann sich ändern.

Warum aber gibt es überhaupt einen derartigen »Saisoneffekt«? Warum neigen die Großanleger in bestimmten Zeiten stärker dazu, ihre Mittel in Aktien anzulegen, als in anderen Zeiten? Wir können nur Vermutungen anstellen. Wahrscheinlich war der »Urlaubseffekt« der Auslöser: Die Anleger benötigen im Sommer ihre Mittel stärker für den Urlaub und stellen den Großanlegern in dieser Zeit weniger zur Verfügung. Hingegen gibt es zum Jahresende häufig

Sonderausschüttungen wie Weihnachtsgeld oder Zinsen. Außerdem orientieren sich die Fonds zum Jahresbeginn neu und trachten nach einem dynamischen Börsenauftakt im Januar, was die Kurse bereits ab November wieder beflügelt. Hat sich dann erst einmal eine solche Schwankung der Zuflüsse im Bewusstsein der großen Marktteilnehmer festgesetzt, dann verstärkt sie sich, weil man im Folgejahr mit einem ähnlichen Effekt rechnet.

Freilich hat es innerhalb des Sommerhalbjahrs in den verschiedenen Jahrzehnten Unterschiede bezüglich der Frage gegeben, wann die gefährlichste Zeit für die Aktien war. Flautezeiten dauern nicht ebenso lang wie Aufwärtstrends. In den 1980er Jahren waren teilweise die Monate September bis November recht schwach, momentan sind es eher die Monate Juni bis September.

Ich habe herausgefunden, dass man am besten stets die letzten zehn Jahre nach den schwächsten 16 zusammenhängenden Wochen des Jahres erforschen sollte, um den optimalen Saisonindikator für das laufende Jahr zu ermitteln. Die entsprechende Regel lautet: Überprüfe, welcher 16-Wochen-Zeitraum in den jeweils vergangenen zehn Jahren der durchschnittlich schlechteste war. In diesen 16 Wochen bleibt der Anleger »abstinent«, das heißt, er hält sich in dieser Zeit mit Aktien zurück. Erst danach steigt er wieder ein.

Betrachten wir dazu das folgende Beispiel: In den Jahren 1977 bis 1986 war der 16-Wochen-Zeitraum September bis Dezember im Schnitt der schwächste des Jahres, sodass es im Folgejahr (1987) ratsam war, in diesen vier Monaten besonders vorsichtig zu sein. Und in der Tat ereignete sich auch hier der große Börsenabsturz (Mitte Oktober bis Mitte Dezember). Seit 1998 sind eher die Monate Juni bis September besonders gefährlich.

Freilich ist auch die 16-Wochen-Saison-Methode, wie ich sie nennen will, nicht unfehlbar. Die Monate Juni bis September der Jahre 2005 bis 2007 liefen beispielsweise gut. Im Jahr 2008 fielen die Aktienkurse vor allem in den Zeiten, in denen nach der 16-Wochen-Saison-Methode eigentlich nichts hätte passieren dürfen, nämlich im Januar und Oktober.

Während die »starre« Saisonmethode (Ausstieg am letzten Freitag im April, Einstieg am letzten Freitag im Oktober) von 1970 bis 2008 auf den DAX bezogen nur eine jährliche Durchschnittsrendite von 7,7 Prozent erzielte, erreichte die 16-Wochen-Saison-Methode jährlich 9,6 Prozent als Durchschnittsergebnis in 39 Jahren. Beide Methoden waren der Daueranlage im DAX, die von 1970 bis 2008 durchschnittlich jährlich 5,3 Prozent erbracht hätte, überlegen.

Die fünf Signalgeber im Vergleich

Sie haben nun mit den Zinsen, dem CRB-Index, dem Ölpreis, dem US-Dollar und dem Saisonfaktor fünf Indikatoren kennen gelernt, die gute Signale gegeben haben, aber nicht unfehlbar waren. Außerdem sind bei manchen dieser Indikatoren die Signalwechsel zu häufig, zum Beispiel beim Ölpreis.

Fassen wir nun noch einmal die Erfolgsbilanzen der Indikatoren zusammen. In Tabelle 7 sind die Antworten auf die folgende Frage zusammengestellt: Was wäre bis Ende 2008 aus 100 Euro geworden, wenn man sie Ende 1969 im DAX angelegt hätte, stets bei einem Verkaufssignal ausgestiegen wäre, das Geld zinslos geparkt hätte und bei einem Kaufsignal wieder eingestiegen wäre?

Tabelle 7: Fiktive Wertentwicklung einer Anlage von 100 Euro seit Ende 1969 bei Befolgung alternativer Ein-/Ausstiegssignale

	Aus 100 Euro wurden bis Ende 2008	Rendite pro Jahr
Zinssignale	3 045,28 Euro	9,2 %
CRB-Index	2 300,71 Euro	8,4 %
Ölpreis	2 180,08 Euro	8,2 %
US-Dollar	801,24 Euro	5,5 %
Saison-Faktor	3 588,01 Euro	9,6 %

Da die meisten Daten (außer dem Saisonfaktor) erst am Freitagabend um 22 Uhr MEZ feststehen, wäre ein Handel bereits zum Freitags-Schlusskurs des DAX nicht möglich gewesen. Deshalb beruht meine Berechnung auf der Annahme, dass Käufe und Verkäufe erst zur Eröffnung des ersten Börsentages der Folgewoche – also in der Regel am Montagvormittag – vorgenommen worden wären. Der Unterschied ist freilich nicht sehr groß; bei den Zinssignalen, beim Dollar und beim Saisonfaktor war das Ergebnis unter Zugrundelegung der Montagskurse sogar leicht besser.

Was soll der Anleger mit diesem Ergebnis nun anfangen? Die Börsengeschäfte zu teilen und jeweils ein Fünftel nach Maßgabe eines der fünf verschiedenen Indikatoren vorzunehmen, wäre zwar risikoarm, aber brächte an Rendite nicht mehr ein als 8,18 Prozent (das heißt den Durchschnitt der Ergebnisse aller fünf Szenarien).

Sehr viel besser ist es, alle fünf Indikatoren im Sinne einer Mehrheitsentscheidung zu kombinieren. Geben also beispielsweise drei Indikatoren zum Zeitpunkt der Betrachtung ein Kaufsignal und zwei ein Verkaufssignal, dann sollte gekauft werden. Im umgekehrten Fall sollte verkauft werden.

Ein Anleger, der nach dieser Regel vorgegangen wäre, hätte ein besseres Ergebnis erzielt als fünf andere, der sich jeweils lediglich nach einem der fünf Indikatoren gerichtet hätten. Aus 100 Euro wären 7745,73 Euro geworden, was einer jährlichen Rendite von 11,8 Prozent entspricht. Auch diese Rechnung basiert auf der Annahme, dass der DAX erst zum Eröffnungskurs der Folgewoche gehandelt worden wäre; andernfalls wäre das Ergebnis mit 11,9 Prozent noch ein klein wenig besser ausgefallen.

Trotz dieses guten Ergebnisses bleibt die Indikatorenmethode ergänzungsbedürftig. Vor allem ist zu kritisieren, dass die Signalgeber zu häufig wechselnde Werte angeben.

Tabelle 8 fasst die Zeitpunkte, in denen Signale auftraten, seit Herbst 2001 zusammen.

Es besteht insgesamt kein Grund zur Unzufriedenheit. Der Anleger, der strikt gemäß der Fünf-Indikatoren-Methode Aktien gehandelt

Tabelle 8: Kauf- und Verkaufssignale nach der Fünf-Indikatoren-Methode, Herbst 2001 bis August 2008

Kaufsignal am	DAX-Stand Eröffnung Folgewoche	Verkaufssignal am	DAX-Stand Eröffnung Folgewoche
21.09.2001	3899	26.04.2002	4956
17.05.2002	5035	07.06.2002	4646
04.10.2002	2650	29.11.2002	3397
14.03.2003	2353	16.05.2003	2936
19.09.2003	3524	10.10.2003	3526
31.10.2003	3680	12.12.2003	3913
06.02.2004	4070	27.02.2004	4050
26.03.2004	3828	02.07.2004	3998
05.11.2004	4064	12.08.2005	4935
09.09.2005	5028	06.01.2006	5543
29.09.2006	6019	01.06.2007	7974
07.09.2007	7438	14.09.2007	7497
21.09.2007	7777	05.10.2007	8009
30.11.2007	7859	04.01.2008	7811
18.01.2008	7293	15.02.2008	6866
08.08.2008	6571	(bis Jahresende kein V)	(4810)

hätte, hätte die schlimme Baisse 2002 vermieden und wäre auch in der ersten Phase der Baisse 2008 noch glimpflich davongekommen. In den Oktobercrash 2008 allerdings wäre er mit einem Verlust von 27 Prozent voll hineingeraten. Dieser Verlust war mit unserer Methode nicht vermeidbar, wenn sie streng diszipliniert angewendet wurde, das heißt, wenn der Anleger weder Verluste aussaß (die Versuchung dazu bestand beispielsweise im Juni 2002) noch beleidigt der Börse fernblieb.

Freilich haben diese Signale, wie schon erwähnt, sehr häufig gewechselt. Wer sein Depot im Durchschnitt jedes halbe Jahr aufbauen und wieder abräumen will, kann dies nur dann tun, wenn die dabei jeweils anfallenden Bankspesen gering sind (wie etwa bei Direktbanken) oder wenn er anstelle von Aktien den DAX-Future handelt.

Es liegt daher nahe, die Signale noch zu ergänzen durch eine weitere Methode, die dem Trend der Aktienmärkte folgt, oder aber durch zusätzliche Sicherheitsmaßnahmen. Hinweise dazu folgen im elften Kapitel dieses Buches.

10 Börsensignale, die *nicht* funktionieren

Heute treffen Anleger in den Medien auf eine schier unübersehbare Vielfalt von Börseninformationen. Es fällt insbesondere Unerfahrenen nicht leicht, die Spreu vom Weizen zu trennen, sprich, Börsenindikatoren links liegen zu lassen, die nachweislich nichts zur Verbesserung der Qualität ihrer Anlageentscheidungen beitragen.

Die neue Lust am unnützen Wissen

Viele Anleger machen es sich zu schwer. Sie verfolgen täglich Börsensendungen im Fernsehen, blättern zahllose Börsenzeitungen durch und sind dann angesichts der Vielfalt der unterschiedlichen Meinungen unfähig, eine Entscheidung zu treffen. Haben sie sich dann doch irgendwie entschieden, so korrigieren sie ihre Entscheidung womöglich schon am nächsten Tag aufgrund einer spontanen Laune.

Das ist nicht zuletzt eine Folge der »neuen Lust am unnützen Wissen«, wie es das *Handelsblatt* einmal so schön formuliert hat. Und diese Lust am unnützen Wissen packt offenbar nicht nur Börsenneulinge, sondern auch Fortgeschrittene und Profis. Fleißig unterziehen sie zahlreiche Aktien und Aktienindizes einer »technischen Analyse«, errechnen einen Stochastik-Oszillator (Verhältnis des neuesten Kurses zum 5-Tage-Hoch und 5-Tage-Tief), einen RSI (aufaddierte Kursgewinne und Kursverluste) oder einen MACD-Trendfolge-Indikator. In Chartprogrammen oder auch in Internet-Informationsseiten wie Cortalconsors werden über 30 technische Indikatoren angeboten, mit denen Sie einen Aktienindex und überhaupt alles analysieren können, was sich verändert und in Geldeinheiten messen lässt. Die armen Leute! Sie wissen leider nicht, dass die überprüfbaren Ergebnisse von Entscheidungen aufgrund all solcher Indikatoren zeigen, dass die Indikatoren selber schlicht und einfach wertlos sind.

Das glauben Sie nicht? Nehmen wir einmal einen der beliebtesten Indikatoren, den sogenannten MACD (Moving Average, Convergence, Divergence). Er beruht auf dem Abstand zwischen drei gleitenden Durchschnitten, dem 12-Tage- und dem 25-Tage-Durchschnitt, sowie dem sogenannten Trigger, der wiederum ein gleitender Durchschnitt aus dem Abstand der beiden ist. In vielen Büchern über technische Analyse wird der MACD hochgelobt. Er zeige bevorstehende Trendwenden sehr schnell an und gebe höchst brauchbare Signale, heißt es. In dem Buch von Werner Pelz *Der Schlüssel zu den Börsen* (Ebmatingen/Zürich 1993) wird dem MACD hohe Nützlichkeit bei ausgeprägtem Trend mit kräftigen Ausschlägen bescheinigt.

Leider haben diejenigen, die den MACD anpreisen, niemals eine Statistik darüber aufgestellt, wie seine Signale ausgefallen sind. Wer Ende 1997 mit 10 000 Euro in den DAX (beispielsweise in Form eines Zertifikats oder Futures) eingestiegen wäre und anschließend aufgrund der Signale des MACD gehandelt hätte, wäre schon nach neun Jahren nicht sehr glücklich gewesen. Er wäre bis zum Jahr 2006 mit unzähligen Kauf- und Verkaufssignalen konfrontiert gewesen, die ihn zu insgesamt 175 Geschäften veranlasst hätten. Er hätte also im Durchschnitt pro Monat knapp zwei Mal Aktien gekauft oder verkauft. Ende 2006 wäre sein Vermögen von ursprünglich 10 000 Euro auf 10 842 Euro angewachsen, was einer jährlichen Durchschnittsrendite von 0,94 Prozent entspricht. Wer hingegen Ende 1997 den DAX als Daueranleger kaufte, konnte sein Vermögen von 10 000 Euro auf 14 567 Euro vergrößern – was einer jährlichen Durchschnittsrendite von 4,3 Prozent entspricht.

Solche Vergleiche tauchen in den Publikationen technischer

Analysten nie auf, obwohl es ganz einfach ist, im Rückblick die Resultate zu berechnen, die sich mit ihren Methoden hätten erzielen lassen.

Das Put-Call-Verhältnis

Marktbeobachter weisen immer wieder auf das Verhältnis von Kaufoptionen (Calls) zu Verkaufsoptionen (Puts) hin. Steige die Zahl der Puts gegenüber der Zahl der Calls an den Terminbörsen extrem an, drücke dies starken Pessimismus aus und sei daher ein Kaufsignal für Aktien. Im Hintergrund steht die Überlegung, dass die Pessimisten bereits verkauft haben; sei die Schar der Pessimisten groß, so könne es nur noch aufwärtsgehen.

Calls und Puts werden an der Börse gehandelt, in Deutschland vor allem an der Eurex. Mit einem Call erwerben Sie die zeitlich befristete Berechtigung zum Kauf einer bestimmten Aktie oder eines bestimmten anderen Wertpapiers zu einem festgelegten Kurs. Mit einem Put erwerben Sie eine zeitlich befristete Verkaufsberechtigung zu einem bestimmten Kurs. Calls und Puts können zur Spekulation oder zur Absicherung gegen Kursrisiken der zugrunde liegenden Papiere verwendet werden. Da ein Call/Put für befristete Zeit zum Kauf/Verkauf einer bestimmten Menge des zugrunde liegenden Papiers (zum Beispiels zehn oder 100 Stück) berechtigt, schwankt sein Kurs viel heftiger als der Kurs des zugrunde liegenden Wertpapiers selbst.

Ist es nun möglich, aufgrund der Zahlen der Call- oder Put-Käufe Prognosen abzugeben, ob der Gesamtmarkt demnächst steigt oder fällt? Schon eine einfache Überlegung zeigt, dass das Put-Call-Verhältnis gar kein eindeutiger Maßstab für den herrschenden Optimismus oder Pessimismus sein kann: Jedem Options*käufer* steht auch ein *Verkäufer* gegenüber! Warum sollten immer die Käufer falsch liegen und die Verkäufer richtig?

Im Übrigen konnten wir in den Jahren 1998, 2001, 2002 und neuerdings auch im Jahr 2008 sehr schön sehen, wie unzuverlässig diese Methode ist. Stets lag das Put-Call-Verhältnis sowohl in Deutschland als auch in den USA bei den Einzelaktien und beim Index auf einem beständig hohen Niveau. Gekauft wurden also verhältnismäßig viele Puts, aber die Börse beeindruckte dies in den folgenden Wochen nicht sehr; die Kurse fielen trotzdem.

Es ist ein Armutszeugnis, wenn sich Ökonomen auf diese Weise als Amateurpsychologen betätigen und zum Beispiel behaupten, die Kurse könnten deshalb nicht steigen, weil die rechte Ausverkaufsstimmung noch nicht da sei. Oder sie könnten nicht fallen, weil noch die große Euphorie fehle; das war ein beliebtes Argument Anfang 2008, ehe es abwärtsging.

Die Mehrheitsmeinung als Kontraindikator

Dass die Mehrheit der Marktteilnehmer und Experten stets falsch liege, darauf beruht auch die sogenannte Markttechnik. Die fleißigen Anhänger dieses Kontraindikators notieren regelmäßig, was die Mehrzahl der Börsenbriefe schreibt. Je stärker die Börsenbriefe für den Kauf von Aktien werben würden, desto negativer sei dies zu werten und umgekehrt, so ihre Überzeugung. Die Börsenbriefe spiegelten die Mehrheitsmeinung wider, und diese sei eben in den momentanen Kursen schon enthalten. Es sei daher gegensätzliches Handeln angesagt.

In den 1980er Jahren ließen sich mit solchen Überlegungen noch einige Punkte sammeln. Inzwischen sind sie allerdings so gut bekannt, dass es schwerfallen dürfte, auf ihrer Basis noch große Erfolge zu erzielen. Würden sich alle Börsenbriefe nach der These richten, müssten sie anschließend sofort wieder das Gegenteil tun, um sich von den Konkurrenten abzusetzen. Im Grunde dreht sich jeder im Kreis, der sich nach solchen Signalen richtet.

Im Übrigen gibt der Kontraindikator »Mehrheitsmeinung« schon seit mindestens zehn Jahren keine treffenden Signale mehr. Zum Beispiel waren angeblich ab dem 14. August 1998, als die größten Kursverluste der damaligen Asien-Russland-Krise noch bevorstanden, nur noch 12,4 Prozent der deutschen Börsenbriefe positiv gestimmt. Die Pessimisten waren also weit in der Überzahl. Das war aber nicht der Beginn eines Aufschwungs. Vielmehr dauerte der Kursabstieg zwei weitere Monate lang an.

Eine ähnliche Schieflage erlitten nach diesem System arbeitende Analysten im Monat März 2000, als sie einen relativ starken Pessimismus der deutschen Börsenbriefe zu entdecken meinten: Ihre Erwartung, dass die Kurse der deutschen Aktien trotz eines Rekordhochs weiter steigen würden, erfüllte sich nicht. Der DAX verlor von Mitte März bis Ende Mai 2000 rund 15 Prozent an Wert. Die angeblich pessimistischen Börsenbriefe hatten also gar nicht so Unrecht. Im Übrigen bezweifle ich, dass die Börsenbriefe im März/April 2000 tatsächlich überwiegend pessimistisch waren. Vielmehr ließen sich denjenigen, die damals geradezu euphorische Erwartungen hatten, von den Meldungen der Börsenbriefe täuschen. Darin liegt prinzipiell eine große Schwierigkeit: Wer beurteilt, ob ein Börsenbrief optimistisch oder pessimistisch ist? Die meisten Börsenbriefe hüten sich vor allzu eindeutigen Stellungnahmen. Ihre Lagebeurteilungen ergehen sich meist im Für und Wider.

Seit Juni 2007 wurde von vielen Börsenbeobachtern und auch Börsenbriefen die Parole ausgegeben, die Aktienkurse könnten deshalb nicht fallen, weil zu viele Anleger vorsichtig seien und mit Kursrückgängen rechneten. Tatsächlich falle das Ende einer Aktienhausse stets in eine Phase der Euphorie, und die fehle im Jahr 2007 völlig.

Auch Anfang August 2007 wurde dies noch wiederholt; noch am 8. August wurde ein angeblich starker Pessimismus registriert. Die Aktienkurse hätten also steigen müssen. Tatsächlich aber erreichte der DAX bis Ende 2007 sein Hoch vom Juli 2007 nicht mehr.

Und in der ersten Jahreshälfte 2008 konnte von einer Aktieneuphorie bestimmt keine Rede mehr sein. Der Pessimismus erreichte fast historische Ausmaße, und dennoch setzte sich die rückläufige Kursentwicklung auch in der zweiten Jahreshälfte fort.

Fazit: Welches Psycho-Instrument man auch anwendet, um Prognosen abgeben zu können – es ist unzuverlässig. Gute Signaltechniken müssen anders aussehen.

Die Dividendenmethode nach Michael O'Higgins

Viele Anleger haben in der Vergangenheit stets auf eine Methode geschworen, die sich nicht nur kinderleicht anwenden lässt, sondern darüber hinaus angeblich auch zu überdurchschnittlichen Ergebnissen führt.

Auch hier wird gemäß dem Rat von Professoren darauf verzichtet, generelle Ein- und Ausstiegspunkte am Aktienmarkt zu finden. Die Empfehlung des Urhebers der Methode Michael O'Higgins lautet, ein gleichbleibendes Portfolio von Aktien zu führen, dabei aber zu Beginn jedes Jahres die einzelnen Titel zu prüfen und je nach dem Ergebnis der Prüfung auszuwechseln. Das entscheidende Kriterium ist die Frage, ob das Unternehmen eine Dividende zahlt. O'Higgins' Rat lautet sodann, der Anleger solle die Aktien mit der höchsten Dividendenrendite kaufen.

Anfangs wurde O'Higgins belächelt. Auf die Dividenden zu schielen, sei typisch für Anfänger. Denn die Dividendenzahlungen seien doch bekannt und somit längst in der Kursbildung berücksichtigt. O'Higgins jedoch gelang der Nachweis, dass die Auswahl der Aktien nach der Dividendenzahlung meist das Risiko verringerte und überdies in der Tat oft leicht bessere Ergebnisse erbrachte als der entsprechende Aktienindex.

Jetzt horchten die Börsianer auf. Sie lobten die Methode. Plötzlich wurden Fonds und Zertifikate auf den Markt gebracht, deren Manager versprachen, ausschließlich nach der Dividendenmethode anzulegen. Die DAX-Familie wurde sogar um einen Index erweitert, mit dem sich das Verhalten der dividendenstärksten Aktien täglich beobachten lässt: den DivDAX.

Somit hat O'Higgins jedenfalls eines erreicht: Die Konzerne sind nun auch selbst wieder mehr darauf bedacht, als »dividendenstark« zu gelten. Die Vorstände haben begriffen, dass es auch nützlich sein kann, die Aktionäre gut zu bedienen. Es hebt das Image der Gesellschaft. Insofern gebührt O'Higgins ein Lob. Ab dem Moment aber, ab dem seine Methode immer mehr Verbreitung fand (das heißt ab dem Jahr 2005), brachte sie ihren Nutzern fast nur noch Misserfolge ein.

Die Regel von O'Higgins umfasst drei Teile und lautet folgendermaßen:

1. Suche unter den Aktien eines großen Index (zum Beispiel Dow Jones, DAX, EuroSTOXX 50) am Jahresanfang die zehn mit der besten Dividendenrendite heraus.
2. Suche unter den zehn ausgewählten Titeln die fünf mit dem niedrigsten Aktienkurs heraus.
3. Verteile das Anlagekapital gleichmäßig auf die fünf ausgewählten Aktien.

Anstatt auf das geschätzte KGV oder fragwürdige Wachstumsprognosen setzt O'Higgins auf die ausbezahlte oder angekündigte Dividende. Allerdings, so schränkt er ein, solle man diese Methode nur auf Großkonzerne anwenden, bei denen kaum negative Überraschungen zu befürchten seien. Leider hat sich diese Erwartung im Jahr 2008 als fataler Irrtum erwiesen, wie etwa das Beispiel General Electrics zeigt (Diagramm 39).

Der zweite Teil von O'Higgins' Regel funktionierte offenbar eine Zeit lang aus psychologischen Gründen. Ein niedriger Kurs bietet Anlegern einen Anlass zu der Vermutung, die Aktie sei niedrig bewertet. Und Aktien, deren Kurse optisch günstig sind, kauft man offenbar leichter.

Um O'Higgins' Methode anzuwenden, benötigen Sie also nur eine gute Tageszeitung, schlagen beispielsweise die Seite auf, auf der die

Diagramm 39: Der Kurs der Aktie von General Electric im Jahr 2008 (in US-Dollar)

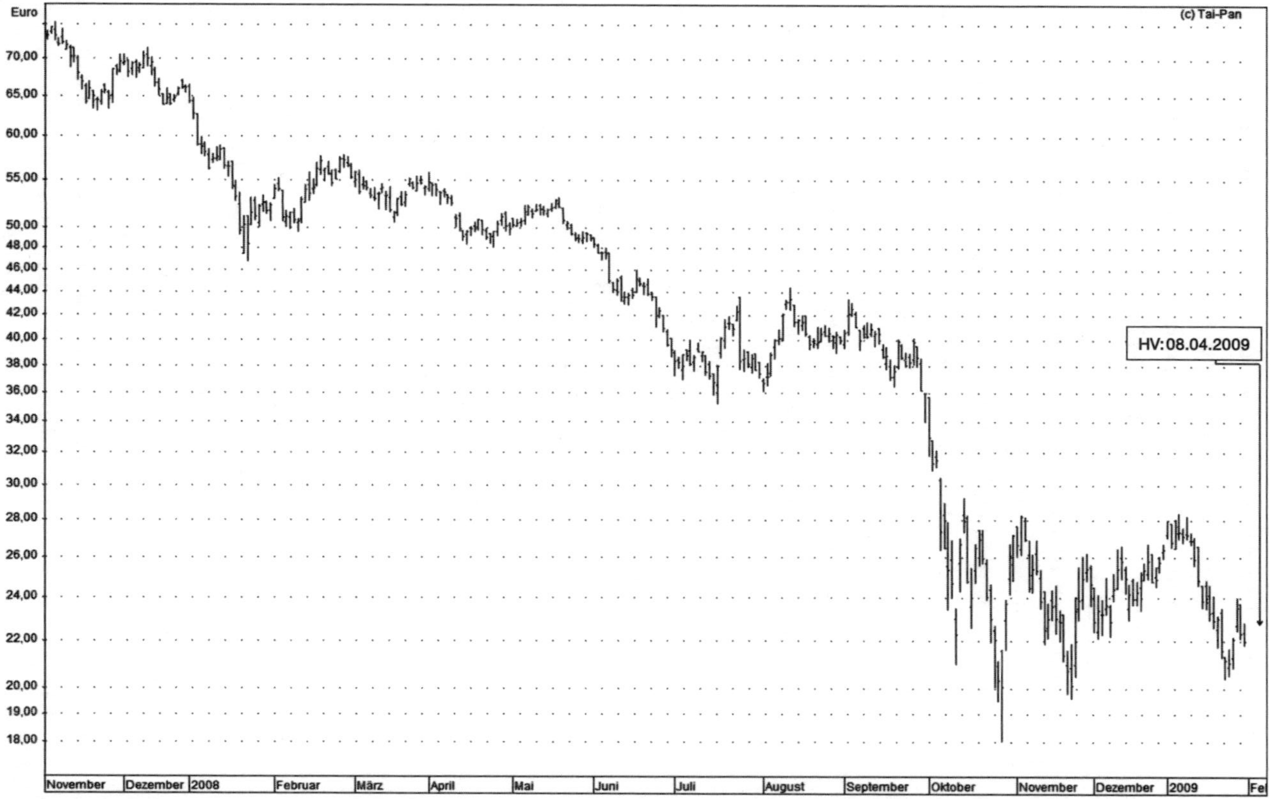

Entgegen O'Higgins' These kam es 2008 auch bei großen Konzernen (hier: General Electric) zu bösen Überraschungen.

30 DAX-Kurse dargestellt sind, notieren die zehn Aktien mit den höchsten Dividendenrenditen und wählen anschließend aus dem Kreis dieser zehn die fünf Aktien mit dem niedrigsten Kurs aus. Und das tun Sie nur einmal im Jahr. O'Higgins empfiehlt den ersten Freitag im Januar.

Besser aber ist es, wenn Sie gänzlich darauf verzichten, O'Higgins' Ratschlägen zu folgen.

Zugegebenermaßen liegen Überprüfungen anhand des Dow Jones und des DAX schon seit einigen Jahrzehnten vor. In etwa drei Fünftel aller Fälle wurde der Dow-Jones-Index übertroffen. Damit war die Dividendenmethode zwar erfolgreicher als die meisten Fondsmanager. Aber überzeugend ist sie nicht. Wie ich selbst für die Jahre 1998 bis 2008 ermittelt habe, schlug sie den DAX in sechs von elf Jahren. Das sind etwas mehr als 50 Prozent der Fälle, und daran erweist sich, dass die Methode im Grunde wertlos ist. Und nachdem sie schon in den Jahren 2005 und 2007 allen drei Indizes (dem DAX, dem Dow-Jones-Index und dem EuroSTOXX 50) deutlich unterlegen war, führte sie im Jahr 2008 ihre Anhänger in ein regelrechtes Desaster. Betrachten wir die hypothetischen Ergebnisse im Jahr 2008:

- Aus den 30 DAX-Werten wählte man nach O'Higgins am Jahresanfang 2008 die Titel Commerzbank, Deutsche Telekom, Deutsche Post, Lufthansa und ThyssenKrupp. Diese fünf Aktien verloren im Durchschnitt vom 28. Dezember 2007 bis zum 2. Januar 2009 bei Einberechnung der Dividende 42,18 Prozent. Der DAX hingegen verlor nur 38,85 Prozent seines Wertes.
- Aus den 30 Aktien im Dow-Jones-Index wählte man AT & T, General Motors, General Electric, Pfizer und Citigroup. Diese fünf Aktien verloren 51,25 Prozent. Der Index verlor nur 28,53 Prozent (alle Werte auf Euro-Währungsbasis).
- Aus den Aktien, die im europäischen STOXX 50 und im EuroSTOXX 50 notiert werden, wählte man 2008 die Titel Barclays, Enel, HBOS, Lloyds und Royal Bank of Scotland. Diese fünf

Aktien verloren im Durchschnitt 76,29 Prozent. Der EuroSTOXX 50 hingegen verlor lediglich 42,41 Prozent. Der Anleger, der auf der europäischen Ebene ausgewählt hätte, wäre besonders stark vom Pech verfolgt gewesen, denn er hätte vier britische Banken zu seinen Favoriten gekürt; bekanntlich stürzten die Kurse dieser Bankaktien im Jahr 2008 besonders tief ab.

Die Ergebnisse auf der Basis der Dividendenmethode sind also derart miserabel, dass ich nur davon abraten kann, die Methode anzuwenden. Im Übrigen hat sich herausgestellt, dass in turbulenten Zeiten zu Beginn eines Jahres in vielen Fällen Unsicherheit darüber herrscht, welche Dividende die Aktiengesellschaft im kommenden Jahr auszahlen wird.

Wer dennoch auf die Anwendung der Methode nicht verzichten will, sollte unbedingt auf Folgendes achten:

1. Die Aktien sollten aus verschiedenen Branchen stammen.
2. Der zweite Teil der Regel sollte besser ignoriert werden.
3. Ein Jahr Haltedauer ist zu lang. Die Auswahl sollte schon nach einem halben Jahr revidiert werden.

Ob dies viel hilft, ist nicht sicher. Statistiken darüber gibt es noch nicht. Ich vermisse in O'Higgins' System die Einbeziehung der relativen Stärke. Es ist sinnlos, extrem schwache Aktien in einem Depot weiter mitzuziehen, wenn sie klar schlechter im Trend liegen als der Index. Das gilt, selbst wenn es sich um Standardwerte handelt. Zumindest dies hat das Jahr 2008 deutlich gelehrt. Aktien mit neuem 9-Monats-Tief haben keinen Platz mehr in einem soliden Depot.

Der scheinbare psychologische Vorteil der Methode, ein ganzes Jahr lang dieselben Aktien zu halten und das Depot nicht anrühren zu müssen, hat sich 2008 als Bumerang erwiesen. Die Nerven der Anleger, die der O'Higgins-Methode nacheiferten, wurden in diesem Jahr sicherlich nicht geschont.

Chartanalysen

Bei den Methoden zur Gewinnung rechtzeitiger Signale für den Ein- und Ausstieg am Aktienmarkt war immer wieder vom Trend die Rede. Auch die Vertreter der Chartanalyse streben danach, dem Trend zu folgen. Sie legen Lineale an die Kurven von Aktien oder Aktienindizes und ermitteln auf diese Weise, ob ein Trend noch intakt ist oder wann er »bricht«. Auf diese Weise glauben sie, wichtige Signale ausmachen zu können.

Sie werden sich vielleicht wundern, warum in diesem Buch bisher keine Rede von Chartanalysen war. Ich empfinde sie als mehrdeutig. Kurven lassen sich unterschiedlich interpretieren. Im Nachhinein geben sich Chartisten den Anschein, als sei eine Aufwärts- oder Abwärtsbewegung aus dem Chartbild klar vorher abzulesen gewesen, entweder durch den Bruch einer wichtigen Trendlinie oder durch die Kreuzung einer Unterstützungs- oder Widerstandslinie. Doch so klar ist das nie; dazu gibt es zu viele mögliche Linien. Achten Sie einmal darauf, was Ihnen ein Chartanalyst sagt, wenn er nicht die Vergangenheit erklärt, sondern eine Prognose für die Zukunft abgibt. Sie werden meist Wenn-dann-Aussagen zu hören bekommen.

Entschließt sich der Chartanalyst trotzdem einmal zu einer klaren Prognose, so trifft er oft daneben. Ich möchte Ihnen dazu gerne ein Beispiel aus den Januartagen des Jahres 2006 nennen. Am Dienstag, dem 17. Januar 2006, hatte Marcus Metz im *Handelsblatt* eine Analyse veröffentlicht, der zufolge die Charttechnik nunmehr »Raum für weitere Kursgewinne am japanischen Aktienmarkt« zulasse. Nach 40 Prozent Kursgewinn sei der Nikkei-Index endlich aus »seinem Bärenmarkt ausgebrochen« und habe nun Raum bis zunächst 20 500 Punkten. So weit der Chartanalyst Marcus Metz. Der tatsächliche Verlauf bis Juni 2006 spricht eine ganz andere Sprache (siehe Diagramm 40).

Solche Analysen sind der Grund, weshalb ich charttechnische Analysen, die im Wesentlichen auf Trendlinien beruhen, die noch intakt sind oder gebrochen wurden, immer mit großer Zurück-

Diagramm 40: Der Verlauf des Nikkei-Index, 2005 bis Juni 2006

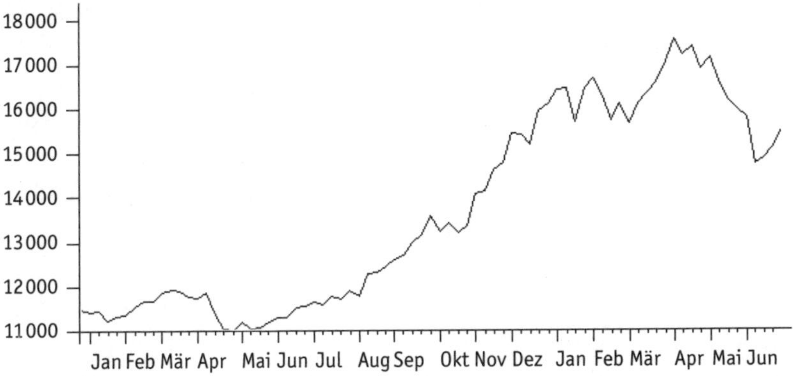

Entgegen der Analyse von Marcus Metz zum Jahresanfang 2006 stieg der Nikkei-Index nicht auf 20.000 Punkte, sondern fiel im Mai/Juni wieder unter sein Niveau vom Jahresanfang.

haltung betrachte. Denn wenn einem Index erst nach 40 Prozent Kursgewinn bescheinigt wird, dass die Baisse beendet sei, dann ist dies grotesk. Im Gegenteil: Ein Kursgewinn von 40 Prozent ist in der Regel schon wieder ein Grund, sich zu fragen, wann die nächste Korrektur nach unten fällig sein dürfte.

Bereits am Mittwoch, dem 18. Januar 2006, mussten die Anleger einen Schreck in der Morgenstunde hinnehmen, als der Nikkei-Index nach zwei schwachen Tagen plötzlich um weitere 3 Prozent einknickte.

Was war geschehen? Es war durchgesickert, dass eine japanische Internetfirma namens Livedoor angeblich ihre Bilanzen gefälscht habe. Wer der Meinung war, dies sei doch nun wirklich nicht so ausschlaggebend, hatte die Stimmungslage in Japan noch nicht richtig begriffen. Fünfzehn Jahre lang hatten die japanischen Anleger darunter leiden müssen, dass in den Unternehmen nur getrickst, gelogen und manipuliert wurde. Weder Unternehmensführern noch angeblichen Wirtschaftsfachleuten wurde noch vertraut – Politikern ohnehin nicht mehr. Ab 2003 fassten sie nach vielen Enttäuschungen sehr langsam wieder Vertrauen in die Börse und begannen erneut mit Käufen. Und nun schon wieder ein Bilanzskandal! Da stellte sich freilich schnell die Frage, wer da sonst noch gelogen und gefälscht haben konnte und ob nicht überhaupt der ganze Börsenaufschwung in Japan seit 2003 nur auf Täuschung beruhte.

Soweit das Ereignis vom Januar 2006. Freilich war Metz wie jeder andere Chartanalyst an dieser Entwicklung unschuldig. Die Meldung kam überraschend. Aber es bleibt dabei, dass eine Kaufempfehlung für eine Aktie oder einen ganzen Markt nicht erst nach einem Anstieg des Kursniveaus um 40 Prozent erfolgen sollte.

Anhänger der Chartanalyse werden nun einwenden, die Charts seien doch wenigstens zur Aktien*auswahl* geeignet. Man sehe doch auf den ersten Blick, ob eine Aktie gut im Trend liege oder nicht. Doch stimmt das wirklich?

Sie können aus einem Aktienkursverlauf, an den Sie eine Trendlinie anlegen, bei einem Bruch dieser Linie nur eines schließen: dass sich der Trend in seiner bisherigen Form nicht mehr fortsetzt. Mehr wissen Sie nicht; der Trend könnte sich durchaus noch fortsetzen, aber möglicherweise weniger steil. Ob sich der Trend *umkehren* wird, können Sie dem Chartbild nicht entnehmen.

Ich habe in einem Börsenseminar im Herbst 2004 den Teilnehmern zehn Charts verschiedener Aktien gegeben, in denen der Kursverlauf der Jahre 2001 bis 2003 eingezeichnet war. Fünf Aktien waren im Jahr 2004 Volltreffer, entwickelten sich also ausgezeichnet. Die fünf anderen waren im Jahr 2004 Flops. Wenn es möglich wäre, anhand der vorangegangenen Chartbilder die künftige Entwicklung abzulesen, dann hätte es den in Börsenfragen erfahrenen Teilnehmern möglich sein müssen, die Volltreffer von den Flops zu unterscheiden. So machte ich die Probe aufs Exempel. Es ergab sich, dass die Trefferquoten der Teilnehmer des Seminars, die durchaus in der Interpretation von Charts geübt waren, in keinem Fall die Marke von 50 Prozent überschritten; ließe man den Zufall walten, so wären die Quoten im Durchschnitt auch nicht schlechter.

Ich halte Charts für anschaulich und auch für hilfreich, um die Wahrnehmung von Tagesereignissen abzukoppeln und Kursentwicklungen langfristig zu betrachten. Aber zur Bestimmung von Signalen bevorzuge ich mathematische Methoden auf der Basis von neuen Hoch- und Tiefständen. Sie liefern klare und eindeutige Maßgaben und weit zuverlässigere Prognosen.

Zahlenmystik

Der US-Analyst Larry Williams, Verfasser einiger Börsenbücher, verfolgt durchaus gute Ansätze in seinen Systemen. Zum Beispiel betont er die Notwendigkeit, aus der Vergangenheit zu lernen, oder die Bedeutung der Zinsen für den Aktienmarkt.

Nicht folgen kann ich ihm jedoch, wenn er Zahlenmystik betreibt. So behauptet er, die Vergangenheit habe gelehrt, dass Kalenderjahre, die mit einer Fünf enden, immer gute Börsenjahre seien. Für die Nachkriegsjahre traf dies, abgesehen von 1965, auch stets zu. Ein ökonomischer Grund dafür lässt sich allerdings nicht ausmachen, weshalb ich mich als Anleger mit Blick auf das Jahr 2015 nicht darauf verlassen würde. Es war wohl Zufall, und die Trefferquote war gut möglich, weil ohnehin zwei Drittel aller Kalenderjahre steigende Aktienkurse aufweisen.

Ein wenig anders liegt der Fall bei einer weiteren Beobachtung von Williams, die besagt, dass alle vier Jahre, die mit einer geraden Zahl enden und keine Schaltjahre sind, Gefahr droht. Dafür gäbe es sogar einen ökonomischen Grund. Diese Jahre fallen auf das zweite Amtsjahr der Regierungszeit der US-Präsidenten. Wolle der jeweilige Präsident die Chancen seiner Wiederwahl oder der seines favorisierten Nachfolgers nicht gefährden, so müsse er die »notwendigen Grausamkeiten« eher am Anfang seiner Amtszeit begehen, meinen einige Beobachter. Die Folgen träten dann im zweiten Regierungsjahr auf, mit entsprechend negativen Wirkungen auf die Stimmung an der Börse.

Das klingt plausibel. Allerdings wird diese Regel durch die tatsächlichen Ereignisse der Vergangenheit nicht bestätigt. Die Jahre

1966, 1970, 1974, 1990 und 2002 brachten tatsächlich hohe Kursverluste, und in den Jahren 1978, 1982 und 1998 gab es ebenfalls Kursverluste, die aber noch im gleichen Jahr wieder aufgeholt waren. Die Jahre 1986 und 2006 sahen freundliche Kursbewegungen, und 1994 hatten wir eine »Seitwärtsbörse«. Stets waren die Kursbewegungen dieser Jahre aber durch bestimmte Ereignisse geprägt, die nichts mit der Amtszeit des US-Präsidenten und seiner Wirtschaftspolitik zu tun hatten. Ich würde nicht wagen, aufgrund dieser Zahlenmystik eine Prognose für das Jahr 2010 abzugeben.

11

Zusätzliche Sicherheitsnetze für Ihr Depot

Um zu abzuschätzen, ob die Weltbörsen steigen oder fallen, dazu richten wir uns, wie beschrieben, vor allem nach den Indikatoren Zinsen, Ölpreis, CRB-Index, US-Dollar und Saisonfaktor. Außerdem beachten wir das durchschnittliche Kurs-Umsatz-Verhältnis, die Zahl der Aktienindizes, die über ihrem 200-Tage-Durchschnitt liegen, sowie den Stand des DAX, das heißt, ob er weit über oder unter dem »fairen Wert« entsprechend einem durchschnittlichen Wachstum von 6,11 Prozent jährlich liegt.

Doch was ist zu tun, wenn sich die Börse anders verhält, als es die Indikatoren nahelegen? Vor allem bei einem plötzlichen Vertrauenslust und dann, wenn Angst vor Zahlungsunfähigkeit von Unternehmen und ganzen Staaten um sich greift, können die Kurse ganz plötzlich einbrechen. Eine solche Entwicklung haben wir im Jahr 2008 erlebt. Wie schützt man sich dagegen? Soll man sich überhaupt dagegen schützen und nicht stattdessen warten, bis die Panik vorbei ist?

Die 6-Wochen-Indizes-Methode

Eine Möglichkeit ist die Beachtung der kurzfristigen Trends mithilfe der 6-Wochen-Indizes-Methode. Ziehen Sie dazu die 50 wichtigsten Aktienindizes aus aller Welt heran, schreiben Sie die Freitags-Schlusskurse in eine Tabelle, und ermitteln Sie nach Ablauf von sechs Wochen die folgenden Zahlen:

- Wie viele Indizes haben an dem heutigen Freitag ein neues 6-Wochen-Hoch gemeldet?
- Wie viele Indizes haben ein neues 6-Wochen-Tief gemeldet?

Sie müssen diese Werte nicht selbst ausrechnen; Sie finden sie stattdessen jeden Sonntag aktuell im Internet unter www.boersensignale.de.

Liegt die Mehrheit bei den Hochs, so ist dies ein Kaufsignal. Liegt sie bei den Tiefs, sind Verkäufe angesagt. Dabei sollte gelten, dass ein Signalwechsel nicht aufgrund eines 1-Punkte-Abstands erfolgen darf. Gab es also beispielsweise wochenlang Verkaufssignale und meldet die Methode dann einen Stand von 7:6 zugunsten der Hochs, dann gilt dies noch nicht als Trendwende. Erst bei 8:6 oder 7:5 gehen wir von einem Signalwechsel aus.

Um Missverständnisse zu vermeiden: Ein 6-Wochen-Hoch eines Index bedeutet, dass sein neuester Kurs höher sein muss als an *allen* fünf vorhergehenden Freitags-Schlusskursen.

Wie erfolgreich war nun diese Methode im Vergleich mit anderen? Aus 100 Euro Ende 1969 wären bis Ende 2008 immerhin 1442,46 Euro geworden, was einer Rendite von 7,1 Prozent jährlich entspricht. Hier ist es übrigens besonders wichtig, bei jedem Signalwechsel erst von den Montags-Eröffnungskursen auszugehen, weil die stark gewichteten US-Indizes ja endgültig erst freitags um 22 Uhr MEZ bekannt werden. Wem es immer gelungen wäre, schon zum DAX-Schluss am Freitagnachmittag den Stand zu erahnen und entsprechend zu handeln, der hätte eine wesentlich bessere Rendite erzielt, nämlich 8,8 Prozent.

Wenn Sie eine Vorstellung davon gewinnen möchten, wie die Methode funktioniert und wie oft sie im Lauf eines Jahres ihre Signale wechselt, betrachten Sie bitte die Tabelle 9. In ihr sind die Signale nach der 6-Wochen-Indizes-Methode im Jahr 2008 zusammengefasst.

Die Baisse 2008 wurde mit diesen Signalen zum größten Teil vermieden. Aber kann man immer sein ganzes Depot nach dieser Methode ausrichten?

Tabelle 9: Die Signale der 6-Wochen-Indizes-Methode mit jeweiligem DAX-Stand

Datum	Hochs	Tiefs	Signal	DAX-Stand
28.12.2007	7	1	Kaufen	8067,32
04.01.2008	3	34	Verkaufen	7808,69
11.01.2008	4	39	Verkaufen	7717,95
18.01.2008	0	47	Verkaufen	7314,17
25.01.2008	0	31	Verkaufen	6816,74
01.02.2008	1	15	Verkaufen	6968,67
08.02.2008	0	28	Verkaufen	6767,28
15.02.2008	2	4	Verkaufen	6832,43
22.02.2008	15	7	Kaufen	6806,29
29.02.2008	8	7	Kaufen	6748,13
07.03.2008	1	30	Verkaufen	6513,99
14.03.2008	0	25	Verkaufen	6451,90
21.03.2008	1	34	Verkaufen	6319,99
28.03.2008	7	3	Kaufen	6559,90
04.04.2008	25	2	Kaufen	6763,39
11.04.2008	11	0	Kaufen	6603,57
18.04.2008	37	1	Kaufen	6843,08
25.04.2008	28	1	Kaufen	6896,58
02.05.2008	36	1	Kaufen	7043,23
09.05.2008	11	0	Kaufen	7003,17
16.05.2008	34	1	Kaufen	7156,55
23.05.2008	3	12	Verkaufen	6944,05
30.05.2008	6	7	Verkaufen	7096,79
06.06.2008	3	24	Verkaufen	6803,81
13.06.2008	2	35	Verkaufen	6765,32
20.06.2008	2	39	Verkaufen	6578,44
27.06.2008	1	47	Verkaufen	6421,91
04.07.2008	0	49	Verkaufen	6272,21
11.07.2008	0	35	Verkaufen	6153,30

Datum	Hochs	Tiefs	Signal	DAX-Stand
18.07.2008	1	12	Verkaufen	6382,65
25.07.2008	3	7	Verkaufen	6436,71
01.08.2008	7	6	Verkaufen	6396,46
08.08.2008	19	7	Kaufen	6561,65
15.08.2008	9	12	Verkaufen	6446,02
22.08.2008	3	15	Verkaufen	6342,42
29.08.2008	10	8	Kaufen	6422,30
05.09.2008	0	42	Verkaufen	6127,44
12.09.2008	0	18	Verkaufen	6234,89
19.09.2008	1	24	Verkaufen	6189,53
26.09.2008	0	38	Verkaufen	6063,50
03.10.2008	0	41	Verkaufen	5797,03
10.10.2008	0	50	Verkaufen	4544,31
17.10.2008	0	21	Verkaufen	4781,33
24.10.2008	0	42	Verkaufen	4295,67
31.10.2008	0	41	Verkaufen	4987,97
07.11.2008	0	0	Verkaufen	4938,46
14.11.2008	0	10	Verkaufen	4710,24
21.11.2008	0	36	Verkaufen	4127,41
28.11.2008	2	0	Kaufen	4669,44
05.12.2008	1	9	Verkaufen	4381,47
12.12.2008	5	0	Kaufen	4663,37
19.12.2008	17	1	Kaufen	4696,70
26.12.2008	5	4	Kaufen	4629,38

Die 6-Wochen-Indizes-Methode hat den Vorteil, dass sie auf jeden Fall sehr zeitig reagiert, wenn die Weltbörsen nach oben oder unten streben. Aber die Unsicherheit bleibt, ob es sich nicht jeweils um ein Fehlsignal handelt, wie es bei kurzfristigen Indikatoren sehr häufig ist. Wie die Werte in der Tabelle zeigen, wechselt das Signal zuweilen im Wochenrhythmus.

Deshalb ist dieses Signal für sich allein genommen für einen Anleger unbrauchbar, denn er sollte aufgrund der oft wechselnden Signale sein Depot nicht dermaßen oft oder in derart kurzen Intervallen komplett aufbauen und abräumen. Das kostet zu viel an Spesen. Aber es ist möglich, die Methode als zusätzliches Sicherheitsseil zu verwenden und das Depot teilweise abzusichern. Wie das geht, dazu kommen wir noch.

Drei Möglichkeiten des Umgangs mit unerwarteten Kursverlusten

Sie sollten sich als Anleger in Anbetracht von unerwarteten Kursverlusten überlegen, welchen Weg Sie beschreiten wollen. Aus meiner Sicht gibt es die drei folgenden Strategien:

- *Durchhalten und nur relativ schwache Aktien austauschen.* Man lässt sich also vom allgemeinen Börsentrend nicht verwirren, sondern verfolgt eine Value-Strategie ähnlich wie Warren Buffett, sammelt also werthaltige Aktien. Allgemeine Ein- und Ausstiegssignale, wie sie von den Zinsen, dem Ölpreis, dem US-Dollar, der Saison, dem CRB-Index oder dem durchschnittlichen KUV ausgehen, bleiben außer Acht. Man wahrt das Engagement, denn das wichtigste Kriterium lautet, nicht schlechter abzuschneiden als ein Aktienindex wie der DAX, der SMI oder der EuroSTOXX 50. Ein solches Vorgehen empfiehlt zum Beispiel auch Ken Fisher in seinem Buch *Das zählt an der Börse.* Ich kann mich damit nicht anfreunden, denn die Beachtung des Allgemeintrends bringt weitaus mehr ein als eine gute Aktienauswahl allein.
- *Minimierung von Kursverlusten und Absicherung beispielsweise mit einer Stopp-Strategie.* Hierbei werden Aktien nach Meldung eines 9-Monats-Tief grundsätzlich verkauft und nicht durch andere Werte ersetzt, solange der Trend der Indizes nach der 6-Wochen-Indizes-Methode abwärts zeigt. Weist der Trend wieder nach oben, werden die verkauften Titel durch relativ stärkere Aktien ersetzt. Hier hätte die 6-Wochen-Indizes-Methode einen

sehr guten Platz. Die Methode wäre ein Kompromiss zwischen der Strategie a und der nachfolgend beschriebenen Strategie c.

- *Nutzung der Signalsysteme für einen allgemeinen Ein- und Ausstieg.* In erster Linie wird hierzu die noch zu besprechende Methode Nasdaq-Dow Utility-DAX herangezogen, in zweiter Linie kommen die fünf Indikatoren Zinsen/Dollar/Öl/CRB/Saison und im Fall von Zweifeln die 6-Wochen-Indizes-Methode als Korrektiv zum Zuge. Schwache Aktien, für die ein 9-Monats-Tief gemeldet wird, sollten jedenfalls dann entfernt werden, wenn ihr RS-Wert unter dem Durchschnitt der Aktien des Anlagelandes oder der Anlageregion liegt.

Absichern mit Stopps

In der Regel sollten Sie keine Stopp-Kurse bei Ihrer Bank in Auftrag geben. Ein Stopp-Kurs ist ein vorgegebener Kurs, dessen Erreichung oder Unterschreitung automatisch den Verkauf Ihrer Aktie auslöst. Viele Börsenteilnehmer sind der Meinung, ein solcher Stopp bedeute, dass die Aktie automatisch zu eben diesem Kurs verkauft werde. Das ist aber nicht der Fall. Vielmehr wird der Verkauf zwar *ausgelöst,* die Aktie aber erst zum nächsten Börsenumsatz abgegeben – zu einem sehr oft weit niedrigeren Kurs, der vielleicht gar nicht die Zustimmung des Verkäufers fände. Viele meiner Leser haben mir schon berichtet, dass sie mit Stopp-Kursen keine guten Erfahrungen gemacht haben.

Es gibt Börsenteilnehmer, die prinzipiell einen Stopp-Kurs festlegen, der 10 Prozent unter ihrem Kaufkurs liegt. Sie begründen diese Praxis damit, dass sie von ihrer Aktie nicht mehr überzeugt seien, wenn sie um 10 Prozent gefallen sei. Sicherlich ist eine solche Vorgehensweise häufig sinnvoller als Nichtstun angesichts von Schwächeanzeichen einer Aktie. Andererseits werden Stopp-Kurse verhältnismäßig oft erreicht, und ein Investor trauert dann den verkauften Beständen nach. Die Kurse schwanken zuweilen einfach sehr heftig.

Aber was tun Sie, wenn Sie im Urlaub sind und die Aktienkurse nicht ständig verfolgen können oder wollen? Nicht jeder hat die Möglichkeit, sich im Internet beispielsweise jeden Sonntag unter www.boersensignale.de über den Stand der Indizes nach Maßgabe der 6-Wochen-Indizes-Methode zu informieren oder diesen mithilfe anderer Internetseiten selbst zu errechnen. In solchen Fällen sind Stopp-Orders durchaus ganz praktisch. Achten Sie aber auch darauf, die Laufzeit der Stopp-Order zu begrenzen, um das Risiko auszuschalten, bei Ihrer Rückkehr eine böse Überraschung zu erleben.

Wie gehen Sie vor? Der Stopp-Kurs sollte nicht schematisch auf 90 Prozent des Kaufkurses festgelegt werden, sondern zum Beispiel auf ein neues 9-Monats-Tief oder 52-Wochen-Tief. Diesen letzteren Kurs finden Sie in der Regel sogar in Ihrer Tageszeitung.

Nehmen wir einmal an, die Siemens-Aktie notiert bei 54,80 Euro. Sie stellen fest, dass die Aktie ein 52-Wochen-Tief erreichen würde, wenn sie auf 52 Euro fiele. Sie könnten also als Besitzer von Siemens-Aktien Ihrer Bank den Auftrag erteilen, die Aktien zu verkaufen, wenn ihr Kurs auf 52 Euro oder weniger zurückgeht. Rutscht der Kurs auf diesen Wert ab, wird die Aktie zum nächsten Kurs verkauft, zu dem ein Handel stattfindet. Dieser Kurs entspricht aber höchstens zufällig dem exakten Wert, den Sie als Stopp-Kurs vorgegeben haben; mit anderen Worten, er kann sowohl über oder unter dem Stopp-Kurs liegen.

Darin liegt eine Schwierigkeit. Stürzt der Kurs sehr scharf ab, kann es sein, dass erst zu einem wesentlich niedrigeren Preis verkauft wird, also etwa bei 49 Euro. Am nächsten Tag kommt es dann oft zu einer Gegenbewegung – und Sie ärgern sich später darüber, dass die Aktie zwar Ihrer Vorgabe gemäß, jedoch andererseits zu einem ungünstigen Kurs verkauft wurde. Doch womöglich erfahren Sie auch erst Wochen später nach Ihrer Rückkehr aus dem Urlaub, welchen Verlauf der Kurs inzwischen genommen hat. Denkbar ist auch, dass der dann noch viel niedriger liegt als zum Zeitpunkt des Verkaufs ihrer Aktie.

Um derartigen Risiken aus dem Weg zu gehen, könnten Sie auch eine Stopp-Limit-Order erteilen. Manche Banken nehmen derartige Aufträge entgegen. Sie geben sowohl einen Stoppkurs an, zu dem verkauft werden soll, als auch ein Limit, unterhalb dessen ein Verkauf ausgeschlossen wird. Im Fall einer Urlaubsreise würde ich das aber keinesfalls empfehlen. Im Beispiel Siemens könnte der Stopp-Kurs 52 Euro betragen, das Limit 51 Euro. Dann würde der Auftrag nur ausgeführt, wenn der Aktienkurs die Marke von 51 Euro nicht unterschreiten würde. Würde er nun sogleich unter die 51-Euro-Marke rutschen, so würde die Aktie nicht verkauft, sondern im Depot verbleiben. Die Stopp-Order hätte Sie in diesem Fall nicht wirklich geschützt.

Im Übrigen ist es meist so, dass in einem Zeitraum von mehreren Wochen die Börse so stark schwankt, dass ein Aktienkurs, der nur 6 bis 7 Prozent unter dem aktuellen Kurs liegt, irgendwann einmal zufällig erreicht wird. Und oft steckt dahinter auch mehr als nur der Zufall. Börsenprofis, die an der Börse beruflich handeln, können erkennen, welche Marken im Rahmen von Stopp-Orders gewählt wurden. Handelt es sich um größere Orders, dann sorgen sie oft sogar durch gezielte Verkäufe dafür, dass der Stopp-Kurs erreicht wird, decken sich darunter wieder billig ein und ziehen die Kurse wieder nach oben.

Wenn Sie einen Stopp-Kurs festlegen wollen, dann sehen Sie dazu keine glatte Zahl und keinen Wert leicht unterhalb einer glatten Zahl vor, also nicht etwa 50 Euro oder 49,50 Euro. In solchen Bereichen liegen vermutlich viele Stopps, werden also im Fall des Falles viele Verkäufe ausgelöst mit der Folge, dass der Kurs übermäßig stark einbricht. Wählen Sie lieber 51 Euro oder 50,50 Euro, denn dann haben Sie eine gute Chance, dass im Fall des Falles Ihr Verkaufsauftrag eher ausgeführt wird als die vielen Verkäufe jener, die genau auf 50 gesetzt haben.

Wie sollten Sie im umgekehrten Fall vorgehen, das heißt dann, wenn Sie erwarten, dass die Kurse während Ihres Urlaubs steigen? Sollte man bei höheren Kursen ein Verkaufslimit setzen?

Dazu kann ich Ihnen keinesfalls raten. Ein Verkaufslimit zu

einem um 10 Prozent höheren Kurs, um Gewinne mitzunehmen, würde gegen die bekannte Regel verstoßen, dass man Gewinne nicht begrenzen sollte. Verkaufen Sie grundsätzlich nur, wenn Sie mit fallenden Kursen rechnen. Dann aber steigen Sie gleich zum jetzigen Zeitpunkt aus, und nicht zu einem höheren Kurs, der auch nach Ihrer Meinung eigentlich gar nicht mehr realistisch ist.

Beachtung von 9-Monats-Tiefs

Wenn eine Aktie, die Sie in Ihrem Depot führen, ein 9-Monats-Tief (T) meldet, dann ist das schon ein Alarmzeichen. Der Aufwärtstrend ist dann nicht mehr verlässlich. Es gibt nun mehrere Möglichkeiten zu handeln:

a) Jede mit einem »T« markierte Aktie sofort aus dem Depot werfen;
b) eine mit einem »T« markierte Aktie nur dann hinauswerfen, wenn sie in ihrer RS-Landesliste schlechter abschneidet als der Durchschnitt;
c) eine mit einem »T« markierte Aktie behalten, weil Sie auf längere Sicht einen Verkauf dieser Aktie für unsinnig halten. Dieser Fall kann zum Beispiel dann eintreten, wenn Sie der Meinung sind, dass sich der Kurs langfristig wieder erholen wird, und die Spesen für Verkauf und Rückkauf sparen wollen.

Ich gebe zu, dass ich dann, wenn eine Aktie ein 9-Monats-Tief erreicht hat, stets von Fall zu Fall entscheide und nicht konsequent bei einer Linie bleibe, obwohl sich die Varianten a) und b) fast immer als richtig erweisen. In der Vergangenheit habe ich nicht jede Aktie bedingungslos verkauft, wenn ihr 9-Monats-Tiefkurs unterschritten wurde. Denn ich weiß: Gute Standardwerte wie BASF, Bayer, Siemens und Daimler eignen sich als Daueranlage für mehrere Jahre. Auf jede sinnlose Übertreibung nach unten folgen auch wieder eine Erholung und dann eine Übertreibung nach oben.

Wer allerdings der Durchhaltestrategie folgen will, sollte trotzdem nicht ganz die Augen vor dem Börsengeschehen verschließen, sondern alle 14 Tage die relative Stärke der Aktie beachten. Wird eine Aktie Ihres Depots zu schwach – Sie sehen das daran, dass sie in einer Liste, in der die Aktien nach der relativen Stärke geordnet sind, im hinteren Drittel liegt –, dann tauschen Sie sie gegen eine relativ stärkere Aktie aus, die vorne liegt. Es ist nicht ausgeschlossen, dass in einer Wirtschaftskrise das eine oder andere Unternehmen doch nicht überlebt. Wenn Sie Aktien trotz 9-Monats-Tiefs weiter halten, sollten Sie darauf achten, dass solche Aktien nicht zu weit nach hinten abrutschen.

Irgendwann kommt letztlich ein Punkt, an dem der Abwärtstrend bei einzelnen Aktien so stark wird, dass sich ihr Verkauf aufdrängt, weil man sie vermutlich viel günstiger wiedererwerben kann.

Im Falle von Daimler, die ich im Jahr 2008 anfangs entgegen der Regel hielt, rang ich mich im Frühjahr 2008 doch zu einer Verkaufsempfehlung durch, obwohl ich diesen Titel ursprünglich halten wollte. Und es war richtig, schließlich doch der 9-Monats-Tief-Regel zu folgen, denn die Aktie stürzte im Verlauf des Jahres erneut rapide ab. Nicht zuletzt der hohe Ölpreis machte dem Autobauer, der in seiner Produktpalette in erster Linie auf große Fahrzeuge mit relativ hohem Spritverbrauch setzt, schwer zu schaffen.

Eine konsequente Beachtung der 9-Monats-Tiefs hat den Vorteil, dass wir automatisch immer relativ schwache Aktien aus dem Depot aussondern können. Die starken bleiben im Depot, solange nicht allgemeine Verkaufssignale die Börsen dominieren. Darüber hinaus bietet sie die Chance, ein ähnliches Debakel wie 2002 oder 2008 auszuschließen, falls Panikverkäufe vergleichbare Dimensionen annehmen.

Freilich ist es oft absurd, manchmal zum Verkauf so ertragsstarker Unternehmen wie zum Beispiel Daimler, Allianz, Deutsche Telekom oder Linde gezwungen zu sein. Allein die Dividendenrendite mancher Papiere lag schon über 5 Prozent und damit auf einem Niveau, das auch Bundesanleihen nicht überbieten. Dabei muss allerdings hinzugefügt werden, dass es nie sicher ist, ob eine Dividendenzahlung auch im nächsten Jahr noch gehalten wird.

Diagramm 41: Der Verlauf des Kurses der Daimler-Aktie im Jahr 2008

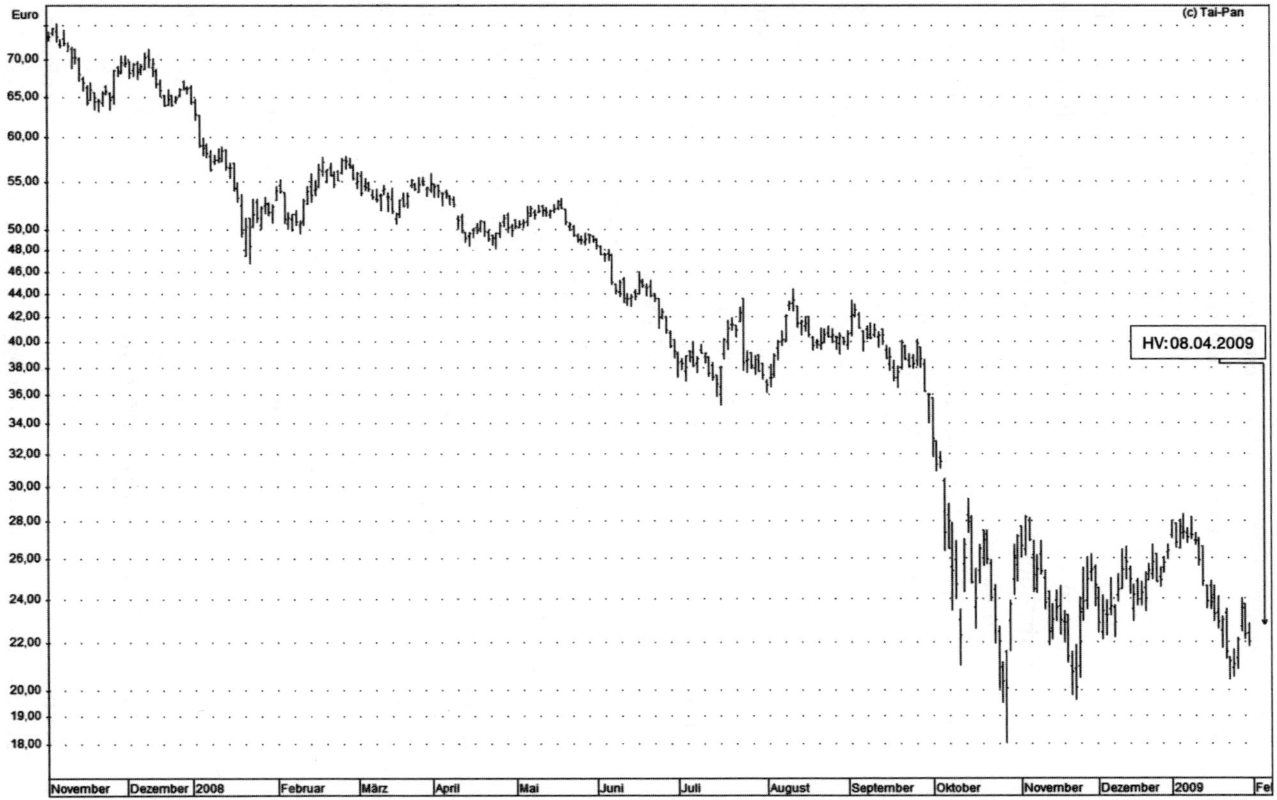

Trotz der bereits niedrigen Kurse erwies es sich als richtig, die Daimler-Aktie im Frühjahr 2008 nach einem 9-Monats-Tief zu verkaufen.

Vor einigen Jahren meldete einmal Thyssen ein 9-Monats-Tief. Ich riet zum Austausch gegen einen stärkeren Titel und schockierte damit etliche Leser. Sie beklagten sich mit Worten wie diesen: »Sie steigen bei Thyssen zum Höchstkurs von 18 Euro ein und zum Tiefstkurs bei 13 Euro aus. Es reicht jetzt. Ich kündige Ihre Zeitschrift!«

Letztlich muss jeder Anleger selbst entscheiden, wie konsequent er einer Methode folgen sollte, die er prinzipiell als sinnvoll erkannt hat. Im Grunde richtete sich die oben zitierte Kritik gegen meine Entschlossenheit, an meiner mir selbst gesetzten Regel festzuhalten. Dennoch ist es sinnvoll, sich veränderten Trends anzupassen – auch wenn sich dies im Nachhinein als Fehler erweisen könnte. Zu meinen, jedes Geschäft an der Börse ließe sich erfolgreich abschließen, ist ein typischer Anfängerfehler und auch ein gewisses Zeichen von Sturheit.

Fragt man sich, warum manche Aktien so unter Wert gehandelt werden, dann wird klar, dass bei vielen Verkäufen ganz schlicht Großanleger am Werk sind, die sich völlig der Charttechnik verschrieben haben. Sie sehen irgendeine gebrochene Trendlinie und verkaufen mechanisch, ohne nach der Werthaltigkeit des Unternehmens zu fragen. Wer an solchen Aktien festhält, obwohl beispielsweise ein 9-Monats-Tief dagegen spricht, macht *auf längere Sicht gesehen* wohl keinen Fehler, auch wenn er die Aktien abstoßen und womöglich später billiger wieder einkaufen könnte.

Unsere 9-Monats-Tiefkurse sind wie ein Sicherheitsseil, und dieses nützt nur, wenn wir es im Fall unerwarteter Kursrückgänge auch ohne Ausnahme bedienen. Sie können nie wissen, ob nicht doch Verkäufe von Insidern, die mehr wissen, im Hintergrund wirken. Meist sind die betroffenen Aktien tatsächlich monatelang »lahm«.

Verkaufsaufträge mit Limits

Nehmen wir einmal an, Sie wollen Aktien verkaufen, entweder, weil der Aktienanteil an Ihrem Vermögen zu hoch ist oder weil sich zusätzliche Verkaufssignale gezeigt haben. Nun fragen Sie sich: »Soll ich ein Limit setzen oder lieber schnell bestens verkaufen?«

Ein Limit zu setzen, ist nicht zuletzt deshalb sinnvoll, um zu vermeiden, mit dem schlechtesten Tageskurs bedient zu werden. Ein Limit setzt man besonders bei kleineren Unternehmen, die nicht so breit gehandelt werden, um zu verhindern, dass der eigene Verkaufsauftrag den Kurs nach unten drückt. Sie wenden sich bei der telefonischen Auftragserteilung an die Kundenberatung Ihrer Bank und bitten diese, doch einmal nachzusehen, an welchem Börsenplatz gute Umsätze stattfinden und zu welchem Kurs dort gerade im Moment die Aktie gehandelt wird. Diesen Kurs, nicht einen deutlich höheren, geben Sie als Limit zum Verkauf ein. Denn Sie wollen die Aktie möglichst zügig verkaufen. Durch die Tagesschwankungen wird Ihr Auftrag dann sicherlich noch am gleichen Tag ausgeführt werden. Analog können Sie übrigens auch beim Kauf einer Aktie verfahren.

Bei Nebenwerten würde ich die Verkäufe oder Käufe je nach Marktbreite auf mehrere Tage (nicht mehrere Börsenplätze) verteilen. Ich empfehle aber dringend, bereits beim Kauf nicht viel Geld in einen Nebenwert zu stecken! In guten Börsenzeiten kann ein Depotvolumen von bereits 200 000 Euro gut und gern über 40 bis 50 Titel gestreut werden.

Wann gilt eine Aktie als »schwach«?

Diese Frage ist ganz einfach zu beantworten: wenn ihr RS-Wert im Vergleich mit den meisten Aktien desselben Landes wesentlich schlechter ausfällt, also in einer Liste, die absteigend nach der relativen Stärke geordnet ist, im unteren Drittel liegt.

Sie müssen nicht gleich handeln, wenn eine Aktie kurzfristig auf eine Gewinnwarnung hin mit einem plötzlichen Kurssturz reagiert. Zunächst tun Sie in einem solchen Fall erst einmal nichts, auch wenn es schwerfällt. Am darauffolgenden Wochenende sehen Sie sich die

Kursentwicklung in Ruhe an. Liegt die Aktie jetzt in der Relative-Stärke-Liste zu weit hinten? Hat sie gar ein neues 9-Monats-Tief gemeldet? Unter diesen Bedingungen sollten Sie tatsächlich erwägen, sich von ihr zu trennen. Lieber ein Ende mit Schrecken als ein Schrecken ohne Ende! Schlechte Meldungen treffen selten völlig unerwartet ein, und meist beziehen sie sich auf schon bisher schwache Aktien.

Vor allem Börsenneulinge bringen nicht die nötige Flexibilität auf, um schwache Aktien zu verkaufen. Sie hoffen sehr lange auf Besserung. Je tiefer die Aktie fällt, für desto sinnloser halten sie es, »jetzt noch« zu verkaufen. Doch warum sollten Sie schwache Aktien behalten? Nach dem Kauf sollten Sie den Einstandskurs am besten gleich vergessen. Für Sie ist es viel wichtiger, ob die Signale, derentwegen Sie diese Aktien gekauft haben, nach wie vor für sie sprechen.

Freilich trösten sich die Anfänger immer mit den Worten: »Verluste sind doch immer nur vorübergehend. Man muss nur Geduld haben. Es werden auch wieder freundlichere Zeiten kommen!« Doch warum sollen Aktien, die in der Baisse besonders schwach sind, in der folgenden Hausse dann besonders stark sein und ihre Verluste wieder aufholen? Diese schwächeren Aktien können jahrelang schwach bleiben und die Wertentwicklung Ihres Depots stark bremsen.

»Solange ich die Aktie halte, realisiere ich zumindest keinen Verlust.« Das ist richtig, aber es ist offenkundig Augenwischerei. Buchverluste sind auch Verluste. Sie tragen damit schwere Lasten mit sich herum. Lösen Sie sich davon, und legen Sie Ihr Geld in Wertpapieren mit hoher relativer Stärke an.

Die Methode »Nasdaq-Dow Utility-DAX«

Für den mittelfristig orientierten Anleger, der nicht viel riskieren, aber auch nicht ständig wechselnden Signalen folgen möchte, eignet sich am besten eine Methode, die den Aktienindizes folgt. Man wird zwar mit einer solchen Methode nie zum tiefsten Punkt einsteigen und zum höchsten Punkt aussteigen. Denn sie folgt einfach dem Trend, und um sicherzugehen, dass ein neuer Trend begonnen hat, muss etwas Zeit vergehen.

Die Methode, die ich jetzt bespreche, wurde in ihrer heutigen Form von meinem Partner Klaus Haidorfer entwickelt. Wie bei allen Methoden, die auf der Interpretation von Kursverläufen von Aktien oder Aktienindizes beruhen, werden die Signale ausschließlich aus dem Trend gewonnen, der erst als solcher erkannt werden kann, wenn er sich herausgebildet hat: Mit anderen Worten: Wer sich am Trend orientiert, der reagiert auf eine bereits eingetretene Entwicklung. Aber mit einer solchen Methode wird es einem Anleger nur ganz selten passieren, dass seine Werte unvermutet in eine tiefe Baisse geraten. Denn eine gute Trendmethode gibt verlässliche Hinweise, wenn sich der Wind am Aktienmarkt eindeutig gedreht hat, und sie veranlasst ihren Anwender dann auch dazu, die Reißleine zu ziehen. Umgekehrt betrachtet bietet sie auch gute Möglichkeiten, an einer zeitig erkannten Aktienhausse teilzuhaben.

Die Methode sieht für die Bestimmung des mittelfristigen Trends nur drei Aktienindizes vor, und zwar die folgenden:

a) *Nasdaq-Composite-Index.* Dieser Index enthält sehr dynamische US-Hochtechnologiewerte, deren Kurse stark schwanken. Verwechseln Sie ihn nicht mit dem Nasdaq 100, der nur die 100 größten an dieser Technologiebörse gehandelten Aktien enthält. Der Nasdaq Composite berücksichtigt alle Aktien dieser Börse, gewichtet sie aber nach Größe. Diesen Index meine ich, wenn ich vom »Nasdaq« rede.
   Die Technologieunternehmen, die in diesem Index enthalten sind, arbeiten großenteils noch mit Verlust und sind daher zum Teil reine Hoffnungswerte. Daher unterliegen die Aktien mitunter heftigen Turbulenzen, und deshalb reagieren sie sehr schnell – sowohl auf eine drohende Aktienbaisse wie auch auf Kursgewinnaussichten.

b) *Dow-Jones-Utility-Index.* Er enthält »langweilige« Energieversorger wie American Electric Power, Exelon, First Energy und

Diagramm 42: Die Entwicklung des Nasdaq-Composite-Index, 2005 bis 2009

Der Nasdaq-Composite-Index enthält Hochtechnologie-Aktien und schwankt stark.

Diagramm 43: Der Verlauf des Dow-Jones-Utility-Index, 2005 bis 2009

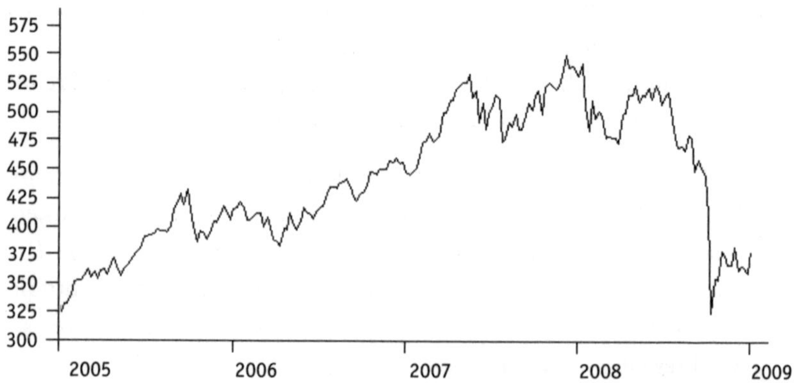

Der zinsabhängige Dow Utility hat sich meist als guter Frühindikator unter den Aktienmärkten erwiesen.

Southern Company, um nur einige der 15 in ihm enthaltenen Aktien zu nennen. Er wird im Folgenden kurz Dow Utility genannt. Ich beobachte diesen Index aufgrund einer Anregung, die John Murphy in seinem Buch *Technische Intermarket-Analyse* (Frankfurt am Main 2002, amerikanische Originalausgabe von 1991) niedergeschrieben hat. Er hat sich als brauchbarer Frühindikator erwiesen.

Gerade die Tatsache, dass die Gewinne der im Dow Utility vertretenen Stromversorger *nicht* sehr stark schwanken, macht den Index zu einer berechenbaren Größe, um abzuschätzen, ob Aktien im Verhältnis zu Zinspapieren eher über- oder unterbewertet sind. Deshalb gab dieser Index mit seinen »langweiligen« Aktien meist sehr viel schneller die künftige Richtung der Aktienmärkte vor als etwa der Dow Jones Industrial oder der S & P 500.

c) *Deutscher Aktienindex DAX.* Wir nehmen den DAX deshalb mit hinzu, weil der wichtigste europäische Aktienindex als Korrektiv noch zu den beiden amerikanischen Indizes hinzukommen sollte. Denn nicht immer verlaufen die Aktienkurse in den USA und Europa parallel zueinander.

Die Parameter für die drei Indizes

Die Beobachtung der drei Indizes soll dem mittelfristig orientierten Anleger – unter »mittelfristig« verstehe ich einen Zeitraum von sechs bis 24 Monaten – brauchbare Orientierungsmarken an die Hand geben, die nicht ständig in wechselnde Richtungen weisen, die aber dennoch rechtzeitig melden, wenn es Zeit wird, generell aus- oder einzusteigen.

Tabelle 10 fasst die Gestalt der von den drei Indizes ausgehenden Kauf- und Verkaufssignale zusammen.

Tabelle 10: Kauf- und Verkaufssignale für mittelfristig orientierte Investoren

Signal / Index	Kaufsignal	Verkaufssignal
Nasdaq	25-Wochen-Hoch	26-Wochen-Tief
Dow Utility	9-Wochen-Hoch	6-Wochen-Tief
DAX	2-Wochen-Hoch	6-Wochen-Tief

Damit es keine Missverständnisse gibt: Unter einem 25-Wochen-Hoch verstehe ich, dass der neueste Kurs höher ist als *alle* Kurse der vorhergehenden 24 Wochen, wobei stets nur die Freitags-Schlusskurse gewertet werden. Unter einem 2-Wochen-Hoch verstehe ich, dass der neueste Kurs über dem Kurs der Vorwoche liegt.

Und nun kommt das Wichtigste: Erst wenn alle drei Indizes in dieselbe Richtung zeigen, gilt das neue Signal!

Im Normalfall werden DAX und Dow Utility ihre Signale früher geben; Sie müssen aber unbedingt noch das Signal des Nasdaq abwarten. Gehen die Signale zum Wochenschluss in dieselbe Richtung, dann wird am darauffolgenden Montag gleich zum Eröffnungskurs gehandelt.

Diese Regeln werfen einige Fragen auf. Zunächst: Warum sollten wir erst bei neuen Hochs und Tiefs reagieren und nicht lieber gleitende Durchschnitte anwenden? Werden unter dieser Bedingung die Signale nicht früher gebildet?

Schnellere Signale sind nicht immer besser. Es gibt in der Trendanalyse nichts Schlimmeres als wöchentlich wechselnde Signale. Es ist schon wichtig, dass dieser Missstand durch die passende Gestaltung des Systems verhindert wird. Nach einem neuen Hoch sollte einige Zeit vergehen, ehe ein Gegensignal in Gestalt eines neuen Tiefs sichtbar wird. Spätere Signale sind zwar mit weniger günstigen Ein- und Ausstiegskursen verknüpft, doch andererseits sind sie zuverlässiger. Aus diesem Grund bevorzuge ich die Analyse mit Ursprungswerten anstelle von gleitenden Durchschnitten.

Aber warum nun ein so langer Beobachtungszeitraum für den Nasdaq, und so kurze Zeiten für die anderen Indizes? Zunächst einmal haben sich diese Zeiträume in meiner eigenen Anlagepraxis bewährt. Der Nasdaq schwankt sehr heftig, deswegen muss diesem Index mehr Spielraum gewährt werden. Der Dow Utility reagiert etwas träger, weshalb seine Signale in kürzeren Zeiträumen systematische Richtungswechsel anzeigen. Und der DAX hat im Grunde nur die Aufgabe, die Signale der US-Indizes zu bestätigen.

Die Erfolgsbilanz der Methode

Ein Anleger, der seit Ende 1969 mit anfangs 100 Euro nur nach den Kaufsignalen der Nasdaq-Dow Utility-DAX-Methode eingestiegen, DAX-Werte gekauft hätte und bei jedem Verkaufssignal ausgestiegen und sein Geld zinslos geparkt hätte, hätte Ende 2008 über 6857,39 Euro verfügt, was einer jährlichen Rendite von 11,45 Prozent entspricht. Auch hier gehe ich davon aus, dass nach dem Signal vom Freitag ein Handel erst zum Eröffnungskurs der darauffolgenden Woche möglich war, also in der Regel Montagvormittag.

Unterm Strich hätte man also mit dieser Methode nicht ganz so gut abgeschnitten wie mit der Fünf-Indikatoren-Methode. Dafür ist sie aber sicherer. Ein Desaster wie 2008 wäre hier nicht passiert, wie wir gleich sehen werden.

Bei der Vorstellung einer neuen Methode werde ich immer wieder gefragt, ob diese Methode geeignet gewesen wäre, die Kursstürze vom 19. Oktober bis November 1987 und in den Jahren 2001/2002 zu umgehen. Tabelle 11 fasst zur Beantwortung dieser Frage die mit der Methode erzeugten Signale für die letzten 25 Jahre zusammen.

Tabelle 11: Kauf- und Verkaufssignale nach der Nasdaq-Dow Utility-DAX-Methode, 24. August 1984 bis 4. Januar 2008

Kaufsignal am	DAX-Stand Eröffn. Folgewoche	Verkaufssignal am	DAX-Stand Eröffn. Folgewoche
24.08.1984	743	19.09.1986	1417
16.01.1987	1328	16.10.1987	1322
03.06.1988	1111	20.04.1990	1837
08.02.1991	1488	26.06.1992	1756
18.12.1992	1507	27.05.1994	2132
16.12.1994	2081	28.08.1998	4955
27.11.1998	5110	30.06.2000	6877
02.05.2003	3011	04.01.2008	7811

Bis Ende Februar 2009 (Redaktionsschluss dieses Buchs) erfolgte kein Einstieg mehr. Der Absturz des DAX bis auf vorläufig 3780 Punkte (Februar 2009) wurde durch diese Methode vermieden.

Geht es noch bequemer? Ein Anleger, der nach dieser Methode handelte, musste im Durchschnitt nur alle zwei Jahre reagieren. Freilich trafen die Signale selten zur optimalen Zeit ein. Zum Beispiel wäre eine Reaktion im Zug der Asien- und Russland-Krise 1998 recht spät erfolgt; immerhin lag der DAX im Juli 1998 schon bei über 6000 Punkten. Das bestätigt aber nur die bekannte Regel, dass keine Methode unfehlbar ist.

Absicherung des Depots mithilfe von Gegengeschäften

Bei einer drohenden Aktienbaisse möchten manche Anleger ihre Aktien lieber behalten, und zwar aus steuerlichen Gründen. Sie haben möglicherweise diese Aktien schon länger im Depot und möchten vermeiden, künftig bei neu gekauften Aktien mit der 25-prozentigen Abgeltungsteuer auf Kursgewinne belangt zu werden.

Verkauft man nicht vor einem zu erwartenden Kurssturz, so bleibt nur eine Absicherungsstrategie. Wie funktioniert sie?

Am besten setzt man auf einen fallenden Index, nicht auf einzelne Aktien. Und dann am besten auf den DAX, den TecDAX oder den amerikanischen Nasdaq 100, weil diese Indizes am heftigsten schwanken. Der amerikanische S & P-500-Index bricht meistens nicht so stark ein, wenn es weltweit abwärts geht. Dasselbe gilt für den Schweizer SMI, der großenteils von Pharmawerten dominiert wird, die in der Baisse eher ruhig laufen.

Verkaufsoptionen

Aber auf welche Anlagekategorie soll man setzen? Mit einem Put, das heißt einer Verkaufsoption erwerben Sie die Berechtigung, bis zu einem bestimmten Termin Aktien oder Aktienindizes zu einem bestimmten Kurs zu verkaufen. Das bedeutet, dass der Wert des Puts steigt, wenn die Aktienkurse fallen. Solche Optionsscheine haben den Vorteil, dass sie nur ein Recht, aber keine Verpflichtung beinhalten. Ihr anfängliches Risiko ist insofern geringer, als zumindest in der Anfangszeit kein Totalverlust eintreten kann.

Trotzdem rate ich nicht zum Kauf von Puts. Ihre Laufzeit ist ja begrenzt. Falls sich der Markt nicht zügig nach unten bewegt, verlieren sie bereits bei einer zu langen Seitwärtsbewegung der Börse rasch an Wert. Außerdem gibt es so viele Scheine, dass man mithilfe eines Optionsscheinrechners zunächst herausfinden müsste, welcher Put die fairsten Bedingungen bietet. Am nächsten Tag kann der entsprechende Befund schon wieder überholt sein. Sollten Sie trotzdem an Put-Optionsscheinen interessiert sein, kaufen Sie sie bei Ihrer Bank direkt, also nicht über die Börse. Fragen Sie nach dem Kauf- und Verkaufspreis; diese sollten möglichst eng beieinander liegen, dann handelt es sich um faire Kurse. Sie müssen dann nur noch entscheiden, ob sie solche Scheine tatsächlich erwerben wollen und gegebenenfalls die gewünschte Stückzahl nennen.

Ich empfehle anstelle von Puts Futures oder sogenannte Mini-Zertifikate als Short-Zertifikate (Bär-Zertifikate) auf den DAX, TecDAX oder Nasdaq.

DAX-Futures

Der Verkauf eines DAX-Futures ist die einfachste Variante, wenn Sie Ihr Depot absichern wollen. Ein Future ist ein Vertrag, der sich auf einen Abrechnungs- und Zahlungstermin in der Zukunft bezieht; daher der Name. Sie müssen hier zunächst nur geringe Spesen bezahlen, pro DAX-Future 40,50 Euro beim Verkauf und späterem Rückkauf, und schließen einen Vertrag auf den März-, Juni-, September- oder Dezember-Termin (dritter Freitag im jeweiligen Monat).

Ein DAX-Future ist ein sogenanntes Differenzgeschäft, das heißt, es wird die Differenz der DAX-Stände im Zeitpunkt des Abschlusses und zum Fälligkeitstermin oder zum Zeitpunkt des Rückkaufs abgerechnet. Wenn der DAX fällt, gewinnen Sie pro DAX-Punkt 25 Euro; steigt er, so verlieren Sie pro Punkt 25 Euro. Um den Wert des Kontrakts zu ermitteln, müssen Sie also den DAX-Kurs mit dem Faktor 25 multiplizieren.

Betrachten wir ein Beispiel. Bei einem DAX-Stand von 5000 handeln Sie bei einem DAX-Future-Verkauf mit 125 000 Euro. Sie können also mit dem Verkauf eines DAX-Future bei einem aktuellen DAX-Stand von 5000 den Verkauf von Aktien aus Ihrem Depot im Wert von 125 000 Euro »simulieren«. (Beliefe sich der Wert Ihres Depots auf mehr als 125 000 Euro, so müssten Sie entsprechend mehr als einen DAX-Future verkaufen.) Verwaltete der DWS Hedge L/S Equity Market Neutral 2006 noch 303 Millionen und steht dann der DAX am Fälligkeitstermin bei 4000, gewinnen Sie 25 000 Euro, was die Verluste in Ihrem Depot dann ungefähr abdecken sollte.

Futures werden an Terminbörsen gehandelt. Das bedeutet, dass Sie einen DAX-Kontrakt jederzeit zum Kurswert verkaufen und wieder zurückkaufen können. Der Vollständigkeit halber muss erwähnt werden, dass sich der DAX-Future-Kurs, zu dem abgerechnet wird, vom DAX-Kurs leicht unterscheidet, weil in ihm die Zinsen bis zum Fälligkeitstermin enthalten sind. Um solche Future-Geschäfte bei Ihrer Bank abschließen zu können, müssen Sie termingeschäftsfähig sein und Ihrer Bank Sicherheiten liefern. Dazu genügt in der Regel Ihr Wertpapierdepot.

Banken werden Ihnen nur selten zu einem solchen Geschäft raten. Erstens verdienen sie daran so gut wie nichts, und zweitens gehen sie gewisse Risiken ein, denn womöglich kommt der Kunde im Fall eines Verlusts seiner Zahlungspflicht nicht nach oder versucht, die Bank wegen fehlerhafter Beratung haftbar zu machen.

Short-Zertifikate

Futures-Geschäfte sind nur für erfahrene Anleger mit großen Depots geeignet. Wenn Sie einen kleineren Rahmen wählen und auf schwächere Kurse setzen wollen, dann können Sie einen sogenannten Mini-Future kaufen. Dieser setzt zum Beispiel auf einen fallenden DAX oder TecDAX oder Nasdaq-Index. Der Vorteil gegenüber dem klassischen Future besteht darin, dass Sie keine Sicherheitsleistung erbringen müssen, denn diese ist durch den Kaufpreis abgedeckt.

Anders als bei Optionsscheinen wird automatisch fortlaufend ein fairer Preis festgestellt, der auf der Basis des Index ausgerechnet wird. Verändern sich die Kursdaten des Index nicht, so verändert sich auch der Kurs des Zertifikats nicht. Zertifikate, die auf einen fallenden Index setzen, nennt man auch Bär-Zertifikate.

Wie ich schon weiter oben in diesem Buch erläutert habe, bin ich grundsätzlich kein Freund von Zertifikaten. Ein Zertifikat ist wertpapierrechtlich gesehen eine Schuldverschreibung. Der den Markt anführende Anbieter ist die Royal Bank of Scotland (Stand Ende 2008). Ginge die Bank in Konkurs, so wäre Ihr Zertifikat wertlos. Aber nehmen wir einmal an, ein DAX-Future ist Ihnen zu groß, Sie wollen unbedingt Ihr Depot absichern und haben Vertrauen zu der Bank, der Sie ein Zertifikat abkaufen. In diesem Fall sehe ich keine bessere Möglichkeit, als mit einem Bär-Zertifikat abzusichern. Sie müssen lediglich ausrechnen, wie viele Zertifikate Sie für die Absicherung benötigen. Ihr Bankberater hilft Ihnen dabei, wenn Sie unsicher sind.

Im Unterschied zu Optionen oder Optionsscheinen, deren Wert eine begrenzte Laufzeit hat, folgt der Wert eines Indexzertifikats annähernd proportional dem Wert des Index.

Im Unterschied zum Future gibt es in der Regel keinen Verfallstermin, sondern lediglich Stopps (sogenannte Knock-out-Schwellen). Das ist verständlich, denn die emittierende Bank hat von Ihnen keine Sicherheiten verlangt. Entwickelt sich der zugrunde liegende Wert, also beispielsweise der DAX, nicht wie erwartet, indem er steigt anstatt zu fallen, dann wird früher oder später ein Punkt erreicht, an dem der Kaufpreis die angefallenen Verluste nicht mehr abdeckt. Dieser Punkt entspricht dem Stopp-Kurs oder der Barriere oder »K.-o.-Schwelle«, jenseits deren das Zertifikat wertlos wird. Der Mechanismus ist ähnlich jenem im Fall eines Futures: Auch hier entsteht ein Verlust, wenn die Wertentwicklung des zugrunde liegenden Titels gegensätzlich zur erwarteten verläuft.

Jenseits der K.-o-Schwelle sinkt also der Wert des Zertifikats auf null. Wenn Sie es nur zur Absicherung gekauft haben, ist das nicht weiter schlimm, denn im Gegenzug dürfte der Wert Ihres Aktiendepots gestiegen sein. Wenn Sie aber noch immer der Meinung sind, Ihr Depot müsste abgesichert werden, dann kaufen Sie ein neues Zertifikat, das auf fallende Kurse setzt.

Nach meinem Dafürhalten sollten Sie Bär-Zertifikate nur zur Absicherung einsetzen, nicht aber zur Spekulation auf fallende Kurse.

Nachwort

Ich erhalte hin und wieder Zuschriften, die etwa folgendermaßen lauten: »Ich kann doch hoffentlich voraussetzen, dass Sie die besten Signale für steigende und fallende Kurse liefern, die ich bekommen kann? Nun, wenn dem so ist, dann ist es doch besser, ich gehe ein größeres Risiko ein, verdiene aber dann auch wesentlich mehr.«

Meiner Erfahrung nach steigen und fallen die Kurse oft nicht dann, wenn man es vermutet; der tatsächliche Zeitpunkt einer Kurswende kann sich gegenüber dem erwarteten um Monate verzögern – oder im Gegenteil auch viel früher eintreten.

Die Fünf-Indikatoren-Methode (Zins/CRB-Index/Ölpreis/US-Dollar/Saison) erbrachte 40 Jahre lang eine prächtige Durchschnittsrendite von fast 12 Prozent, doch wer sie im Jahr 2008 einsetzte, der erlitt schwere Verluste. Der Schluss daraus lautet: Weil wir nie sicher sein können, welche Kapriolen die Börse kurzfristig schlägt, wäre es falsch, zu viel zu riskieren. Dosieren Sie Ihre Aktienanlage mit Bedacht. Lösen Sie ein Engagement auf, bevor es zu riskant wird. Sie werden sehen: Kaum sind Sie nicht mehr dabei, geht es in die Richtung, die Sie erwartet haben. Ich habe dies schon oft erlebt und kann Ihnen nur raten: Schonen Sie Ihre Nerven!

Wollen Sie ständig unruhig schlafen und jeden Morgen schweißgebadet aufwachen, nur um sich als Erstes die Frage zu stellen, wie sich wohl die asiatischen Börsen entwickelt haben mögen?

Verzichten Sie auf hektische Handelsstrategien und riskante Hebel. Setzen Sie nur so viel Ihres Vermögens ein, dass Sie stets gelassen bleiben können, egal was kommt. Ich habe dieses Buch bewusst für vorsichtige Anleger geschrieben. Bleiben Sie vorsichtig! Das Leben ist zu schön, als dass Sie es nötig hätten, sich täglich um die Börsenentwicklung zu kümmern.

Register

Mehr vom Autor

Uwe Lang ist Verfasser des im Abonnement erhältlichen Börsenbriefs *Börsensignale*. Dieser erscheint 14-tägig und ist am einfachsten zu beziehen über die Internetadresse www.boersensignale.de

Wer nicht über eine Internetverbindung verfügt, erhält Informationen bei:

SWISSINVEST
St. Niklausenstr. 11
6005 Luzern
Schweiz
Tel.: 0041/41/36 05 715
Fax: 0041/41/36 05 781
E-Mail: info@boersensignale.de

Wollen Sie dem Verfasser persönlich schreiben, senden Sie eine E-Mail an uwelang@t-online.de